No Limite da Ilusão

No Limite da Ilusão

Pelo espírito
Irmão Ivo

Psicografia de
Sônia Tozzi

No Limite da Ilusão
pelo espírito *Irmão Ivo*
psicografia de *Sônia Tozzi*

Copyright ® 2008 by
Lúmen Editorial Ltda.

1ª edição – julho de 2008

Direção editorial: *Celso Maiellari*
Preparação de originais: *Fábio Maximiliano*
Revisão: *Alessandra Miranda de Sá*
Diagramação: *Jordana Chaves / Casa de Idéias*
Arte da Capa: *Daniel Rampazzo / Casa de Idéias*
Impressão e acabamento: *Ografic gráfica e editora*

Dados Internacionais de Catalogação na Publicação (CIP)
(Câmara Brasileira do Livro, SP, Brasil)

Ivo, Irmão (Espírito).
No limite da ilusão / pelo espírito Irmão Ivo ; psicografia de Sônia Tozzi. -- São Paulo : Lúmen, 2008.

1. Espiritismo 2. Psicografia 3. Romance espírita I. Tozzi, Sônia. II. Título.

08-06173 CDD-133.9

Índice para catálogo sistemático:
1. Romance espírita : Espiritismo 133.9

Rua Espírita, 64
São Paulo - SP
CEP 01527-040
Tel/Fax (0xx11) 3207-1353

visite nosso site: www.lumeneditorial.com.br
fale com a Lúmen: atendimento@lumeneditorial.com.br
departamento de vendas: comercial@lumeneditorial.com.br
contato editorial: editorial@lumeneditorial.com.br

2008
Proibida a reprodução total ou parcial desta
obra sem prévia autorização da editora

Impresso no Brasil — *Printed in Brazil*

Sumário

Prefácio		7
Capítulo I	Sonhando entre os girassóis	9
Capítulo II	Encontro com um coração sincero	30
Capítulo III	Três anos depois	55
Capítulo IV	O abismo se aproxima	79
Capítulo V	O pior cego é aquele que não quer ver	105
Capítulo VI	Rastro de sofrimento	128
Capítulo VII	Consolo em meio à tempestade	154
Capítulo VIII	A dura realidade se revela	175
Capítulo IX	Cada um colhe o que planta	197
Capítulo X	Mais uma chance desperdiçada	218
Capítulo XI	Diagnóstico aterrador	240
Capítulo XII	Brilha a luz em uma alma ferida	261
Capítulo XIII	Triste despedida	280
Capítulo XIV	A chance de uma nova vida	291
Capítulo XV	Tudo tem uma razão	315
Considerações		332
Palavras da médium		336

Prefácio

Quando fui convidada pela autora, minha sogra, para fazer o prefácio deste *No Limite da Ilusão*, imaginei que esta seria uma tarefa muito fácil, afinal, nunca tive problemas para escrever... Ledo engano. Ao contrário, eu me senti impotente, incapaz de escrever algo que chegasse aos pés dessa grande mulher, que permitiu que eu fizesse parte da família, que me deu carinho, amor, compreensão, e que foi e é uma grande mãe para mim.

Como escrever sobre alguém que admiramos sem parecer piegas, sem parecer que estamos apenas querendo agradar?

Seus ensinamentos são as diretrizes da minha vida. A cada livro que psicografa, vejo que partilha com outros aquilo que um dia já passou para nós e que coloca em prática todos os dias de sua vida.

Nos meus rascunhos, sempre começava com a frase: "Falar da autora e do livro é tão fácil como falar com Deus", mas era só esse o início fácil, o resto não foi assim. Foi difícil, foi uma terapia, tive que colocar no papel algo que tenho no meu coração.

Ela é fantástica, mãe na acepção da palavra, avó prestimosa, amiga para todos os momentos, conselheira.

Entretanto, tenho que falar também sobre o livro, o qual li quase que o devorando, como todos os outros, pois sua leitura fácil, seus detalhes, suas explicações, fazem com que a gente consiga estar lá dentro da história, sair desse mundo por instantes e viver junto com os personagens.

Creio que o livro *No Limite da Ilusão* se destaca pela sua narrativa rica em detalhes, mostrando-nos as diferenças entre ajudar e cobrar, entre as ilusões passageiras e as descobertas verdadeiras do espírito, entre o orgulho e a verdadeira caridade e que, mesmo quando não sabemos a razão das coisas estarem acontecendo, precisamos caminhar sempre para frente, com fé. Tudo tem uma explicação, talvez possamos conhecê-la, talvez não.

Nosso caminho no bem pode ser trilhado colaborando, ajudando, dividindo, pois é importante lembrarmos a todo o momento dos nossos semelhantes, seguindo sempre a maneira correta de ajudar e de amparar: sem propaganda, sem alarde e sem esperar algo em troca.

Espero que todos os leitores de *No Limite da Ilusão* consigam colocar em prática a verdadeira caridade. Quem sabe hoje você, leitor amigo, não se anime a doar um pouco do que existe de bom em seu coração?

ELISANDRÉIA ANTUNES CUELLAS RODRIGUES
MÃE DO ENZO, ESPOSA DO EDUARDO

Capítulo I

Sonhando entre os girassóis

Marília corria graciosamente por entre o campo de girassóis cultivado com dedicação e carinho por seu pai. Seus cabelos cor de mel esvoaçavam, acompanhando o vaivém da brisa que refrescava a manhã ensolarada. Com todo o vigor dos seus quinze anos, parecia incansável usufruindo a beleza dos girassóis, flores que exerciam grande fascínio em sua mente de adolescente.

Antunes recebera as terras de seu pai, que por sua vez herdara de seu avô, e ao longo do tempo foi se formando uma imensa manta amarela proveniente dos exuberantes girassóis.

Marília era a segunda filha de uma família de classe média e dividia a atenção dos pais com Júlia, a irmã mais velha, e os gêmeos Rafael e Felipe. Marta, sua mãe, dedicava-se com esmero à educação dos filhos e ao bem-estar de Antunes, companheiro que amava e com o qual compartilhava todas as questões referentes ao núcleo familiar.

Júlia e Felipe eram dóceis e tinham como objetivo o próprio crescimento espiritual, dedicando-se ao amor ao próximo e à construção da felicidade, que acreditavam ser verdadeira se nascesse das atitudes nobres em relação aos seus semelhantes.

Marília possuía a beleza da mãe e o gênio determinado e autoritário do seu avô paterno, o que a fazia sentir-se orgulhosa, pois tinha verdadeira adoração pelo avô, desencarnado havia dois anos. Embora com apenas quinze anos, sabia bem o que queria para sua vida e estava disposta a conquistar seu objetivo: ser famosa, elegante e — por que não dizer? — dona do mundo.

Tinha ao seu lado Rafael, que como ela também sonhava abandonar o campo, a cidade pequena, e transferir-se para a capital, onde acreditava poder conquistar todos os seus sonhos de consumo.

— O mundo é de quem o conquista — dizia Marília à sua mãe, certa do que queria para sua vida.

— Filha, cuidado, a vida não é feita de ilusão, muito ao contrário, é feita basicamente de trabalho e consciência do papel que cada um possui na sua realidade. Nossos propósitos e nossos sonhos só têm valor se estiverem alicerçados na moral e na dignidade cristã.

Nessas horas, Marília balançava os ombros e respondia:

— O meu papel na vida eu já descobri e conheço bem. Sei o que quero e a que tenho direito, e para alcançar meu ideal vou lutar com todas as armas que possuo; a principal delas é sem dúvida a minha beleza. Não pretendo escondê-la neste campo, onde somente as flores podem ver. Não quero ser como a senhora, mãe, que passa o dia às voltas com casa, panelas e filhos. Tenho direito de ir em busca do meu próprio prazer.

Percebendo a apreensão e a contrariedade de sua mãe, Marília saía em disparada e se refugiava em meio aos girassóis que tanto a atraíam, mas que não faziam parte do seu futuro. Foi o que fez naquela manhã de sol.

Cansada, jogou-se preguiçosamente no chão, por entre as flores grandes e majestosas. Era nessa hora que seu pensamento mais e mais viajava e se via como gostaria de ser: rica, famosa e bela.

— Hei de vencer! — exclamava. — Conquistarei o mundo e mostrarei à minha mãe e à tola da Júlia que tenho razão. No mundo sempre vence o melhor, quem não tem medo de correr atrás do que quer.

Admirava os girassóis e gritava para o vento:

— Quero ser como vocês, imponentes e belos. Maiores que todas as outras flores que desaparecem diante de sua altivez e da formosura desses campos. Hei de vencer! — afirmava com vigor.

Nesses momentos, como uma brisa a soprar em sua mente, Marília se lembrava das palavras de Júlia, sempre sensatas e prudentes:

— Marília, você já se deu conta de que as flores menores possuem mais perfume, mais suavidade em sua forma delicada?

— Pode ser. Mas também são frágeis e tombam ao primeiro rajar do vento mais forte. Não, Júlia, quero ser igual ao girassol: forte, sempre voltado para o sol; não importa que não tenha perfume atraente, contanto que se mantenha de pé.

— Você não conhece as flores em toda a sua essência, Marília — dizia-lhe Júlia. — Todas são belas e atraentes, e não competem entre si. Sabem que são importantes na criação divina e dão à humanidade o que têm de melhor, brilhando e deixando que todos brilhem. Vivem em harmonia no grande jardim de Deus. Assim devemos agir, Marília, buscar o nosso espaço para brilharmos nele, juntos, todos os homens, cada um cumprindo o seu papel com dignidade e amor universal. Vivendo e deixando os outros viverem, como as flores e a natureza.

Marília olhava o céu e deixava-se envolver pelos sonhos e ilusões. Não compreendia bem o que Júlia queria dizer nem se esforçava para isso; não separava a realidade do devaneio, tampouco do engano dos seus sentidos. Assim ficou horas a fio até voltar à realidade com os gritos de Rafael, que ecoavam pelos campos:

— Marília... Marília, onde está? Mamãe pediu que viesse chamá-la, está precisando de você. Onde está? Responda!

Com irritação, ela o chamou:

— Estou aqui! — Levantou-se e foi ao encontro de Rafael. — Que gritaria! — exclamou assim que o viu.

— Claro, há tempos estou a chamá-la!

— Pronto, já achou. O que aconteceu?

— Não aconteceu nada, mamãe pediu apenas que viesse chamá-la porque precisa de sua ajuda.

— E Júlia?

— Está na escolinha rural dando aula para os filhos dos colonos. Esqueceu que ela faz isso todos os dias?

— É verdade, esqueci que é a boa samaritana da região. Tudo bem, vamos.

Enlaçou o irmão pela cintura e seguiram em direção a casa. No caminho, Rafael interrogou a irmã:

— Marília, você fica horas aqui. O que faz sempre que vem ao campo de girassóis?

— Sonho, Rafael. Venho pensar na minha vida, traçar meus planos, criar uma maneira de sair daqui e ir para a cidade grande viver a vida que quero, ou seja, uma vida de glamour e brilho. É errado isso? É proibido viajar no sonho, idealizar o modo como gostaria de viver?

Os olhos de Rafael cintilaram de desejo.

— Eu também acredito que não; acalento os mesmos ideais seus, mas não vejo como poderia realizar cada sonho meu.

— Lutando por eles, Rafael.

Após pensar por alguns instantes, o garoto indagou:

— Marília, quando conseguir ir para a capital, você me leva junto? Também não quero passar toda a minha vida nesta cidade medíocre, sem oportunidade. Você me leva?

— Levo, Rafael, levo sim. Nós dois juntos podemos ganhar o mundo.

— Promete?

— Prometo. Somos diferentes de Júlia e Felipe. Eles se contentam com pouco, com o básico. Nós dois, não; queremos muito mais do que viver em meio à mediocridade. Pode acreditar que irei embora e, quando for, levarei você comigo.

— Mas só tenho treze anos, pode ser que nossos pais não permitam.

— Calma, Rafael. Não irei amanhã, tudo leva tempo. O importante é não deixar passar a oportunidade quando ela aparecer, e tenho certeza de que um dia vai acontecer.

Abraçados chegaram a casa, onde Marta os aguardava na varanda. Pela expressão de seu rosto, os dois irmãos perceberam a contrariedade da mãe.

— Posso saber o porquê da demora?

— Calma, mamãe — respondeu Marília. — Viemos conversando, não sabia que tinha tanta urgência.

— Entrem! — Marta, virando as costas, seguiu em direção à cozinha.

Marília e Rafael a acompanharam.

— O que quer que eu faça, mãe?

— Quero que vá com o Rafael até a escolinha levar este bolo para Júlia oferecer aos alunos. E levem também o suco de goiaba que está na jarra.

— Para que isso, mãe?

— Hoje é o Dia das Crianças, e sua irmã quer fazer uma pequena comemoração com seus alunos.

— Onde está Felipe?

— Na escolinha com Júlia.

— Não sei aonde esses dois vão parar com essa mania de querer consertar o mundo. A gente não pode interferir na vida das pessoas, mãe, não pode dar o que não faz parte do mundo deles. Júlia e Felipe não entendem isso.

— Eu também penso como Marília, mãe.

— Filhos, não entendo por que vocês têm tanta resistência em amar o próximo. É tão digno praticar a fraternidade, fazer alguém feliz, principalmente crianças. Faz bem para o coração.

— Olha, mãe, vou ser sincera; o mundo pertence àqueles que lutam, trabalham para conseguir seu espaço. Se ficarmos cobrindo a preguiça, a ociosidade dessa gente, eles jamais sairão da miséria.

— Marília, sua irmã não está cobrindo a preguiça de ninguém. O que ela faz é dar a essas crianças a ferramenta fundamental para que possam conquistar o espaço ao qual você se refere, ou seja, o conhecimento e o estudo aliados ao aprimoramento moral. Com essas aquisições, terão mais chances de conquistar com dignidade o lugar que buscam. Júlia simplesmente as prepara para reconhecerem as oportunidades quando elas aparecerem em suas vidas.

— Desculpe, mãe, eu admiro Júlia e Felipe, mas sou diferente. Não penso como eles. Sonho com algo muito maior para mim, uma posição condizente com minha postura, minha beleza; enfim, uma vida de destaque.

— É exatamente isso o que preocupa a mim e o seu pai. Você sonha alto demais, e nos seus sonhos não vejo lugar para ninguém que não seja você mesma. Além do mais, não está nem um pouco preparada para sequer chegar perto de tanta pretensão.

Querendo encerrar a conversa que não a agradava, Marta disse:

— Bem, vamos deixar isso tudo para mais tarde. Já deve estar próxima a hora do recreio, vão logo levar o bolo.

— É para já, dona Marta — disse Marília, sorridente. — Vamos, Rafael, pegue o suco.

Rapidamente os dois irmãos seguiram para a escolinha rural.

Assim que se aproximaram puderam ouvir as vozes e as risadas daquelas crianças simples, carentes, mas que se sentiam felizes em poder brincar e comemorar o dia dedicado a elas ao lado da tia Júlia e do tio Felipe. Naquele momento as tristezas deixaram de existir dando lugar à alegria de se sentirem amadas e valorizadas pela professora e seu irmão.

Por um momento, Marília deixou-se contagiar por aquele momento mágico, e num ímpeto disse, sorridente:

— Crianças, vejam quem chegou!

— Quem? — perguntaram ao mesmo tempo.

— O bolo de chocolate!

— E o suco de goiaba! — completou Rafael.

Em instantes ouviu-se o som das palmas que as mãozinhas magras batiam forte, traduzindo a alegria que reinava em seus corações. Não precisou de muito tempo para que devorassem o delicioso bolo e esvaziassem a jarra do suco.

— Gostaram? — Júlia indagou, feliz.

— Gostamos, tia! Quando vamos ter outro?

— Não sei, mas, se se comportarem direitinho, estudando e obedecendo a mamãe de vocês, prometo que logo trarei outro. Tudo bem?

— Tudo! — responderam em coro.

Assim, em meio a muita alegria, Júlia ofereceu para aqueles pequeninos a oportunidade de comemorar realmente o tão sonhado dia a elas dedicado.

Enquanto os quatro irmãos voltavam para casa, Júlia percebeu o silêncio de Marília e questionou:

— Por que está tão quieta, Marília? Não gostou da nossa festinha?

— Claro que gostei, Júlia, mas...

— Mas?

— Fico sem jeito de dizer.

— Pare com isso, Marília. Fale, o que é?

— Por mais que eu admire o trabalho que você realiza com essas crianças, a sua dedicação, não consigo aceitar essa vida monótona, sem nenhum atrativo, sem brilho e principalmente sem futuro.

— Marília, o brilho da nossa vida somos nós que colocamos. Sou feliz assim, e isso não quer dizer que terei uma vida monótona. Ao contrário, pretendo realizar o meu sonho.

— Seu sonho?

— Por que o espanto?

— Porque nunca pensei que tivesse um sonho. Parece-me tão conformada com nossa vidinha pacata. Posso saber qual é o seu objetivo?

— Claro. O meu objetivo de vida, minha irmã, é estudar e aprender cada vez mais. Conhecer as pessoas, suas necessidades, limitações e anseios.

— Como assim, Júlia?

— Sonho em promover aqui, nesta cidade sem futuro, como você diz, uma grande obra social na qual todos possam ter as mesmas oportunidades de aprendizado, se preparando para ganhar a cidade grande e tornando-se pessoas dignas e cheias de esperanças.

Marília estava boquiaberta.

— Não acredito no que estou ouvindo! — exclamou, perplexa. — Júlia, você só tem dezoito anos, não pode pensar somente nos outros. Tem que pensar em você primeiro, na sua ascensão social.

— Mas, Marília, estou pensando em mim. Por que acha o contrário?

— Tem que se concentrar em crescer, tornar-se importante, quem sabe famosa, enfim, construir uma vida diferenciada. Deixe que cada um cuide de si mesmo.

— Ainda não lhe disse, mas nossos pais permitiram que eu fosse complementar meu estudo na cidade vizinha. Quero me formar, estar preparada para quando o momento chegar eu o reconhecer. Ambiciono fazer a diferença na vida dessas pessoas sofridas; construir o que falta, Marília. Você consegue me compreender?

— Posso até compreender, mas não consigo aceitar.

— Por quê?

— Porque não vejo uma razão forte em se preparar para auxiliar, tratar da vida das pessoas. O certo não seria cada um cuidar de seu próprio bem-estar?

— Analisando pelo lado da responsabilidade, você não deixa de ter razão. Cada um de nós é responsável pelo que faz consigo mesmo. Somos nós que direcionamos nossa existência, fazemos a escolha do caminho que pretendemos seguir. Mas auxiliar os menos afortunados, criar oportunidade para que possam seguir em frente, mostrar o valor do trabalho e a importância de caminharmos com dignidade cultivando os valores morais são deveres de todo aquele que se diz cristão. Quando conseguimos perceber a potencialidade dentro das pessoas, a vontade de lutar pelo próprio aprimoramento moral e espiritual, é caridoso e fraterno mostrar isso a elas.

— Não sei, Júlia. Pode ser que tenha razão, mas para mim é difícil pensar em outra possibilidade que não seja a realização dos meus ideais.

Júlia abraçou a irmã. Demonstrando uma maturidade que ia além dos seus dezoito anos, disse-lhe:

— Calma, minha irmã. Muita prudência para não se perder na ilusão, que poderá derrubá-la, e, na maioria das vezes, o tombo é feio; eu não gostaria de vê-la sofrendo. Tome muito cuidado.

Rafael e Felipe caminhavam ao lado das irmãs em silêncio, mas sem desviar a atenção do teor da conversa.

— Sabe, Júlia, eu penso igual a Marília. Quero muito sair daqui, levantar vôo e correr atrás do que almejo.

— Rafael, sair daqui e ir para a cidade grande buscar seus objetivos de vida não é de maneira nenhuma uma atitude condenável, é o direito de cada um. O que quero dizer é que se deve tomar cuidado para não cair em armadilhas que trazem o sofrimento. Os sonhos são bonitos e devem fazer parte da nossa existência, mas não devem ser maiores que a realidade para não anular o equilíbrio que deve estar presente em nossas atitudes, mesmoem nossas ilusões. É preciso saber distinguir o falso do real e o bem do mal. Vocês conseguem compreender o que estou tentando lhes mostrar?

— Como você é sábia, Júlia! — comentou Felipe.

— Não sou sábia, sou apenas atenta.

— Eu sou como você, Júlia — tornou Felipe. — Quero muito ser alguém; um médico, por exemplo, e dedicar minha vida a salvar pessoas. Deve ser muito boa a sensação de se sentir útil, contribuir para a felicidade de alguém.

— Que bom, Felipe. Comece então a se preparar para conquistar o que quer.

Marília, não fugindo a sua maneira de ser, falou:

— Ainda bem que a divisão foi certa. Somos dois contra dois. Vamos ver quem vence primeiro.

Assim que Antunes entrou em casa, Marta o abordou:

— Antunes, há tempo quero falar-lhe sobre Marília. Podemos conversar?

— Claro, Marta. O que tem Marília? Está doente?

— Não, não está.

— Então por que a preocupação?

— Pode ser que eu esteja exagerando, que não tenha nenhum fundamento a minha preocupação, mas estou confusa.

— Fale, Marta, o que a está preocupando?

— É que me aflige a maneira de pensar e de falar de Marília. Nunca a vejo comentar sobre coisas que possam ajudá-la a construir o futuro, como o estudo, por exemplo.

— Marta, ela é ainda uma criança. É igual a todos os jovens desta cidade pequena e sem perspectivas que sonham em ir para a capital. Que mal há nisso?

— Não sei se há algum mal, o que sei é que me incomoda seu modo de se expressar, tão diferente do de Júlia.

— Diferente do de Júlia porque são duas pessoas diferentes, Marta. Cada uma pensa e age de acordo com sua personalidade, com seu modo de encarar as coisas. E depois você há de concordar que Júlia é bem diferente da maioria dos jovens da sua idade.

— Nisso você tem toda a razão. Ela é sem dúvida uma pessoa especial.

— Então, querida, não compare as duas; sua preocupação não tem fundamento.

— O que me assusta é saber que o mundo com o qual Marília sonha é um mundo falso. Tenho receio por ela, acho que está se enganando com seus próprios sonhos.

Após ponderar um pouco, Marta disse ao marido:

— Talvez você tenha razão; devo estar exagerando.

— O que se pode fazer é ficar atento. Marília é ainda uma criança e nem sabe direito o que quer. Ilude-se com revistas, reportagens de artistas... Acredito que tudo isso irá passar. Vamos dar tempo ao tempo, como se diz.

— Impressiona-me a grande diferença entre Júlia e Marília. Enquanto uma possui uma maturidade notória, apesar da pouca idade, sonha em se formar, ser alguém por meio de suas escolhas, de suas conquistas, que serão frutos do seu trabalho e dedicação, a outra se dedica apenas a sonhar e alimentar ilusões de como se dar bem sem grande esforço.

— Marília irá amadurecer e tudo isso passará.

— Rezo muito a Deus para que isso aconteça, Antunes.

A conversa foi interrompida com a chegada dos filhos, que encheram a casa com alegria contagiante. Antunes deu um beijo em cada um e saiu.

— Então, como foi a festa? As crianças gostaram do bolo e do suco?

— Nossa, mamãe, a senhora nem imagina como ficaram felizes! Já queriam saber quando teriam outro bolo igual àquele.

— Que bom! Sempre que você quiser pode me pedir que faço com alegria.

— Obrigada, mãe. — Júlia abraçou Marta e estalou um gostoso beijo em seu rosto.

— E você, Marília, gostou da festinha?

— Gostei. As crianças reagiram como se tivessem recebido o maior presente da Terra.

— Na realidade para elas foi, Marília. Ou você acha que elas comem bolo de chocolate todo dia?

— Se comem eu não sei, Felipe. O que achei foi um tremendo exagero.

— São apenas crianças, filha — completou Marta.

— Bem, se me permitem vou tomar um banho. Estou cansada e tenho muito o que estudar.

— Vá, Júlia. Enquanto isso vou preparar o jantar; logo seu pai chegará.

Marta não conseguia deixar de admirar a sensatez com a qual Júlia sempre direcionava sua vida. *Preciso tomar cuida-*

do, pensava. *Antunes tem razão, tenho que parar de comparar Marília a Júlia. São duas irmãs completamente diferentes uma da outra; aliás, como os filhos são diferentes uns dos outros... Os mesmos pais, a mesma educação, e cada um segue uma direção.*

Voltou-se para a cozinha e percebeu Marília distraída folheando uma revista, alheia a tudo à sua volta, mas atenta às pequenas coisas que as páginas coloridas e atraentes exportavam para o mundo, atraindo os jovens que se deixavam levar pelo fascínio. Exibiam um mundo irreal onde o poder e o glamour reinavam soberanos, como se a vida nada mais fosse que um palco de fantasia. Os olhos de Marília brilhavam. A jovem aspirava para si todo aquele mundo de ilusão.

— Mãe, veja como são lindas estas roupas!

Marta aproximou-se, olhou com indiferença e disse à filha:

— Marília, acha mesmo que a vida é feita somente de futilidade? Tudo isso é cuidadosamente construído. Sem dúvida são muito bonitas, mas não é essa a parte mais importante da nossa existência, essa não é a realidade concreta.

— Tem algum mal querer possuir coisas bonitas, mãe?

— Não, Marília, não há nenhum mal desde que não se ultrapassem os limites do bom senso e da prudência, principalmente quando esses bens são adquiridos com nosso esforço.

— Então não é errado querer ser alguém na vida.

— É como eu disse, filha: todos têm o direito e merecem sonhar, correr atrás do seu objetivo, firmar-se como cidadão; não é essa a questão. O que não se pode esquecer é da razão principal por que Deus enviou o homem à Terra, ou seja, o seu crescimento moral e espiritual, o seu melhoramento como criatura do Pai, e isso só se consegue por intermédio do bem, da solidariedade e do amor ao próximo.

— A senhora não gosta da minha maneira de pensar, não é, mãe?

— Filha, não é que eu não goste. Assusta-me um pouco essa sua ambição de querer fortuna, brilho, sucesso; tudo me parece tão fútil... Estaria mais tranqüila se você se ocupasse mais de seus estudos e sua formação, e não colocasse tanta expectativa em sua beleza como se fosse ela a sua provedora.

— Desculpe, mas não sei ser de outro jeito.

— Você irá aprendendo com o tempo. Isso se der uma chance para si mesma.

— O que quer dizer?

— Quero dizer que os melhores propósitos, as melhores aquisições são aquelas que nos transformam em pessoas de valor; pessoas que lutam, persistem e conseguem êxito através da dignidade do seu aprimoramento moral. O que se veste, Marília, possui uma vida curta, mas o que se adquire com o estudo e o trabalho suado, mas honesto, ninguém nos tira.

— Em sua opinião, temos que viver pobremente, é isso?

— Não, Marília, não é isso.

— O que é então, mãe?

— O sucesso, o brilho, as roupas bonitas devem vir como coadjuvantes na nossa vida, e não como os protagonistas da nossa história. É preciso que sejam conseqüência do esforço de cada um, do entendimento e da sabedoria com a qual é prudente nortear nosso caminho. A consciência do bem e do que é certo é que nos protege dos enganos que geralmente aparecem embrulhados para presente e impedem os incautos de ver a realidade, e o abismo que muitas vezes engole os imprudentes. Quando questiono os seus sonhos é porque receio o que possa vir a acontecer se não se dedicar mais aos estudos, que com certeza lhe darão suporte em suas decisões.

— Mãe, vou lhe dizer uma coisa, mas não brigue comigo.

— Fale, filha.

— Sei que possuo grande beleza. Considero um desperdício ficar enterrada nesta cidadezinha medíocre; sei que posso brilhar na cidade grande e ter o mundo a meus pés.

Marta estremeceu.

— Marília, com todo o meu amor vou lhe dizer uma coisa e espero que nunca se esqueça: se um dia tiver o mundo a seus pés, tenha humildade, amor e sabedoria para trazê-lo até o seu coração, que é o lugar onde ele deve estar.

— Só quero ser feliz, mãe.

— Francisco de Assis nos esclarece que "A felicidade é uma conquista interior; é um estado que só nós podemos criar, cultivando nossos valores e alegrias da nossa alma". Nossa alma não necessita se revestir de luxo, mas sim de amor. Lembre-se sempre disso, filha. — Marta suspirou. — Bem, já conversamos o suficiente por hoje. Tenho que preparar o jantar. E você, mocinha? Não tem nenhuma tarefa por fazer?

Marília deu um pulo.

— Nossa, claro que sim! Amanhã tenho prova.

— Então, sonhadora, acorde e vá estudar.

Os dias transcorriam vazios e monótonos para Marília e cheios de expectativas e esperanças para Júlia. Eram dois espíritos que caminhavam em paralelo, mas que agasalhavam ideais e objetivos completamente diferentes. Enquanto uma se dedicava ao sonho sem nada construir de real, esperando a chegada do mensageiro que iria levá-la para a fantástica vida dos salões, a outra se esforçava no aprendizado, correndo ao encontro do que acreditava ser sua missão na Terra, ou seja, auxiliar de alguma forma o próximo, fazer a diferença mesmo que pequena na vida das crianças e jovens de sua cidade.

O tempo seguia seu curso, e cada um se mantinha fiel aos seus hábitos.

Marta desistira de conversar com Antunes a respeito de Marília, que, sem se importar muito com o que sua mãe dizia, continuava alimentando seus devaneios fúteis.

Em um de seus momentos em meio aos girassóis, Marília foi surpreendida com a presença de Luiz, filho de um casal de grandes amigos de seus pais.

— Luiz! — exclamou, surpresa. — O que faz aqui? Nunca o vi nestes campos.

— Oi, Marília, desculpe-me se a assustei. Vi quando você tomou esta direção, e logo imaginei que viria para o campo. Vim ao seu encontro. Fiz mal?

— Não, Luiz, de maneira nenhuma. Aconteceu alguma coisa?

— Não. Queria apenas conversar com você. Atrapalho?

— Não seja bobo, Luiz, é claro que não me atrapalha. Sente-se aqui, vamos conversar um pouco.

Luiz acomodou-se próximo de Marília.

— Você gosta destes campos, não?

— Adoro, Luiz. Amo essas flores enormes, majestosas. Vou lhe dizer uma coisa: gostaria de ser como elas.

— Igual a elas? Como assim? Não acho que são tão belas como fala.

— Não posso crer que não ame essas flores. Veja o porte delas: altivas, sempre procurando a direção do sol, em busca da vida. Para mim não existem flores mais belas.

— Não posso dizer que são feias porque não são, mas prefiro as violetas, os jasmins ou as acácias. São suaves, delicadas... enfim, falam mais à minha alma.

— Não sou como você. Pareço-me com os girassóis, altivos, ocupando mais espaço. Veja esses campos, Luiz. Pode imaginar algo mais belo?

— Concordo que são realmente belos, mas em tudo existe afinidade, que é uma questão de alma. Compreende?

— Não muito. O que sei é que quero construir minha vida como os girassóis: ocupar o maior espaço que puder, estar sempre voltada para o sol, para a vida, poder olhar do alto para aqueles que não têm forças para lutar, para vencer, e dizer: "Olhem para mim aqui, bem acima de vocês. Eu consegui".

Luiz estava admirado com a reação e a postura de Marília, aquela menina linda que ele conhecia desde criança e que amava desde muito cedo, mas a quem jamais tivera coragem de se declarar.

— Marília, se a sua intenção é dominar o mundo, não se deve espelhar nas flores.

— Por que, Luiz, que mal há nisso?

— Não haveria nenhum mal se você conseguisse entendê-las, mas percebo que não é o seu caso.

— Explique-se melhor, realmente não consigo captar aonde você quer chegar.

— Preste atenção: as flores são criações de Deus, portanto todas são belas e possuem um papel importante em todo o universo.

— Qual papel senão o de enfeitar o mundo?

— O de ensinar os homens a se respeitar, Marília, como criaturas do mesmo Criador.

— Aonde quer chegar, Luiz?

— Marília, as flores não competem entre si. Cada uma tem sua beleza própria. Todas florescem e deixam as outras também florescerem; dão o melhor de si cumprindo o seu papel no universo, desabrocham de acordo com seu tipo sem se importar com as cores e o perfume das outras. Dão o melhor de si porque sabem que para o Criador toda a sua criação tem a mesma importância. Nenhuma flor ambiciona o jardim da outra; apenas mostra sua beleza onde quer que esteja.

— E daí?

— Daí que os homens deveriam agir como as flores. Saber que existe no universo espaço para todos e que cada um está no lugar certo para cumprir sua tarefa na Terra. Não é preciso ambicionar o lugar de ninguém, Marília, nem desejar o que não lhe pertence porque não está nos planos de Deus pertencer. O prudente é fazer do seu espaço o melhor local. A partir desse entendimento, do seu próprio esforço e dedicação nas suas escolhas e conquistas, tudo o mais lhe será acrescentado.

Marília estava surpresa.

— Você fala igual a Júlia, que sempre nos compara com as flores. Ela já me disse mais ou menos isso que você acaba de dizer. Nunca imaginei que fosse tão eloqüente, Luiz. Está me surpreendendo.

— Você nunca se interessou em me conhecer direito, como realmente sou.

— É, parece que não o conheço mesmo.

Balançando a cabeça com graça, como se quisesse mudar o rumo da conversa, Marília perguntou a Luiz:

— Vamos correr um pouco em meio aos girassóis?

— Vamos.

Os dois jovens saíram correndo, sorridentes e felizes, por entre as flores amarelas. Só perceberam o adiantado da hora quando, cansados, jogaram-se no gramado próximo ao riacho que compunha a beleza daquela paisagem.

— Cansou? — perguntou Marília.

— Um pouco, não estou acostumado a correr tanto assim como você. Mas a minha felicidade é maior que o cansaço — disse, fitando o belo rosto da amiga.

— Nunca imaginei que gostasse de brincar por entre as flores.

— Não é estar entre todas essas flores que me deixa tão feliz; é estar perto da única que me interessa.

— O que disse? — Marília ficou surpresa e sentiu certa ansiedade.

Encorajado, Luiz respondeu, segurando as delicadas mãos da amiga:

— Disse, ou melhor, quero dizer que amo você.

— O quê?!

— Isso mesmo que ouviu. Eu estou apaixonado por você.

— Mas desde quando, Luiz? Eu nunca percebi.

— Posso dizer que desde sempre.

— E por que nunca me falou?

— Falta de coragem, medo de ser rejeitado e perder até a amiga. Mas hoje não sei bem por que considerei o momento adequado. Gostaria de ser minha namorada?

Marília fitou Luiz, esboçou um tímido sorriso e respondeu:

— Gostaria, sim, de ser sua namorada.

— Você fala sério?!

— Falo!

— Também me ama?

— Não sei se amo você, Luiz, sei que me sinto bem em sua companhia e que me agrada a idéia de namorá-lo. Podemos tentar.

— Isso me basta por enquanto.

Num impulso, ele abriu os braços e acolheu amorosamente Marília contra o peito. Com delicadeza, deu um beijo em seus cabelos sedosos. Entrelaçaram suas mãos e, felizes, retornaram à casa de Marília.

Capítulo II

Encontro com um coração sincero

— Que alegria é essa que vejo estampada no rosto de vocês? — Marta quis saber assim que Marília e Luiz chegaram.

— Nossa, mãe, é tão evidente assim?

— Mais do que possam imaginar. Posso saber a razão, apesar de pressentir qual seja?

— Claro, dona Marta. Vim mesmo para falar com a senhora e o seu Antunes.

— Pois então aproveite a oportunidade de me encontrar em casa a esta hora — disse o pai de Marília, entrando na sala.

Meio sem jeito, Luiz olhou para Marília, que o incentivou:

— Fale, Luiz!

— Bem, eu queria pedir o consentimento dos senhores para namorar Marília.

Marta sentiu uma grande satisfação invadir seu coração. Encarou o marido ansiando por sua resposta, temendo uma negativa por ser Marília ainda tão jovem.

— Ora, Luiz, é evidente que consentimos. Somos amigos de seus pais há muito tempo e conhecemos você desde pequeno. Causa-nos muita alegria o namoro de vocês. Coloco apenas uma ressalva.

— Qual, seu Antunes?

— Que não esqueçam que são ainda muito jovens. Gostaria que fosse um namoro compatível com a idade de vocês e que não interferisse nos seus deveres diários. Sabem o que estou querendo dizer, não?

Luiz timidamente respondeu:

— Quanto a isso vocês não têm com que se preocupar. Gosto muito de Marília e a respeito; nada faremos que possa magoar ou trair sua confiança.

— Pois bem, meu rapaz, a permissão está dada. Seja muito bem-vindo a nossa casa.

— Espero que consiga colocar um pouco de juízo na cabecinha de minha filha.

— Mãe! — quase gritou Marília, indignada. — Quem a ouve falar na certa pensará mal de mim.

— Ela tem razão — completou Antunes. — Isso não é jeito de falar da nossa filha! Não me agrada quando a ouço dizer coisas assim, Marta.

— Por favor, me desculpem, não falei no sentido real da palavra; o que quis dizer foi...

— Eu sei o que a senhora quis dizer, dona Marta. Esta tarde mesmo conversamos muito sobre isso, não foi, Marília?

— É verdade, mãe. Conversamos sobre isso e aproveito para deixar bem claro que o fato de estar namorando Luiz não implica a mudança da minha maneira de ser e do meu modo de pensar.

— O que é isso, Marília?

— Quero apenas dizer, pai, que tenho a minha personalidade e vou permanecer como sempre fui. — Virou-se para Luiz e continuou: — Espero que não tenha a intenção de me transformar, Luiz, porque se seu desejo for esse é melhor nem começarmos o namoro.

Com voz firme Antunes a interrompeu:

— Marília! Que modos são esses?

— Estou falando a verdade, sendo sincera, pai. Quero ser respeitada como sou, pelo senhor, minha mãe, meus irmãos, Luiz... enfim, quero que me aceitem assim, da maneira que sou. O que trago dentro de mim me pertence e não dou a ninguém o direito de pretender me mudar.

— Calma, Marília, quem foi que lhe disse que quero namorar você para tentar mudá-la? Em nenhum momento foi dito isso. Gosto de você, e é por isso que quero tê-la comigo, nada mais.

Marília, acalmando-se, aproximou-se de Luiz.

— Desculpe, não quis magoá-lo.

— Tudo bem. — Luiz sentiu que teria um namoro difícil com aquela garota voluntariosa acostumada a defender com afinco sua posição.

— Percebi que ficou tenso. Posso saber por quê?

— Foi só impressão sua, Marília, está tudo bem.

— Que bom!

Assim que Luiz fez menção de se retirar, Marta convidou:

— Fique mais um pouco, jante conosco.

— Obrigado, dona Marta, fica para outro dia. Preciso ir, já estamos quase no final da tarde e ainda não fui ao serviço. E o pior é que nem avisei meu pai.

— Ora, quem tem o pai como patrão não precisa se preocupar tanto, Luiz.

— Não é bem assim, seu Antunes, meu pai é rígido nas questões de trabalho, e eu estou de pleno acordo com ele. É preciso ter responsabilidade. Geralmente não faço isso, mas hoje foi um dia especial para mim.

— Gostei — disse Antunes. — Era o que esperava ouvir de você, conhecendo seus pais como conheço.

Luiz sorriu.

— Se me derem licença, tenho que ir. — Aproximou-se de Marília e, gentilmente, depositou um beijo em seu rosto.

— Amanhã a gente se fala.

— Tudo bem — foi a resposta lacônica de Marília.

Mal Luiz havia saído Marília deixou-se cair sobre o sofá, dizendo:

— Esse namoro não vai dar certo.

— O que é isso, minha filha? Mal começou e já sabe que não vai dar certo? Qual o motivo?

— Mãe, a senhora não percebeu o jeito dele?

— Que jeito?

— Luiz é todo certinho.

— Certinho? Como assim, não estou entendendo.

— Preste atenção, mãe. Nós estamos iniciando simplesmente um namoro, mas Luiz precisou fazer um pedido formal como se fôssemos nos casar. Depois, aquela conversa do respeito e sei mais o quê. Não bastasse, não pôde ficar com a namorada porque tem responsabilidade no trabalho, que, diga-se de passagem, é com o pai dele.

— E o que tem isso? É louvável a atitude dele — disse Antunes.

— Pai, não estou me casando com Luiz, mas apenas iniciando um namoro, que, a bem da verdade, nem sei quanto tempo vai durar.

— Não gosta dele, filha?

— Gosto, mãe. Mas tanto eu quanto Luiz somos jovens demais, como papai bem disse, e eu não quero me envolver seriamente com ninguém, porque não vou permitir, pelo menos por enquanto, que um namoro interfira nos meus planos.

— E o que você quer, então?

— Quero ter uma companhia para sair, passear, conversar. Alguém que esteja ao meu lado para eu não me sentir sozinha.

— Filha, não faça esse rapaz sofrer, e acima de tudo não brinque com os sentimentos dele.

— Não vou brincar com os sentimentos de ninguém, mãe. Apenas falei que sinto que nosso namoro não irá durar muito tempo, só isso.

— Bem, vamos com calma — concluiu Marta.

Luiz, ao sair da casa de Marília, caminhava pensativo em direção ao comércio de seu pai, onde trabalhava. Era o filho mais velho de Waldemar e Ângela e, aos vinte e dois anos, já se portava com maturidade e grande responsabilidade em tudo o que fazia. Seu pai considerava-o seu braço direito, confiando plenamente em suas decisões. Tinha mais um irmão menor, que adorava, pois a diferença de idade era grande, fazendo com que Luiz se sentisse um pouco "pai" de Mateus, o que deixava Waldemar e Ângela muito felizes.

Meu Deus, pensava, *não sei se fui prudente em me declarar a Marília, talvez tenha sido um pouco precipitado. Ela é tão jovem, voluntariosa, agindo sempre de acordo com sua vontade, sem se importar muito com o que possam pensar ou sentir as outras pessoas. Deveria ter sido mais sensato e esperado um pouco mais, não sei. Nossos objetivos são outros, temos metas diferentes.*

Ponderou mais alguns instantes e disse a si mesmo:

— Bem, agora está feito. É melhor aguardar para ver no que vai dar.

— Luiz! — exclamou seu pai assim que o viu chegar. — Onde esteve até esta hora? Fiquei preocupado, pois não é seu costume desaparecer assim sem avisar, sem vir à loja.

— Desculpe, mas hoje fiz uma coisa seguindo o impulso do meu coração. Porém, para ser sincero, não sei se foi a atitude mais acertada; pelo menos por enquanto.

— Posso saber de que se trata? Se for algo pessoal, íntimo e não quiser se expor, tudo bem, meu filho, sem nenhum problema.

— Não, pai, quero mesmo me aconselhar com o senhor.

— Então me diga o que é.

— Fui até o campo me encontrar com Marília. Sei que todos os dias ela vai até lá, e realmente nos encontramos.

— Qual o mal nisso, meu filho? Marília é filha dos nossos melhores amigos.

— Sei disso, pai. Não sei se há bem ou mal, o fato é que disse a ela que a amava e perguntei se queria me namorar.

— Luiz, para mim isso é uma surpresa! Não sabia que gostava dela. Para ser sincero, sua mãe e eu sempre torcemos para que você e Júlia se entendessem.

Luiz ficou desconcertado.

— Pai, ninguém manda nos sentimentos. Também gostaria que tivesse sido Júlia, porque somos muito parecidos, mas quem vai dizer isso para o coração?

— Tudo bem, filho, é a sua escolha e não temos nada contra. Só não entendo essa sua... vamos dizer... aflição em falar que não sabe se fez a coisa certa ou não. Ela o aceitou?

— Sim. Mas deixou claro que não sabe se gosta ou não de mim, e depois...

— Depois?

— Os objetivos, as ambições, os ideais dela nada têm a ver com o que quero para mim.

— Não compreendo. Que metas são essas?

— Marília sonha em sair daqui e ir para a capital. Quanto a isso acho normal. O que me preocupa é que ela não se importa em como irá fazer isso, entende?

— Não!

— Pai, Marília quer o sucesso a qualquer preço; quer dinheiro, fama, mas não se prepara para alcançar seus objetivos com o trabalho e o esforço. Confia cegamente na beleza que tem. Acha que são os seus dotes físicos que irão abrir as portas da fama, e é esse ponto que não gosto; me aflige. Penso que fui precipitado e temo vir a sofrer.

— Filho, agora já está feito. A melhor atitude a tomar, se de fato gosta dela, é investir nesse relacionamento. Quem sabe você não consegue fazê-la enxergar outros valores, outros propósitos? Você é um bonito rapaz, honesto, trabalhador, tem tudo para conquistar o amor de Marília. Qualquer moça se apaixonaria por você. Se a ama de verdade, invista nesse namoro para ganhar seu coraçãozinho.

— Pode ser que o senhor tenha razão. Mais uma vez estou me precipitando, sofrendo por antecipação, na hora errada.

— Isso, filho, é apenas o começo, e, por ser o começo, é muito cedo para qualquer conclusão. Se vocês tiverem que construir uma vida juntos, o tempo irá contribuir para que tal aconteça. O que está reservado para nós sempre acaba acontecendo.

— Tem razão. Obrigado. Agora me deixe trabalhar, seu Waldemar, não posso perder esse emprego.

Pai e filho se abraçaram, sorrindo.

— Jamais perderia meu melhor funcionário!

— Tem alguma entrega para fazer, pai?

— Tinha, sim, mas não se preocupe que Pedro já foi levar. Está tudo em ordem.

Marília, assim que viu Júlia entrar, foi correndo em direção à irmã.

— Júlia, você nem imagina o que me aconteceu hoje!

— O que pode ter sido, para deixá-la assim tão eufórica, tão entusiasmada?

— Luiz!

— O que tem Luiz?

— Hoje ele foi ao campo para se encontrar comigo. Conversamos bastante, corremos entre as flores, e no final, quando nos jogamos no chão para descansar, Luiz disse que me amava e me pediu em namoro!

Se Marília fosse mais observadora, teria percebido o impacto que a notícia causara em sua irmã, que, disfarçando o desapontamento, falou, tentando parecer calma e indiferente:

— Que bom, Marília. Você aceitou?

— Aceitei, claro!

— Gosta dele?

— Vou ser sincera com você, Júlia. Sinto que gosto como amigo, mas achei que seria bom ter uma companhia, alguém com quem sair e conversar. É bom ter alguém perto de mim para ajudar a passar o tempo nesta cidade sem nada para fazer. Luiz é um rapaz bonito, e aprecio a companhia dele.

— Mas, agindo assim, não está brincando com os sentimentos dele, iludindo-o?

— Pelo amor de Deus, Júlia, deixe disso! Tenho só quinze anos; Luiz tem vinte e dois. Acha mesmo que vou levar a sério um namoro com alguém sete anos mais velho que eu, principalmente alguém tão careta, assim como você? O dia em que pensar em coisa séria vou arrumar um rapaz que pense como eu, que queira aproveitar a vida sem ficar enfiado nesta cidade.

— Por que você diz "assim como você"? Não entendi.

— Luiz diz as mesmas coisas que você.

— Explique melhor, Marília, me conte.

— Lembra-se daquela conversa sobre as flores que você me disse?

— Claro que me lembro.

— Pois acredita que ele veio com a mesma conversa, igualzinho a você? Acho até que vocês dois têm muita coisa em comum, e se dariam bem juntos.

— O que é isso, Marília? Como pode falar assim do seu namorado?

— Calma, Júlia, não há nada de mais. Mesmo porque Luiz está apaixonado por mim, não por você.

Júlia, não suportando mais a dor que sentia em seu coração, disse à irmã:

— Dê-me licença, Marília; essa conversa já me cansou. Você coloca as coisas de um jeito que eu não gosto. Vou para o meu quarto, tenho que estudar.

— É a única coisa que você sabe fazer: estudar!

Júlia ainda escutou a voz de sua irmã, mas sem se voltar saiu, deixando Marília entregue a si mesma. Entrando em seu quarto, trancou a porta e, jogando-se na cama, permitiu que lágrimas quentes caíssem sobre seu rosto.

— Meu Deus, por que teve que ser assim? Por que Luiz não se apaixonou por mim, por que nunca percebeu o grande amor que sinto por ele? Foi amar justamente Marília, que com certeza o fará sofrer.

As lágrimas desciam copiosas sobre suas faces enquanto seus olhos tristes se perdiam no vazio. Recordava a história da sua infância ao lado de Luiz: as brincadeiras, o sorriso sempre presente em seus lábios por conta da alegria que experimentava ao estar junto daquele menino que desde muito cedo tocara seu coração infantil. Criara e alimentara durante todos esses anos uma situação que gostaria de viver com o amigo, que se tornara homem feito, mas mantinha a mesma postura correta e gentil que ela tanto amava.

— Logo Marília! — exclamou. — Por que ela? Por que não fui eu? Como encontrar força para esconder meu sentimento presenciando esse namoro, sabendo que ele a ama e que para ela esse amor não representa quase nada? Com certeza minha irmã o fará sofrer.

Com o rosto escondido no travesseiro, chorou até que, vencida, adormeceu.

Seu espírito liberto do corpo físico foi logo atraído por um chamado que a levou até o campo dos girassóis. Perdida, Júlia procurava quem a atraíra para aquele lugar, quando se encontrou com o espírito de uma mulher aparentando a idade terrena de cinqüenta anos. Admirou-se.

— Quem é a senhora? — perguntou, sobressaltada. — Por que me chamou até aqui, se não a conheço?

— Porque tenho a missão de acompanhá-la em sua jornada terrena, o que faço com muita alegria e agradecimento a Jesus por permitir minha volta ao meu núcleo familiar do mundo físico e poder auxiliar.

— Não compreendo muito bem. Pode explicar melhor?

— Fui na Terra sua bisavó paterna; desencarnei cedo, vítima de um ataque do coração. Ao chegar à espiritualidade, fui beneficiada com a bênção de Jesus, graças aos créditos adquiridos no decorrer de minha existência terrena. Hoje me dedico a tarefas de auxílio aos encarnados, e uma delas é acompanhá-la, Júlia, inspirando-a para o bem, para que não fuja da sua missão.

— E qual é a minha missão?

— Ser a voz defensora dos mais fracos, criar possibilidades para que os esquecidos possam encontrar o caminho seguro para crescer moral e intelectualmente.

— Desculpe, a senhora diz que é minha bisavó, entretanto não tenho nenhuma lembrança de ter ouvido falar em seu nome. Posso saber como se chama?

— Eu me chamo Amélia. Porém, não tem a menor importância o nome; o principal é o que sustenta o coração que anima o corpo e que acompanha o espírito no seu retorno, ou seja, o amor aprendido e vivido. O seu coração, Júlia, agasalha as virtudes que necessita para cumprir a tarefa para a qual veio ao mundo: o amor e a generosidade.

— O que vem a ser essa missão?

— Você veio à Terra com uma missão específica que você mesma solicitou ao Mais Alto: melhorar as condições precárias dos excluídos da sociedade. Ajudá-los a emergir do descaso e projetá-los na conquista de seus objetivos nobres. São espíritos que vieram com a finalidade de aprender a superar as dificuldades através do próprio esforço.

— Não sei se tenho forças para fazer tudo sozinha. Ajude-me então a não desanimar, pois sei que será uma tarefa árdua.

— Com certeza não caminhará sozinha. Terá ao seu lado um espírito nobre, forte e decidido que a auxiliará nisso tudo. Na espiritualidade, a tarefa de inspirá-la será minha, e contarei com o auxílio dos bons espíritos para cobri-la de energia salutar. Confie em Jesus, sem ter dúvidas em seu coração.

— E na Terra, quem é esse espírito que me acompanhará nessa missão?

— Felipe!

— Felipe! Meu querido irmão!

— Sim, Júlia, ele será seu acompanhante nesse caminho de amor e caridade.

— Lembrarei tudo o que está me dizendo assim que eu acordar?

— Não, não se lembrará, mas terá a sensação de amparo que lhe trará paz ao coração e força para seguir em frente.

— Diga-me então por que estou sofrendo tanto com a indiferença de Luiz. Por que não foi por mim que ele se apaixonou, já que o amo tanto?

— Calma, Júlia, tudo a seu tempo. Cada um cumpre seu resgate, quita suas dívidas com a lei. Ninguém escapa das relações de suas ações pretéritas. Não se esqueça nunca de que o amor fraternal é mais importante que tudo, pois é ele que transforma o homem na digna criatura de Deus.

— Ajude-me, por favor, não quero fracassar.

— Vim para isso. Preste atenção a suas intuições, pois falarei com você por intermédio delas; e principalmente lembre-se do que disse nosso Mestre: orai e vigiai. Volte agora para seu corpo físico, e que Jesus a abençoe em todos os minutos.

Em segundos Júlia retornou ao corpo adormecido, que, ouvindo o chamado de sua mãe, despertou.

— Júlia, desça, a refeição está servida.

Júlia, despertando, sentiu um bem-estar geral.

— Que estranho... Sinto minha alma leve, em paz. Parece até que dormi durante horas, entretanto não passou tanto tempo assim.

Passou as mãos sobre os olhos, ajeitou seus lindos cabelos pretos e respondeu a Marta:

— Já vou, mãe, só um instante!

Assim que se reuniu à família, Júlia comentou com o pai:

— Papai, nesse pouco tempo que adormeci tive um sonho que está me deixando intrigada.

— Que sonho é esse?

— Sonhei com minha bisavó, avó do senhor. Mas nem a conheci; como posso sonhar com ela?

— Isso acontece — falou Marta. — Pode ser que ela tenha vindo proteger você.

— Mas sem me conhecer?

— Filha, você não a conheceu, mas ela com certeza a conhece. Os espíritos conhecem aqueles que fazem parte de sua
família terrena, e muitas vezes, com permissão dos superiores,
vêm ajudar.

— Como se chamava ela?

— Júlia, ela já desencarnou há tanto tempo... Por que quer
saber agora o nome? — perguntou-lhe o pai.

— É verdade, por que esse interesse súbito? — quis saber
Marta.

— Já disse, porque sonhei com ela.

— E como sabe que era minha avó? — tornou Antunes.

— Porque no sonho ela me dizia que era minha bisavó
paterna, papai.

— Mas você sonhou o quê?

— Não sei. Na verdade não me lembro direito, mas sei que
sonhei com ela. Estranho, não é?

— Nossa! — exclamou Marília. — Isso é coisa de fantasma.

— Não seja boba, Marília, os sonhos muitas vezes querem
dizer alguma coisa, podem nos trazer alguma mensagem —
afirmou Felipe.

— De onde você tirou essa conclusão, Felipe?

— Ora, Marília, já li qualquer coisa a esse respeito.

— Leu nada — comentou Rafael. — Ele às vezes vai à
sessão do centro espírita, deve ter ouvido lá.

— Tem alguma coisa errada, mãe, em ir à reunião da mo-
cidade no centro espírita?

— Claro que não, Felipe, lá você irá aprender somente
coisas boas, isso é o que importa.

— Eu disse a Rafael para ir comigo, mas ele acha que é
bobagem!

— Não gosto disso, mãe. Prefiro as coisas que se relacionam com matéria, coisas palpáveis, que podem ser vistas, tocadas e usadas. As outras são só suposições.

— Engano seu, meu filho. As outras é que possuem real valor, ou seja, são as que nos levam a nos aproximar de Deus.

— Não fique brava comigo, mãe, mas não acredito muito em Deus. Penso que isso tudo que as religiões ensinam são conceitos inventados pelos homens.

— Não filho, não são. Todos somos criaturas de Deus e, como tal, devemos viver. Acreditar que é possível viver sem Deus é o mesmo que pretender evitar a morte, ou seja, impossível.

Júlia prestava atenção à conversa sem tirar os olhos de Felipe. Admirava seu irmão, tão jovem ainda e com opinião própria e bem definida. Sem saber o motivo disse a ele:

— Engraçado, Felipe. Só agora, observando você, pude reparar em como é bonito. Não tanto por fora, mas inteiramente belo por dentro. Confio em você.

— Nossa, que badalação! — disse Rafael, meio enciumado.

— Não precisa ficar com ciúme, Rafael, você também é lindo. E não podia ser diferente; são tão parecidos.

— Mas você não confia em mim como em Felipe, não é?

— Para dizer a verdade, não!

— Por quê?

— Não sei. Talvez por pensar tão igual a Marília.

— Quer dizer então que você não confia em mim? — Marília reclamou.

— Adoro você, minha irmã, mas não a acho confiável.

— Por quê?

— Não sei; deixe para lá.

— Pode confiar mesmo em mim, Júlia. Quero estar sempre ao seu lado, para o que precisar.

— Obrigada, Felipe, é bom saber disso.

— Eu não digo, Rafael? — falou Marília. — São dois ingênuos que pensam que vão poder ganhar o mundo usando apenas o coração. Vão quebrar a cara!

Rafael riu.

— Penso como você, Marília; se Júlia pode contar com Felipe, você pode contar comigo.

— Sei disso, Rafael.

— Vamos parar com essa conversa — falou Marta, com autoridade.

Sem dar muita atenção para o que sua irmã dizia, Júlia tornou a questionar o pai, que em silêncio só ouvia os comentários dos filhos.

— Pai, você não respondeu. Como se chamava nossa bisavó?

— Amélia, Júlia.

— Quando morreu?

— Não sei ao certo. Eu era muito pequeno. O que sei é que faleceu ainda nova, após um fulminante ataque do coração.

— Amélia! — exclamou Júlia. — Estranho, tive uma sensação tão boa ao ouvir esse nome...

— Minha sogra sempre dizia que dona Amélia era uma pessoa muito boa, caridosa e admirada pela gentileza com que tratava todas as pessoas, sem se importar com raça, cor ou credo, e muito menos com posição social.

— Estranho eu ter sonhado com ela, não acha, pai?

— Isso acontece, filha — disse Antunes. — Sonhamos com pessoas, coisas e situações que nem sequer imaginamos. Não fique impressionada.

— Não estou. Ao contrário, sinto-me muito bem. É um sentimento de amparo, proteção... não sei explicar direito.

— Isso é bom.

— Acho que ela não gostou de saber do meu namoro com Luiz.

— Não seja boba, Marília. O que tenho eu a ver com isso, que não passa de um assunto que só diz respeito a você e Luiz? Vocês é que devem se entender.

— Nossa, Júlia, não precisa ficar tão brava.

— Marília, você tem de aprender a respeitar um pouco mais as pessoas. Cuide dos seus sentimentos, mas não me envolva nessa questão, porque não tem nada a ver comigo.

— Tudo bem — respondeu Marília.

Júlia sentiu novamente seu coração se apertar.

Preciso aprender a me controlar, Júlia disse para si mesma. Ninguém pode descobrir o que sinto por Luiz. Por que tudo tinha que seguir esse rumo, meu Deus, por quê? Agora o melhor a fazer é tentar esquecer, mudar o foco do meu coração. Nenhum dos dois têm culpa de nada, alimentei sozinha esse sentimento.

Marta, após atender à campainha da porta, gritou para Marília:

— Filha, Luiz quer falar com você. Desça.

— Ele está aí?

— Claro, não a estou chamando?

— Já vou!

Com movimentos rápidos, Marília passou a escova nos cabelos, iluminou os lábios com batom e, ajeitando o vestido, desceu ao encontro do namorado.

— Oi, Luiz, tudo bem? O que o traz aqui a essa hora?

— E se eu disser que foi saudade?

— Fico mais contente ainda — respondeu Marília.

Marta se afastou, deixando os namorados à vontade.

— Senti saudade e saí mais cedo da loja com a intenção de convidá-la para um passeio. Aceita?

— Claro que sim! Acho ótima idéia — respondeu Marília, com charme.

— Aonde gostaria de ir? Não... Espere, acho que sei o que vai sugerir.

— Então diga logo, seu sabichão!

— Ao campo dos girassóis.

— Acertou!

— Sabia que não seria outro lugar a não ser esse. Vamos, então.

Marília, após avisar a mãe, seguiu de mãos dadas com Luiz em direção ao campo.

Assim que chegaram usufruíram do encanto do local caminhando por entre as flores que tanto impressionavam Marília. A brisa gostosa do vento batia-lhes nos cabelos. Luiz, sentindo forte em seu peito o amor pela namorada, disse-lhe:

— Marília, não sei ao certo o que você sente por mim, mas meu amor por você torna-se cada dia mais forte e verdadeiro.

— É melhor irmos com calma, Luiz. Estamos namorando somente há cinco meses, é pouco tempo para as coisas se definirem. Não concorda?

— Não, não concordo. O que sinto por você não nasceu agora, Marília, por esse motivo afirmo com certeza o que realmente vai em meu coração.

— Luiz, eu nunca o enganei. Desde o início disse-lhe que gosto de você, mas também fui muito clara em afirmar que não sei se isso é amor. Sinto-me bem a seu lado, gosto da sua companhia, mas amar é um sentimento muito forte e definitivo. Sou jovem, tenho ânsia de viver, realizar meus sonhos e objetivos, enfim... Tenho bastante o que fazer nessa vida.

— Devo entender que não estou incluído nesses planos, é isso?

— Não foi o que eu disse. O que falei é que é muito cedo para qualquer atitude mais séria.

— Por que, Marília?

— Porque não vou desistir das minhas aspirações por nada nem por ninguém, já afirmei isso mil vezes.

Luiz sentiu uma dor no peito. Pressentiu que fatalmente cairia no sofrimento.

Mas o que fazer, pensava ele. *Desistir e tentar esquecer ou seguir em frente na esperança de as coisas mudarem?*

— Ficou pensativo. Por quê?

— Por nada, Marília. Na verdade existem situações na vida da gente que não sabemos como resolver, ou de que maneira agir. A impressão que dá é que nos tornamos impotentes diante de fatos que poderão acontecer, mas nada podemos fazer para evitar.

— Como assim, Luiz?

— Simples. Acontece às vezes que ficamos sem ação diante de um impasse. Não sabemos se o melhor e mais prudente é investir ou desistir.

— Se está se referindo a nós, a decisão é somente sua, e é você quem tem que saber o que é melhor para sua vida. Sou sincera quando exponho meus pensamentos, mas também não posso afirmar que jamais sentirei algo maior em relação a você. É uma incógnita, Luiz. Quem poderá dizer quem manda no coração?

— Você é uma pessoa obstinada, Marília, vai fundo no que quer e acredita. O que me assusta é justamente essa sua determinação.

— Tudo bem, mas não pode dizer que não sou franca, que o engano. Desde o início sempre falei a verdade; pelo menos essa qualidade eu possuo.

Luiz abraçou a namorada e respondeu:

— Tem razão. Pelo menos até hoje nunca me enganou. Só não posso compreender o porquê desse desejo tão forte de partir em busca de aventura. Sim, porque seus sonhos não passam de aventuras, ilusões.

— O que tem de mal nisso?

— Sonhar nada tem de mal quando os sonhos nos levam a crescer, criar coisas boas elevando-nos como seres humanos, mas os seus sonhos...

— O que têm eles?

— Pense comigo, Marília. Você ambiciona tornar-se famosa, poderosa, enfim, viver no luxo e na riqueza. Mas o que faz para que isso provenha do seu esforço, da luta prudente, sensata e equilibrada? Nada. Esconde-se atrás de sua beleza e aguarda o dia em que ela a levará para a glória. Aí está o perigo.

— Meu Deus do céu, que mal há e que perigo é esse?!

— O mal está na razão de que a beleza é uma qualidade efêmera, passageira. Se não aliarmos a ela o conhecimento, a força moral, o aprimoramento como pessoa digna, correta e equilibrada, essa mesma formosura poderá levá-la ao sofrimento profundo. Não é a melhor qualidade porque é traiçoeira, pode acabar em um piscar de olhos, Marília, e se a pessoa não está preparada acaba no abismo da desilusão e do descaso de si mesma. Você conseguiu acompanhar o meu raciocínio?

— Mais ou menos, Luiz. De todo modo, posso dizer que não tenho medo. Quem poderá tirar de mim o que Deus me deu?

— Suas aquisições morais ninguém poderá tirar de você, mas a beleza pode desaparecer em um piscar de olhos. Se isso acontecer, o que sobrará se o conteúdo de sua mente estiver apenas ligado à formosura?

Marília calou-se, dando a Luiz a impressão de abatimento.

— Ficou triste?

— Não!

— Parece-me que sim.

— Não, Luiz, não estou triste. Só não compreendo por que todas as pessoas que convivem comigo e que eu amo fazem tanta questão de tentar anular minhas ilusões, tirar de mim o que alimenta minha alma.

Luiz, sentindo ternura pela namorada, respondeu imprimindo à própria voz um tom carinhoso:

— Porque são ilusões, e você mesma afirmou isso agora. As ilusões, quando acabam, geralmente deixam uma realidade cruel, um rastro de dor; e sabe por quê? Porque a ilusão é o engano dos sentidos, ou da mente, e nos faz tomar uma coisa pela outra. Aí está o perigo de muitos devaneios. As pessoas que a amam receiam por você, pelo que possa vir a sofrer no futuro se não levar sua vida mais centrada na realidade.

— Tem hora em que você fala igual a Júlia. Aliás, vocês são muito parecidos um com o outro. Não sei por que não se apaixonou por ela, e sim por mim, Luiz.

— Simplesmente porque me apaixonei por você, e não por ela! — exclamou Luiz, sorrindo. — Quero deixar bem claro que não estou exigindo que você seja como eu acho que deve ser. A maneira de cada um é pessoal, e nenhum de nós conhece a si mesmo. Em vista disso, não se pode pretender conhecer a alma do outro. Gostaria apenas que você conseguisse considerar a possibilidade de construir sua vida, que apenas começa, com recursos mais profundos, e não só com a sua beleza, que poderá facilmente enganá-la.

Cansada de falar sempre no mesmo assunto, Marília respondeu:

— Tudo bem, Luiz, vamos mudar de assunto. Que tal corrermos um pouco?

— Ótimo, vamos ver quem ganha a corrida.

Felizes, os dois jovens começaram a correr e a brincar por entre os vibrantes girassóis.

Enquanto isso, Júlia, chegando a casa, perguntou pela irmã:

— Onde está Marília, mamãe?

— Faz algum tempo saiu com Luiz.

— Nem é preciso perguntar aonde foram.

— Isso é verdade, não sei como Marília não se cansa de ir ao campo; faz isso todos os dias.

— Ela se queixa de que a cidade não tem nada a oferecer, mas também não vai a lugar nenhum a não ser ao campo dos girassóis.

— Sua irmã age assim desde bem pequena, porque herdou de seu avô a paixão por essas flores.

— Mãe, se não estiver muito ocupada gostaria que me falasse mais sobre a minha bisavó Amélia. A senhora chegou a conhecê-la?

— Não, Júlia, não a conheci. Quando comecei a namorar seu pai ela já havia desencarnado.

— Mãe, cada vez que me lembro de dona Amélia, experimento uma sensação muito boa, de paz, de amparo... não sei dizer ao certo. Não é estranho?

— Deve existir alguma razão. Se lhe faz bem, o motivo deve também ser bom.

— Gostaria de saber um pouco mais sobre sua vida quando encarnada.

— Filha, não posso lhe dizer muita coisa, a não ser o que minha sogra me dizia.

— Diga-me então o que sabe.

— Ela também não a conheceu pessoalmente, mas todos que a conheceram não poupavam elogios em relação ao seu caráter e suas atitudes humanitárias. Diziam ser uma pessoa muito nobre. Mulher valente, sempre pronta a ajudar os necessitados, ampará-los em suas aflições. Enfim, muito caridosa. Era temente a Deus, e seu intenso amor ao Criador transformou-a em uma fiel criatura do bem, que se dedicava incansavelmente à pratica da caridade. Como você já sabe, dona Amélia desencarnou relativamente nova e deixou saudade no coração de quantos privaram de seu convívio. Só posso lhe dizer isso, filha, não sei muita coisa mais.

— Estou satisfeita, mãe, não há necessidade de mais; isso me basta. Queria apenas saber do seu relacionamento com as leis divinas, a sua postura de vida e se de verdade tinha amor pelas criaturas.

— Quanto a isso, Júlia, dona Amélia era positivamente uma criatura de Deus.

— Isso caracteriza sua posição elevada no reino dos céus!

— Acredito que sim, porque nunca se soube de um gesto seu que a afastasse do caminho do bem.

— Devo crer que é um espírito de luz, possuindo condição de auxiliar os encarnados por inspirações, para o caminho reto?

— Júlia, não conheço muito sobre a Doutrina Espírita, mas, se a luz espiritual é a reação das boas ações praticadas na Terra, devo crer que dona Amélia possui, sim, condições para amparar os encarnados sob a permissão de Jesus. Mas diga-me o porquê de tanto interesse repentino sobre a vida de sua bisavó.

— Para ser sincera, nem eu mesma compreendo. De uns tempos para cá, tenho pensado muito nela, aliás, desde aquele sonho que tive há alguns meses, lembra? Achei muito significativo, trouxe-me uma sensação de amparo, de suporte para minha vida... Não sei explicar direito, mas é com certeza uma impressão muito boa. Ocorrem-me às vezes idéias que parecem não vir de mim, mas que me levam a pensar, refletir sobre mim mesma e o que realmente quero.

— Isso é bom, filha, mas não fique assim tão sugestionada.

— Não estou sugestionada, mas relatando o que acontece e me faz muito feliz e confiante.

"Espíritos bons: predomínio do espírito sobre a matéria; desejo do bem." Suas qualidades e seu poder de fazer o bem estão na razão do grau que atingiram. Compreendem Deus e

o infinito e gozam já da felicidade dos bons. Sentem-se felizes quando fazem o bem e quando impedem o mal. Suscitam bons pensamentos, desviam os homens do caminho do mal, protegem durante a vida aqueles que se tornam dignos e neutralizam a influência dos espíritos imperfeitos sobre os que não se comprazem nela.

Quando encarnados são bons e benevolentes para com os semelhantes; não se deixam levar pelo orgulho, nem pelo egoísmo, nem pela ambição; não provam ódio, nem rancor, nem inveja ou ciúme, fazendo o bem pelo bem.

Sua qualidade dominante é a bondade; gostam de prestar serviços aos homens e de os proteger; mas o seu saber é limitado: seu progresso realizou-se mais no sentido moral que no intelectual. "Pertencem à quinta classe: Espíritos Benévolos."

(O Livro dos Espíritos — Allan Kardec —
Capítulo I — item 114)

Capítulo III

Três anos depois

Marília acordou feliz. O sol entrando pela fresta da janela de seu quarto anunciava um dia lindo, cheio de calor, de acordo com a expectativa que sentia de completar, naquele dia, dezoito anos. Levantou-se e, abrindo a janela, deu bom-dia à natureza, que se agigantava majestosa diante de seus olhos. A grande cadeia de montanhas que compunham o horizonte visto de seus aposentos despertava nela as mesmas ilusões que os girassóis.

— Vocês são belas e poderosas como os girassóis — dizia —, e é assim que quero ser. Faço parte desse contexto, dessa energia, desse vigor. E como vocês vou dominar o mundo e ser alguém de destaque nessa sociedade hipócrita, repleta de gente que deseja o mesmo que eu, mas não tem coragem de admitir e se esconde no falso moralismo. Prometo a mim mesma!

Acreditando que tudo mudaria a partir dessa data em que completava os tão esperados dezoito anos, Marília rodopiava, exultante, ensaiando passos de valsa e entregando-se, como sempre fazia, aos seus devaneios.

Completara os estudos, e nem de longe considerava a hipótese de seguir em frente, preparando-se como fizera sua irmã, que dentro de mais um ano receberia seu diploma universitário. Ao se lembrar de Júlia, disse a si mesma:

— Como Júlia pode ser tão ingênua e tão boba? Em vez de se importar consigo mesma, dedicou esses anos a estudar para se formar assistente social com a finalidade de passar a vida toda ouvindo lamentação e tentando resolver problemas que não lhe pertencem. Comigo, com certeza, será diferente. Agora sou maior de idade e, no momento certo, quando a oportunidade aparecer, poderei seguir o meu caminho.

Nem por um instante lembrou-se de Luiz, que continuava ao seu lado tentando, como sempre, abrir-lhe os olhos para a realidade da vida, que poderia ser de felicidade se agisse com sensatez e equilíbrio.

Nada importava a Marília, que continuava perdida em sua obstinação de ser famosa. Confiava cegamente em sua beleza, que, com o passar do tempo, ficava cada vez mais exuberante.

Marília voltou à realidade ao ouvir sua mãe batendo levemente na porta e dizendo:

— Filha, levante-se. Hoje o dia será de muito trabalho. É seu aniversário, esqueceu? Temos muito o que fazer até a noite. Não quis uma linda festa? Pois então venha ajudar a prepará-la.

— Já vou, mãe, um minuto só! — respondeu, eufórica.

— *Minha mãe acha que por um instante eu poderia esquecer o dia de hoje,* pensou ela. *Justo hoje, que marca a minha liberdade para dar a minha vida o rumo que eu quiser. Meu coração vai estar onde estiver a possibilidade de me tornar alguém de verdade, não me importa como.*

O coração do homem é sua bússola; ele o leva para o bem ou para o mal, depende do amor que balsamiza a alma. Não se consegue felicidade sem coração limpo. Não se constrói um mundo melhor sem aprender a amar com a dignidade e a transparência que o verdadeiro amor possui.

(*A Essência da Alma* — Irmão Ivo)

Ao entrar na sala, Marília deparou com seus pais e irmãos, que, assim que a viram, começaram a cantar *Parabéns a você* com toda a alegria e carinho que sentiam por ela.

Abraçaram-se, e a festa programada para a noite começou naquele momento em que os corações sinceros se encontravam, tentando mostrar a Marília que, mais importante que qualquer sucesso material, a felicidade é ser alvo da atenção das pessoas que nos amam.

O desjejum transcorreu em meio à alegria de todos.

— Agora você já é maior de idade e pode fazer o que quiser, Marília — disse Rafael à irmã, imprimindo à voz o tom de apoio às suas decisões.

— Rafael, o fato de Marília completar dezoito anos, assim como aconteceu com Júlia, não significa que deixou de ter pais para cuidar dela e orientá-la — afirmou Antunes, incomodado com o que Rafael dissera. — Vamos deixar claro que o que muda é somente sua idade cronológica, porque o restante continua a mesma coisa, como sempre foi. Não fique colocando mais idéias na cabeça dela, que não sabe nem coordenar as que já tem.

— Não sei não, pai! — disse Júlia.

— Júlia — respondeu Marília —, não sei por que estão preocupados com isso. Eu mesma não falei nada. Vamos deixar o tempo correr, não é melhor?

— Bem, mudemos de assunto — disse Marta. — Agora é hora de alegria. Depois teremos muito o que preparar, e não podemos perder tempo.

Enquanto saboreavam o gostoso café da manhã preparado com dedicação por Marta, a campainha tocou.

— Deixe que eu atendo. — E Felipe se levantou, indo em direção à porta.

Voltou trazendo nas mãos um encantador ramalhete de flores do campo. Entregou-o a Marília, que, ansiosa, abriu o pequeno envelope. No cartão, os dizeres: "Meu amor, parabéns. Acredito ser hoje o nosso dia de felicidade. Beijos, Luiz".

— Nossa, que romântico! — exclamaram juntos Rafael e Felipe, ao ouvirem a irmã ler o cartão em voz alta.

Marília leu e releu o cartão, tentando entender o que ele queria dizer com "nosso dia de felicidade".

— Não compreendo, mãe. O que Luiz quer dizer com isso?

— Ora, Marília — foi Júlia quem respondeu —, vocês namoram há três anos. É justo que ele se imagine fazendo parte deste dia, que considera tão importante.

— Não sei, Júlia, senti alguma coisa que não me agradou...

— Filha, precisa parar de estar sempre na defensiva — falou Marta.

— A senhora tem razão, mãe. Tudo o que se fala com Marília, ela logo responde como se estivesse se defendendo de algo.

— Pára com isso, Felipe!

— É verdade. Acha que só você tem razão e sabe das coisas. Prefiro mil vezes conversar com Júlia do que com você.

— Pois então converse com ela. Não faço questão nenhuma de saber o que vai em sua cabeça. Aliás, disso todo o mundo já sabe.

— Do mesmo jeito que todo mundo também já conhece quais são os seus sonhos e ilusões, não é, Marília? Nada para você importa a não ser o que sonha e quer. Desculpe, mas você não passa de uma egoísta.

— Chega! Vamos parar com isso! — exigiu Antunes, com autoridade. — Hoje é o aniversário de Marília. Vamos respeitá-la e passar este dia em paz e com alegria.

— Você tem razão, Antunes, não devemos estragar um dia auspicioso como este. Vamos terminar logo com esse café e começar a preparar a festa. Trabalho é que não nos falta — completou Marta.

Entregue aos afazeres, Marília nem percebeu o escoar das horas. No início da noite, entrava ela na sala de sua casa, linda, sob aplausos e olhares de admiração de seus convidados. Luiz aproximou-se da namorada e beijou-lhe o rosto.

— Você está linda, Marília!

— Obrigada, Luiz — disse sem muita emoção, preocupada apenas com o efeito que causava nas pessoas presentes.

Os comentários corriam soltos, e Marília cada vez mais acreditava ser o início de uma nova vida, a vida que realmente queria e esperava que acontecesse o mais rápido possível.

— Como sua filha é linda, Antunes — dizia Waldemar. — Luiz soube escolher minha futura nora.

— É verdade — concordou Ângela. — Marília é uma moça encantadora.

— Você é um homem de sorte. Tem duas filhas dignas de admiração; diferentes uma da outra, mas ambas possuem encanto e beleza.

— Realmente Marta e eu temos muito orgulho de nossos filhos.

Marília circulava por entre os presentes entregue à sua excessiva vaidade. Tinha consciência do poder que exercia sobre os outros por seus incontestáveis dotes físicos.

— Marília? — Júlia se aproximou da irmã. — Notei a sua falta de atenção em relação a Luiz. Ele está sozinho em um canto, enquanto você circula como se não o conhecesse.

— Pelo amor de Deus, não comece. E, por favor, não estrague a minha noite, nem a minha festa. Sem sermão, pelo menos hoje.

— Marília, isso não é um sermão — defendeu-se Júlia. — Luiz é seu namorado, está praticamente sozinho enquanto você é toda sorrisos para os outros.

— Você pode me fazer um favor?

— Claro, o que quer?

— Vá fazer companhia a Luiz, já que está com tanta pena dele. — Dizendo isso, afastou-se da irmã, não lhe dando chance de resposta e deixando-a boquiaberta.

Júlia olhou em direção a Luiz e condoeu-se em vê-lo afastado dos demais. Seguindo seu impulso, foi em sua direção.

— Por que tão sozinho, Luiz? Vá para junto de Marília.

— Não, Júlia, é melhor deixá-la livre. Você sabe o quanto ela gosta de se promover.

— Desculpe-me, mas isso não está certo. Vocês são namorados. Devem ficar juntos, principalmente na noite de hoje, que é de festa e alegria.

— Penso como você, Júlia, mas infelizmente Marília não se afina com nossas idéias.

— Luiz, sei que não deveria me intrometer, mas acho que você precisaria se impor um pouco mais, defender com mais firmeza suas vontades, e não aceitar tudo passivamente, permitindo que as coisas aconteçam como Marília quer. O que me passa é que gosta de estar sempre à sombra dela. Estou errada?

— Não totalmente, Júlia.

— E por que não reage dando vazão à sua própria personalidade?

— Por medo de perdê-la.

— E agindo assim você acha mesmo que a tem?

Luiz levou um susto.

— O que quer dizer com isso?

— Que vocês namoram há três anos e ninguém nota progresso nenhum em seu relacionamento. É um namoro morno, sem carinho, companheirismo ou cumplicidade. Pensam diferente e agem mais diferente ainda.

— Júlia, Marília é muito nova, é preciso ter paciência!

— Até onde deve ir essa paciência, Luiz? Para um relacionamento dar certo o carinho e a atenção devem ser recíprocos. É necessário que um se preocupe com o outro. Além do mais, Marília sabe muito bem o que quer. Defende suas idéias com todo o vigor sem dar nenhuma chance a quem quer que seja de contrariá-la. Isso prova que não é tão nova assim, que tem capacidade de perceber as coisas e definir seus sentimentos. Deve saber o que espera de você, se é que espera alguma coisa.

Pelo olhar triste de Luiz, Júlia percebeu que tinha ido longe demais. Tentando aliviar a tensão que criara, disse-lhe:

— Perdoe-me, estou constrangida. Acho que exagerei. Não devia ter me intrometido; afinal, esse é um assunto que só diz respeito a vocês, e não a mim. Desculpe-me, por favor!

— Não me peça desculpas, Júlia, sei que quer o nosso bem. Ou, melhor dizendo, o meu bem, porque para Marília tudo está indo às mil maravilhas, conforme ela deseja.

— Não vou negar que quero o seu bem, Luiz, talvez mais do que você possa imaginar. Mas isso não me dá o direito de me intrometer na sua vida.

— Eu lhe dou esse direito.

A conversa foi interrompida pela chegada de Marília.

— Vocês dois até parecem namorados conversando sozinhos no canto da sala.

— Marília, não gosto nem acho elegante esse seu jeito de se expressar — protestou a irmã.

— Júlia, nada do que faço ou falo você aprova ou acha elegante, como disse. Por isso, não me surpreende nem me preocupa o fato de você não gostar. — Virou-se para Luiz e, autoritária, falou ao namorado: — Venha, vou soprar as velinhas do bolo, e o mínimo que posso esperar do meu namorado é que esteja comigo nesse momento.

Luiz olhou para Júlia, novamente para Marília, e disse:

— Não estivemos juntos até agora porque você não quis. Estava muito ocupada consigo mesma para se lembrar de que tem um namorado.

— Está pegando a mania de Júlia? Pare de reclamar e me siga! — E o puxou pela mão.

Antes que os convidados iniciassem a canção, a porta da frente se abriu, e Carlos, amigo de Luiz, entrou acompanhado de Marcelo. Luiz, assim que o viu, foi ao seu encontro acompanhado de Marília e feliz com a presença do amigo.

— Carlos, pensava que não viesse mais! Já é tarde!

— Desculpe o atraso, Luiz, tive um contratempo. Sei que é tarde, mas não poderia deixar de vir cumprimentar sua namorada.

Respondendo ao olhar indagador de Luiz, Carlos apresentou o amigo:

— Este é Marcelo. Convidei-o sem avisar e espero que não se importem e me desculpem. Marcelo, este é Luiz, e esta, Marília, sua namorada e a aniversariante.

— Muito prazer. — Luiz estendeu-lhe a mão. — É bom tê-lo aqui conosco. Fique à vontade.

Marília, educada, seguiu o gesto do namorado e também lhe estendeu a mão, fitando-o demoradamente. *Que belo rapaz*, pensou.

— Carlos, somos amigos há bastante tempo e não me lembro de ter visto Marcelo por aqui.

— Não deve ter visto mesmo, Luiz. Ele mora na capital e vem muito pouco aqui, devido aos seus afazeres.

— É verdade, Luiz, não tenho muito tempo para o meu lazer. Viajo muito por conta do meu trabalho, mas hoje tenho o enorme prazer de conhecê-lo. Carlos fala muito bem de você, com grande admiração.

— Obrigado. Carlos é um amigo querido. Mas, diga-me, qual é o seu ramo de atividade? — perguntou Luiz, interessado.

— Sou sócio de uma empresa de modelos e viajo muito por conta dos contratos. Essas coisas relacionadas a moda em geral.

Marília levou um choque. Não desviava os olhos de Marcelo. Estava impressionada com o porte físico do rapaz e sobretudo com sua condição de morar na capital, e mais ainda por trabalhar no lugar onde sua vida inteira sonhara estar. *Preciso me aproximar dele. Aí está a minha grande e talvez única oportunidade de entrar nesse mundo que me fascina.*

Júlia, aproximando-se, foi apresentada a Marcelo, que, galante, disse:

— A beleza é um bem de família?

— Obrigada... — Júlia respondeu, meio sem jeito.

Marília fuzilou a irmã com o olhar. *É melhor não criar nenhuma ilusão, queridinha, porque esse será meu. Ou não me chamo Marília!*

Júlia, conhecendo a irmã, percebeu um brilho diferente em seus olhos e um ar de desafio em seu rosto que tão bem conhecia. Com naturalidade, convidou:

— Bem, vamos todos cantar os parabéns para Marília!

Júlia notara o interesse no semblante da irmã e sabia o quanto ela era impulsiva e voluntariosa; daí para alguma situação desagradável ocorrer era apenas um passo.

Seguindo a sugestão de Júlia, todos se reuniram e, com alegria, cantaram para Marília, que, sem se importar muito com o entusiasmo dos presentes, procurava Marcelo com os olhos, no que era correspondida.

Marcelo percebera o interesse que despertara em Marília e, por sua vez, impressionado com sua beleza e porte, devora-va-a com o olhar insistente. *É uma questão de tempo*, disse a si mesmo. *Aliás, muito pouco tempo.*

— Carlos, que moça linda é essa! Parece até uma deusa. Você não me disse que a aniversariante era essa beldade toda.

— Calma, Marcelo, ela é namorada de Luiz, esqueceu? Não se meta nem me coloque em situação difícil.

— Namorada não é esposa; hoje é e amanhã pode não ser. Vamos falar a verdade, é uma pena esconder esse rosto nesta cidade sem nenhuma chance. Marília deve ser mostrada ao mundo, meu amigo.

— Deixe-a em paz, Marcelo. Marília não é para você.

— Aí é que você se engana. É o tipo de garota que realmente é para mim, basta que você preste atenção.

— O que está querendo dizer?

— Carlos, escute. Se ela estiver bem com o namorado, se de fato gostar dele, o que não me parece, nada irá separá-los. Mas analisando os olhares que ela está me dando devo crer que Luiz não está tão seguro assim.

— Pelo amor de Deus, Marcelo, o que está inventando?!

— Eu, inventando? Carlos, essa garota está me paquerando abertamente. Nem se importa que os outros possam perceber. Se prestar mais atenção, poderá constatar o que estou dizendo. Ela não tira os olhos de mim. É ou não um convite? Por falar nisso, há quanto tempo eles namoram?

— Parece-me que há três anos.

— Puxa! Esse Luiz ou é muito ingênuo ou é trouxa mesmo.

— Marcelo, não vou permitir que fale assim do meu amigo, que, aliás, recebeu você muito bem. Ele é uma das melhores pessoas que conheço! — exclamou Carlos, com indignação.

— Calma. O que eu disse não anula o caráter dele. O rapaz continua sendo a melhor pessoa que você conhece. Talvez o fato de ser assim tão correto o impeça de perceber o tipo da namorada dele.

— Como assim? O que você quer dizer?

— Nada de mais, Carlos. Apenas percebo a realidade, e essa intuição, vamos dizer assim, adquiri em todos esses anos com meu trabalho. O tempo dirá, meu amigo.

— Eu o trouxe para prestigiar meu amigo, e não para ficar de prosa com você analisando uma questão que não nos diz respeito. Vamos mudar de assunto.

— Tudo bem!

Júlia não deixou de observar os dois rapazes. Incomodada, aproximou-se e os convidou:

— Venham mais para perto. Luiz quer dizer algumas palavras para Marília.

Carlos e Marcelo trocaram olhares e, gentis, seguiram Júlia. Ao ver todos reunidos, Luiz, um pouco nervoso, dirigiu-se primeiro aos pais de Marília, dizendo:

— Seu Antunes e dona Marta, se me permitem, gostaria de me dirigir aos senhores e fazer um pedido a Marília.

— Fique à vontade, Luiz!

— É do conhecimento dos senhores o tanto que amo sua filha e meu desejo sincero de fazê-la feliz. Nosso namoro já dura três anos, nossas famílias se conhecem há longo tempo, se estimam e se respeitam. Portanto, não vejo motivo para adiar mais este pedido.

Marília sentiu uma agonia inexplicável e encarou o namorado.

— Luiz!

O rapaz, interpretando o chamado como algo positivo e emocionado, sentiu-se encorajado, e continuou, feliz:

— Calma, querida! — Olhou para Antunes e Marta. — Quero pedir a mão de sua filha em casamento.

Luiz retirou do bolso um pequeno estojo, abriu-o e deixou à mostra um lindo anel de brilhante. Segurando a mão da namorada, ofereceu-lhe a jóia, perguntando:

— Marília, você quer se casar comigo?

Ela nada respondeu, nem demonstrou emoção alguma. Sua reação provocou nos presentes um incômodo silêncio. A expectativa foi geral. Júlia, sem conseguir se controlar, permitiu que seus olhos se enchessem de lágrimas, que escorreram soltas por suas faces. *Meu Deus*, pensou, *tudo perdido. O momento que mais temia chegou.*

Ninguém tirava os olhos de Marília, que continuava parada, sem reação e sem saber o que fazer. Docemente, Luiz repetiu a pergunta, acreditando estar a namorada sob o efeito de grande emoção:

— Querida, você quer se casar comigo?

Deixando todos os presentes perplexos, Marília respondeu com firmeza:

— Não!

Sem entender, Luiz indagou:

— Não?

— Não, Luiz, não quero me casar com você.

Marcelo sussurrou para Carlos:

— Não disse? Foi mais rápido do que eu mesmo imaginei.

— Fique quieto, Marcelo!

— Mas, Marília... Eu pensei... — continuou Luiz.

— Pensou o que, Luiz? O fato de estarmos namorando há alguns anos não lhe dá o direito de achar que quero me casar com você.

— Marília! — Antunes ficou pasmo com a atitude da filha.

— Desculpe, pai, mas Luiz deveria ter falado comigo antes, para não fazer o papel ridículo que está fazendo!

Júlia, indignada, correu para a irmã e lhe disse, quase aos gritos:

— Você não tem o direito de dizer isso a Luiz, humilhando-o perante as pessoas!

— Por quê?

— Porque é preciso respeitar os sentimentos dos outros, Marília. Se você quer mais um tempo para pensar, diga isso de uma maneira mais sensata e generosa, em um lugar mais adequado, onde possam estar mais à vontade para falar.

— Não, Júlia, não irei a nenhum lugar mais adequado, porque o que tenho para falar não preciso esconder. Foi bom que aconteceu agora, porque já não suportava mais essa situação. Será que alguém pode me entender?

— O que quer dizer, filha? — perguntou Marta, constrangida.

— Quero dizer o que sempre disse a minha vida inteira e a que ninguém deu importância. Não quero me casar com Luiz, nem hoje, nem nunca, porque não vou passar minha vida nesta cidade em meio a panelas e filhos. Quero alçar vôo, mãe, entende isso?

— Por que então me namorou todo esse tempo? — questionou Luiz, com o fio de voz que ainda lhe restava. — Por que brincou com meus sentimentos?

— Luiz, eu gosto de você; não da maneira que você gostaria, mas como amigo. Não tive a intenção de brincar com seus sentimentos, apenas não o amo. Se fiquei com você todo esse tempo foi porque me sinto bem em sua companhia, gosto de conversar com você... enfim, é bom ter com quem sair e me divertir.

Luiz mal podia acreditar no que estava acontecendo. Sentia-se vazio, tonto, como se o chão lhe faltasse sob os pés. Lentamente fechou o estojinho e guardou-o no bolso. Não sabia o que fazer, que atitude tomar; não conseguia definir o que realmente sentia naquele instante.

Seus pais, envergonhados com toda aquela situação, pegaram-no pelos braços e convidaram-no a sair.

— Vamos, filho, você não tem mais nada o que fazer aqui. Chega de humilhação por hoje.

Como um autômato, Luiz saiu acompanhado de seus pais e seu irmão. No instante em que atravessava a porta, Marília o chamou.

— Luiz!

Ele se virou para responder:

— Chega, Marília, não temos mais nada a nos dizer. Acabou.

Antunes e Marta correram ao encontro de Waldemar e Ângela. Antunes, tomando a frente de Marta, disse-lhes, embaraçado:

— Amigos, estamos tão aturdidos quanto vocês com o procedimento inesperado e desagradável de minha filha. Peço-lhes que nos desculpem em nome de todos os anos de nossa amizade. Não sei o que fazer para reparar a decepção que, com razão, devem estar sentindo.

— Nunca poderíamos imaginar que fosse acontecer esse episódio tão triste em meio à alegria da festa que preparamos com tanto gosto — Marta afirmou. — Gostamos e admiramos muito seu filho, e sempre vimos com alegria o namoro dos dois, acreditávamos mesmo que daria certo.

— Acredito, dona Marta. Ângela e eu sabemos que vocês não tinham conhecimento de nada, e muito menos tiveram participação de alguma forma. Não os culpamos de absolutamente nada e nossa amizade não irá se abalar por essa atitude tão leviana de Marília.

— Só não compreendo por que ela deixou o namoro ir tão longe, chegando a ponto de Luiz acreditar no casamento. Por que sua filha alimentou o sentimento de meu filho? — perguntou Ângela, com lágrimas nos olhos.

— Isso eu também me pergunto! — respondeu Antunes.

— Desculpem-me o que vou dizer, mas muitas vezes disse a Luiz que ele não havia feito a escolha certa. Júlia é a pessoa certa para ele, mas os jovens nunca escutam os conselhos dos pais. Agora é amargar a dor do desprezo feito na frente de todos — desabafou Waldemar.

Luiz, que até então ouvira tudo em silêncio, respondeu sem conter sua irritação:

— Gostaria que parassem com esses comentários. Marília está no direito dela de não aceitar. Não quer se casar comigo, quanto a isso não temos mais o que questionar. O assunto está morto; nosso caso, encerrado. Não vou ficar me lamentando por alguém que não teve a preocupação e a consideração de me poupar diante de tantos convidados. Humilhou-me sem pensar no que eu poderia estar sentindo naquele momento, em meu sonho de felicidade, que caía por terra. Se houvesse pelo menos respeito por mim, a mesma atitude poderia ter sido tomada de uma maneira mais delicada, sem a clara intenção de me machucar. O ponto final foi colocado. Obrigado, dona Marta e seu Antunes, por terem me recebido tão bem em sua casa. — Virou-se e, sem esperar pelos pais, alcançou a rua.

— Luiz, espere-nos!

— Não, pai, eu já vou. Prefiro caminhar sozinho. Assim coloco meus pensamentos no lugar.

Retornando à sala, Antunes e Marta aborreceram-se com os comentários que se faziam entre os convidados.

Marcelo, no íntimo, se deliciava com o ocorrido.

— Vamos embora, Marcelo — convidou Carlos.

— Calma, vou me despedir de Marília. — Aproximou-se dela, segurou-lhe as mãos, e levou-as aos lábios. — Boa noite, senhorita. A festa estava excelente. Espero tornar a vê-la.

Marília respondeu com um sorriso nos lábios:

— Boa noite, Marcelo, foi um prazer conhecê-lo. Com certeza nos veremos novamente.

Júlia, observando a irmã, percebeu sua intenção e pensou: *Você não toma jeito!*. Aproximou-se mais um pouco e se despediu:

— Boa noite, seu Marcelo!

— Não acha que sou muito novo para ser tratado com tanta cerimônia?

— Imagino ser o tratamento adequado quando não se tem nenhuma intimidade.

— Pára com isso, Júlia, Marcelo já é nosso amigo; estou enganada? — Marília o encarou.

— De modo algum. Eu já os considero meus amigos. — E deu uma piscadinha para Marília, que respondeu com mais um caprichado sorriso.

Júlia puxou a irmã para um lado, irritada.

— Não tem vergonha, Marília?!

— Não, Júlia, não tenho.

— Grosseiramente dispensa seu namorado sem a menor preocupação em poupá-lo do vexame, e, nem bem acaba a festa, derrete-se toda para outro convidado. Acha que não percebi seu interesse por esse tal Marcelo a noite toda? Um rapaz que mal conhecemos!

— E daí? Não terminei o namoro com Luiz? Não tenho que dar satisfação a ninguém do que faço da minha vida, simplesmente porque é um problema meu, e muito menos a você. A não ser que também esteja interessada nele. Acertei?

— Não seja boba, Marília. Sabe o que mais me intriga?

— O quê?

— De que será feito o seu coração?

— Ele é feito de vontade de viver, que é exatamente o que falta em você.

— Marília, vá despedir-se dos convidados. A festa acabou — disse Marta, chegando perto das filhas.

— Mãe, é muito cedo!

— Não, já é muito tarde, considerando o estrago que você fez.

— Mas...

— Chega! Despeça-se das pessoas. Antes de dormir, temos muito o que conversar.

Marília obedeceu. Em menos de trinta minutos, a casa estava vazia.

— Felipe e Rafael, vão para o quarto — ordenou Antunes.

— Pai, deixe-nos ficar, já somos grandes — pediu Rafael.

— Não vou falar duas vezes. Minha paciência chegou ao limite, Marília se encarregou disso.

— O senhor prefere que eu saia também?

— Você não, Júlia. Quero que fique.

— A queridinha vai ficar. Já sei, lá vem sermão...

— Cale-se, Marília! Tenha pelo menos o bom senso e o respeito para ouvir seus pais e dar a eles uma boa explicação.

Diante do tom enérgico de Antunes, Marília não ousou dizer mais nada. Sentou-se e, em silêncio, ouviu o que seu pai tinha a dizer.

— Muito bem, imagino que deva ter uma explicação aceitável, que justifique sua atitude desagradável humilhando seu namorado na frente de todos os convidados, deixando todos nós, sobretudo os pais dele, em uma posição desconfortável, vexatória mesmo. Não reaja como se nada tivesse acontecido, porque aconteceu, e o mal que você fez a Luiz pode ter uma conseqüência maior do que possa imaginar.

Nesse momento, Marília caiu em si. Percebeu a real extensão do que fizera e o quanto havia magoado Luiz e seus pais. Não sabia o que dizer, pois compreendeu naquele instante que tinha ido longe demais. Conscientizou-se da sua presunção e de seu enorme egoísmo. Sem saber como explicar, balbuciou apenas:

— Desculpe-me, pai!

— Tudo bem, Marília, sua mãe e eu podemos até desculpá-la, mas como tirar a dor da humilhação, a mágoa e a decepção do coração de Luiz? Por mais que você peça desculpas, minha filha, o cravo da dor já marcou o coração dele.

— Luiz irá me esquecer logo, vocês verão.

— Marília, preste atenção. As pessoas esquecerão o que nós dissemos um dia; esquecerão o que nós fizemos, mas nunca a maneira como nós as tratamos. É isso que eu gostaria que você aprendesse: como tratar as pessoas.

Marília, após alguns segundos calada, voltou à sua natureza voluntariosa e respondeu ao pai:

— Pedi desculpas ao senhor e a mamãe. Posso até me desculpar com Luiz e seus pais. Mas tirar a mágoa do coração dele não posso, isso é um fato. O que fiz está feito e não tem conserto. Ele vai ter que aceitar e levar a sua vida como quiser, contanto que não atrapalhe a minha.

— Marília! — Marta a admoestou.

— É isso mesmo, mãe. Não amo Luiz, não vejo motivo algum para casar com ele e estragar minha vida que está apenas começando, anulando os meus sonhos, minhas ilusões e meus objetivos.

— Filha, por que namorou o rapaz por três anos? Por que brincou com os sentimentos dele, iludindo-o?

— Não brinquei nem iludi ninguém. Luiz deveria ter me consultado antes, para não fazer o papel ridículo que fez hoje.

— Posso dar minha opinião, pai?

— Claro, Júlia.

— Penso, Marília, que ele confiou no relacionamento de vocês, que já durava três anos, porque ninguém namora uma pessoa tanto tempo sem gostar dela.

Ninguém podia imaginar o quanto Júlia sofria por saber que o homem que ela amava enfrentava o desprezo de sua própria irmã.

— Júlia tem razão!

— Então vocês gostariam que me casasse com ele e fôssemos os dois infelizes? É isso?

— Não, minha filha — voltou a dizer Antunes. — Todos querem a sua felicidade e a de Luiz. O que questionamos foi a maneira cruel de recusar o pedido feito com tanto amor; foi jogar no chão as esperanças dele. Você expôs o rapaz que a ama, fazendo sofrer seus pais. Entende?

— Tudo bem. Eu deveria fazer o quê? Falar como?

Marta sentiu certa aflição ao perceber claramente que sua filha estava presa a conceitos sem nenhum fundamento mais nobre ou altruísta. Sua avaliação da vida estava relacionada à falsa ilusão de ser alguém por sua exuberante beleza. Carinhosa, segurou as mãos de Marília, para lhe dizer:

— Quando respeitamos alguém, sempre temos a preocupação de não ferir essa pessoa, agindo com sensatez e prudência.

— O que a senhora queria que eu tivesse dito?

— Não teria sido melhor dizer que, apesar de se sentir lisonjeada, considerava importante conversarem sobre isso só os dois, com mais calma, no momento em que ele assim o desejasse ou no dia seguinte, quando estaria mais tranqüilo?

— Mãe, em que isso mudaria minha decisão?

— Sua decisão com certeza não mudaria em nada, mas a sua delicadeza, o respeito com os sentimentos dele e com os presentes decerto não provocaria tanto impacto como causou sua resposta inesperada e imprevista.

— Sua mãe tem toda a razão, Marília. Existem várias maneiras de se dizer a mesma coisa, e a que você escolheu não foi a mais acertada. Tudo depende da generosidade com que se fala.

— Marília não se importa com isso, pai.

— Por que diz tal coisa, Júlia?

— Porque percebi Marília a noite toda se insinuando para aquele amigo de Carlos.

— Que amigo é esse que não me apresentaram?

— O nome dele é Marcelo, e eles não tiravam os olhos um do outro.

— Isso é verdade, Marília?

— Eu odeio você, Júlia! — foi sua resposta.

— Não perguntei se ama ou odeia sua irmã; perguntei se é verdade o que Júlia está falando.

— Pai, não tenho culpa se ele não tirava os olhos de mim.

— Mas tem culpa de não tirar os olhos dele — respondeu Antunes, cada vez mais nervoso. — Você precisa se conscientizar de que age de um modo imprudente e muitas vezes leviano. Descarte da sua vida essa mania de grandeza, minha filha. Isso, além de não levá-la a nada, poderá trazer-lhe muita dor.

— Dor de que, pai?

— Dor da solidão, Marília, que machuca muito o coração.

— Você se interessou por esse Marcelo? — Marta quis saber.

—- Sim, mãe. Interessei-me muito.

— Meu Deus, não posso acreditar! Três anos namorando o mesmo rapaz e vem me dizer que se interessou por um que mal acabou de conhecer! É de enlouquecer, Antunes.

— Mãe, deixe de drama. O que eu percebo é que todos vocês fazem um cavalo de batalha por qualquer coisa. Até hoje não compreendem minha personalidade; entendam que não se muda a própria natureza. Aceitem-me como sou sem querer me modificar, porque não vão conseguir. Tenho traçado um plano para minha vida e não tenho o menor interesse em me desviar da minha rota.

— Nem por nós, minha filha?

— Eu os amo muito, mãe, mas mesmo assim afirmo que nem por vocês, porque simplesmente luto por mim, pelo meu destino. É justo, porque a vida é minha e sou eu quem deve direcioná-la.

Marta não resistiu ao desapontamento ao ouvir tal declaração da própria filha. Cobriu o rosto com as mãos e chorou, desabafando sua decepção.

— Viu o que você provocou em mamãe? Está satisfeita, dona do mundo? — Júlia abraçou Marta, falando-lhe com carinho: — Mãe, não chore! Tudo vai dar certo, fique calma. Marília com certeza não quis dizer isso, ela está sob o efeito de forte emoção. Amanhã estará pensando diferente.

— Onde foi que eu errei com Marília? Por que ela não pensa e age como você, Júlia?

— Porque somos diferentes. Somos dois espíritos distintos, e cada um com a sua natureza. Nem a senhora, nem papai erraram, sempre nos ensinaram a maneira certa de agir. Quem está errando é ela, e por conta própria. Não soube compreender nada do que disseram ou mostraram com a generosidade que possuem. Só Marília é a responsável, mãe, mais ninguém.

— Pare com isso, Júlia. Que direito acha que tem para opinar sobre mim?

— O direito de defender nossos pais, a quem você vive desafiando como se fosse dona da verdade ou do próprio nariz. Você é ainda uma criança, Marília, e como tal tem muito o que aprender.

Antunes não suportava mais aquela situação. O que era para ser uma noite feliz transformara-se em decepção e angústia. Com voz enérgica que não admite ser contrariado, disse a Marília:

— Chega por hoje. Vá para o seu quarto!

Marília não ousou mais provocar o pai. Levantou-se e, ao passar perto de Júlia, lançou-lhe um sorriso malicioso e falou baixo, para que os pais não ouvissem:

— Fique com Luiz. Agora ele é todo seu!

Devemos orar com sinceridade para que nosso espírito se fortaleça no bem e na moral. É preciso vigiar com cuidado nossas atitudes para não cairmos no abismo do qual a volta se torna difícil e sofrida.

(*A Essência da Alma* — Irmão Ivo)

Capítulo IV

O abismo se aproxima

Os dias de Luiz desde a festa de Marília transcorriam como se pertencessem a um tempo só, sem hora, sem dia e sem noite, tal era o sofrimento que abatera sua alma. Trabalhava como um autômato. Falava pouco, sorria nunca. Por mais que seus pais se dedicassem a alegrá-lo não obtinham êxito. Tudo lhe parecia igual; perdera o ânimo e praticamente a vontade de viver.

O coração de Ângela se apertava ao se lembrar do filho sempre tão alegre, disposto a tudo sem nunca esmorecer, e agora vê-lo cabisbaixo e tristonho. Mateus ressentia-se da falta do irmão; até as brincadeiras feitas diariamente com ele tinham se acabado.

— Meu filho — dizia sua mãe —, não suporto mais vê-lo assim tão triste. É preciso aceitar as coisas como são e reagir, assumir a realidade que, parece-me, não irá mudar. Tudo indica que não há mais nada a fazer porque, com toda a certeza, Marília não irá mudar de opinião. Sendo assim você deve retomar o ritmo de sua vida. Posso estar sendo cruel, mas meu coração de mãe sofre muito por você, porque o conheço e sei que não merece o que está passando.

Nessas horas Luiz apenas respondia:

— Eu sei, mãe, a senhora tem toda a razão.

Mas sentia não ter forças para lutar, tal a desilusão que tomara conta de seu peito. No silêncio em que mergulhava, pensava: *Marília nunca mais me procurou. Não teve a delicadeza de vir falar comigo, para se explicar melhor. Tantos anos um ao lado do outro, namorando com todo o respeito, para no final sofrer esse descaso e perceber que por três anos vivi um engano.*

Nesses momentos de desabafo consigo mesmo, não se importava de que as lágrimas molhassem seu rosto. Sofria, e isso ele não podia negar.

Vinte dias haviam se passado desde o rompimento de Marília e Luiz. Enquanto ele, mais sensível, amargava o sofrimento pela separação, ela, escondida de seus pais, encontrava-se com Marcelo todos os dias em suas idas ao campo dos girassóis. Somente Rafael tinha conhecimento desses encontros e acobertava a irmã. Nem estranhara o fato de Marília assumir outro pretendente logo após o rompimento com Luiz. Tudo o que sua irmã fazia ele achava perfeitamente natural.

— Rafael, ninguém manda no coração — Marília lhe falava. — O que importa na vida é saber aproveitar a oportunidade quando ela aparece.

— Como assim?

— Ora, você conhece meus sonhos, minha meta de vida, não conhece?

— Claro, cresci ouvindo você falar deles.

— Então deve me entender. Acha que vou desprezar a chance que apareceu com Marcelo por aqui, de conseguir ir embora e alçar vôo na capital?

— Imagino que não.

— Imaginou certo, porque não vou mesmo.

— Mas o que ele pode fazer por você?

— Rafael, Marcelo é sócio de uma grande agência de modelos e quer me levar para a capital. Ele acredita que possuo beleza suficiente, charme e carisma para brilhar nas passarelas, e é o que pretendo fazer.

Meio confuso, Rafael respondeu:

— Marília, você o conhece há pouquíssimo tempo, menos de um mês. Como tem certeza de que pode confiar nele? Marcelo não mora aqui, logo irá embora. Como você ficará?

— Eu sei, Rafael, daqui a uma semana ele irá voltar para a capital.

— E você?

— Eu? Enquanto Marcelo estiver fora, vou preparar minhas coisas, falar com nossos pais... No máximo em dois meses ele acha que tudo estará pronto e virá me buscar.

— Tudo bem. Você vai, e aí? Onde irá morar se não conhece ninguém por lá? Pensa que é fácil, Marília? Nem tem dinheiro para levar, não tem ainda trabalho. O que fará até conseguir o que Marcelo prometeu?

— Rafael, pensei que fosse mais esperto!

— Por quê?

— Quando falei que ele irá arrumar tudo é tudo mesmo, ou seja, apartamento, mobília e outras coisas, meu irmão.

— Ele vai investir tudo isso em você sem saber se dará certo ou não?

— Tudo na vida tem um preço, e eu estou disposta a pagar o meu. Você é criança mesmo. Vou morar com Marcelo.

— Vai morar com ele? Marília, você está se vendendo?!

— Essa sua colocação é muito forte, Rafael. Digamos que estou cedendo à exigência dele. Marcelo está apaixonado por mim.

— E você por ele?

— Rafael, quando temos um objetivo bem firme para alcançar temos que esquecer o coração para não perder a direção do que buscamos. Vamos dizer que me apaixonei pela vida que Marcelo poderá me proporcionar.

— Isso lhe basta?

— Neste momento sim.

— Sempre ouvi você dizer que jamais se amarraria a alguém.

— A ninguém que me colocaria entre panelas e filhos. Marcelo não é assim. Ele abrirá as portas do mundo da fantasia, do fascínio, o mundo com que sonhei minha vida inteira.

— Tudo bem, se você quer assim... Mas e se amanhã vier a se apaixonar de verdade por alguém, como vai ser?

— Se isso acontecer já estarei pronta para caminhar sozinha. É só dar um até logo e estarei livre.

— Deixando Marcelo, é isso?

— É isso. Com minha carreira estruturada, minha posição financeira sólida, despeço-me dele e vou tratar dos meus interesses.

Rafael ficou confuso. Sempre apoiara a irmã em suas loucuras, mas jamais pensara que chegaria a esse ponto. Pela primeira vez sentiu que Júlia poderia estar certa; Marília não possuía nenhum sentimento, pois seu egoísmo excessivo não permitia.

— Não sei se isso dará certo, Marília. Acho que você está exagerando.

— Rafael, preste bem atenção ao que vou lhe dizer. Esqueça tudo o que lhe falei. Se abrir a boca para alguém e contar os meus planos, vai se ver comigo.

— E nossos pais?

— Na hora certa eu direi a eles. Mas eu farei isso, entendeu? Rafael, estou estranhando você. Sempre disse que queria ir comigo para a capital, e quando a hora está próxima você questiona, fica indeciso. Não estou compreendendo.

— Não sei explicar, Marília, mas de repente comecei a achar tudo muito estranho.

— O que, por exemplo?

— Você usa as pessoas como se fossem brinquedos em suas mãos, sem se importar com o que possam estar sentindo ou sofrendo. Vou pensar muito sobre tudo isso.

— Você é quem sabe. Pense o quanto quiser, só não me atrapalhe nem me cause problemas.

— Assusta-me saber que quer ir morar com uma pessoa que mal conhece só para se projetar na vida. Acho que você corre um risco grande. Para mim é como se estivesse se vendendo.

— Já disse isso, meu irmão. Vendendo é uma palavra muito forte. Estou investindo em mim; na verdade, dando a mim mesma a chance de encontrar meu verdadeiro amor, que pode até ser Marcelo.

Rafael sorriu com ironia.

— Sei!

Desde o dia em que teve essa conversa com Marília, Rafael ficou incomodado. Não sabia o que fazer. O certo seria trair sua irmã e revelar aos pais tudo o que tinham conversado ou deixar que ela mesma cuidasse de sua vida?

— Talvez seja melhor deixar o tempo passar — disse a si mesmo, e tirou o problema da cabeça.

Após uma semana, Marcelo realmente retornou à capital, deixando Marília na expectativa de sua breve partida para a cidade grande.

— No máximo em dois meses estarei de volta para buscá-la — o rapaz lhe dissera. — Vou transformá-la na maior modelo que o mundo já viu. Todos irão se curvar diante de sua beleza, pode apostar.

— Confio em você. Estarei esperando.

— Posso lhe pedir uma coisa?

— Claro!

— Não quero que se aproxime de Luiz.

— Por quê?

— Receio que possa ter uma recaída.

Marília riu gostosamente.

— Está com ciúme?

— Estou. Quero você só para mim.

— E eu sou sua, querido. Nunca mais falei com Luiz, nem pretendo falar. Aliás, nunca fui dele de fato, porque meu coração sempre foi livre.

— E agora?

— Agora lhe pertence.

— Ótimo! — Abraçou Marília e a beijou com paixão.

Júlia sentou-se à mesa da cozinha para tomar o café da manhã. Após alguns momentos de silêncio, disse a Marta:

— Mãe, a senhora não percebeu nada de estranho em Marília?

— Estranho propriamente dito não, noto apenas que ela anda meio calada, pensativa. Às vezes me pergunto se ela se arrependeu de ter terminado com Luiz. O que você acha?

— Não crie ilusões em relação a Marília. Seu jeito arredio me faz crer que está pretendendo aprontar alguma.

— Júlia, você é muito severa com sua irmã. O que ela poderia aprontar?

— Não é que eu seja severa, mãe. Acontece que conheço muito bem Marília. Alguma coisa ela está arquitetando, e procura disfarçar.

Nesse momento, Rafael ia entrando, e Júlia, sabendo da forte ligação dos dois, perguntou-lhe:

— Rafael, você, que é tão unido a Marília, sabe se está acontecendo alguma coisa com ela?

— Por quê?

— Não sei ao certo. Acho apenas que nossa irmã está muito estranha. Parece-me que tenta disfarçar alguma coisa, não sei.

Aflito, Rafael afirmou:

— Eu não sei de nada, não. — E apressou-se em sair.

— Calma, por que tanto nervosismo?

— Nada, não, Júlia, tenho que sair mesmo.

Júlia não deixava nada escapar de sua observação.

— Mãe, acho melhor ficar atenta. Aí tem coisa, e aposto como Rafael sabe do que se trata.

Marta sentiu um desconforto em seu coração, como um pressentimento de que algo muito grave poderia acontecer envolvendo toda sua família.

Diante de seu silêncio, Júlia se assustou.

— Mãe, está pálida! O que houve? Parece-me angustiada.

— Nada, filha. Ou melhor, tive um pressentimento ruim. Mas deve ser bobagem minha.

— Que pressentimento? Diga.

— Não sei explicar nem definir o que possa ser. O que sei é que senti um aperto no peito totalmente inexplicável.

Júlia a abraçou.

— Mãezinha, a senhora ficou impressionada com o que eu falei. Desculpe-me, deveria ter ficado quieta, não tenho o direito de colocar dúvidas em seu coração.

— Filha, não é nada disso. Você está certa, Marília anda mesmo muito esquisita. Afasta-se de nós, evita qualquer tipo de conversa que possa envolvê-la... Seu comportamento mudou de uns dias para cá.

— Como lhe disse, eu também notei isso.

Após algum tempo calada, Júlia voltou a se manifestar:

— Mãe, a senhora está lembrada do que conversamos sobre a vó Amélia?

— Claro que sim.

— Pois bem, tenho tido uma intuição muito forte a respeito de Marília.

— Pensa que dona Amélia está se comunicando com você? Que vem dela essa sensação?

— Não posso afirmar com certeza, mas suspeito que sim.

— E o que sua intuição lhe diz?

— Mãe, uma intuição é como se fosse um pressentimento, igual ao que a senhora acabou de dizer que sentiu. Não sei explicar direito, mas sinto-me como se estivesse em estado de alerta, como se esperasse que alguma coisa fosse acontecer. E o que mais me intriga é que acredito firmemente que Rafael tem conhecimento do que possa ser.

Segundo Allan Kardec, a intuição e a inspiração têm a mesma finalidade [...] Modo de comunicação ao qual vulgarmente se deu o nome de voz da consciência [...] Cada encarnado sintoniza com os seres do plano espiritual, captando-lhes as influências que advêm em forma de conselhos elevados ou inferiores. No entanto, aceitar ou repelir esses conselhos é de sua livre escolha, de acordo com os próprios sentimentos, maneira de ser e interesses que o caracterizam.

(*Revista Espírita Allan Kardec* — 12 volumes — tradução: Julio Abreu Filho — Edicel)

— Por que diz isso, Júlia?

— Porque hoje eu sei que todos nós temos uma voz interior que nos fala, e o nosso mal, mãe, é não escutá-la sempre. Se cada um de nós pensasse melhor nisso, com mais freqüência, com mais atenção, a humanidade inteira estaria melhor.

— Júlia! Estou admirada com você. Onde está aprendendo tudo isso?

— Tudo isso o que, mãe?

— Essas coisas com mais conteúdo que você anda falando.

— No centro espírita que estou freqüentando.

— Centro espírita? Você não me disse nada.

— Desculpe-me não ter falado disso com a senhora, foi esquecimento meu. Há algum tempo vou às reuniões do centro, onde estou aprendendo a Doutrina Espírita.

— Eu não sabia, filha. Por que não me contou?

— Não sei, mãe. Não existe nenhum motivo para não ter lhe contado, foi esquecimento mesmo, talvez por causa do meu envolvimento com a faculdade, a escolinha, sei lá. A senhora sabe que o último ano é sempre mais complicado. Desculpe-me.

— Não tem importância, Júlia. Falei apenas porque, se soubesse, teria ido com você, só isso.

— Mas a partir de agora poderemos ir sempre juntas. O que acha?

— Adoraria. Mas onde fica esse Centro?

— Passando a praça da Matriz, a segunda rua à direita. É bem pertinho. Chama-se Centro Espírita Deus É Luz.

— Bonito nome! Qual é o dia da reunião?

— São realizadas diariamente às vinte horas. Mas eu nunca fui à noite; vou sempre na quinta-feira à tarde, porque assim posso ir após a escolinha. Gosto tanto, mãe, me faz muito bem. Aprendemos bastante e nos conscientizamos da nossa responsabilidade perante a vida e nós mesmos. É como se adquiríssemos força para prosseguir vencendo os obstáculos que aparecem no nosso caminho, com equilíbrio e sem perder a fé em Deus.

— Fico muito feliz ouvindo isso de você. Como gostaria que Marília também pensasse assim, e desse a ela mesma a oportunidade de aprender sobre as questões espirituais, que com certeza a tornariam mais humilde, menos vaidosa e mais alerta aos conselhos das pessoas que a amam.

— Mãe, na última reunião tive a oportunidade de conversar com o mentor espiritual do centro e revelei a ele a minha preocupação com essa intuição, pedindo proteção e ajuda para que Marília não cometesse nenhuma imprudência, nada que pudesse prejudicá-la; enfim, que ela conseguisse se situar mais na realidade e nas coisas verdadeiras e elevadas.

Aflita, Marta perguntou:

— Qual o conselho que ele deu?

— Disse-me que realmente eu tinha ao meu lado um espírito familiar cuja missão era me inspirar para que cada vez mais eu pudesse auxiliar o semelhante, não fugindo do meu compromisso espiritual. Que eu estava sendo preparada para, no momento certo, cumprir a tarefa que eu mesma havia pedido por ocasião do meu reencarne, e esse espírito iria acompanhar a minha trajetória dando-me o suporte, a coragem e a fé para que tudo se cumprisse.

— Quanto a Marília, o que ele disse?

— Em relação a minha irmã, o que ouvi foi:

Os obstáculos aparecem para que se possa aprender a vencê-los. Como evoluir e crescer sem ter passado por nenhuma situação de aprendizado mais forte? Deus dá o principal, que é a vida, e cabe a cada um direcioná-la para o destino seguro.

(A *Essência da Alma* — Irmão Ivo)

— E completou: "Essa irmã que tanto a preocupa vem tendo, ao longo dos anos, pessoas dispostas a auxiliá-la, mostrando-lhe com clareza o caminho do equilíbrio e da felicidade. Imprudentemente ela vem desprezando as palavras sensatas daqueles que a amam, por direcionar sua atenção apenas para si mesma e para as coisas efêmeras da vida. Todas as ações realizadas na existência física, minha filha, provocam uma reação; têm um preço, e se paga muito caro quando elas são levianas, insensatas e imprudentes". Perguntei-lhe o que eu podia fazer para ajudá-la.

— E qual foi a sugestão?

— O que você sempre fez, mamãe: mostrar-lhe que o brilho da ilusão é passageiro, e, quando ele se vai, deixa atrás de si o desavisado mergulhado na dor. Todos nós já tentamos por diversas vezes abrir os olhos dela, mas Marília não ouve ninguém.

— Então, filha, cubra-a com a energia positiva de suas orações, seja generosa e incansável em seu auxílio. Marília usará o seu livre-arbítrio, a sua liberdade de escolha, e quando isso acontecer não perca a fé e continue orando a Jesus por ela.

— Veja, mãe, não tenho motivos para estar preocupada?

— Não só você, mas todos nós temos razões de sobra para nos afligir por ela, como sempre tivemos.

— Volto a afirmar: algo me diz que minha irmã está planejando algo que não quer que saibamos, e Rafael tem conhecimento do que possa ser. Não seria o caso de a senhora conversar com ele e tentar descobrir de que se trata?

— Vou fazer isso. Fique tranqüila, Júlia, tomarei providência a esse respeito.

Após alguns instantes em que mãe e filha permaneceram em silêncio, cada uma com suas conjecturas, Marta comentou com a filha:

— Há tempos não vejo Luiz. Sabe como ele está? Waldemar e Ângela desapareceram daqui de casa, e não tenho tido mais nenhuma notícia deles.

— Natural que seja assim, mãe. Depois do que aconteceu, devem estar evitando encontrar Marília. É difícil superar a humilhação que enfrentaram por causa da inconseqüência de minha irmã. Quanto a Luiz, estive com ele uma semana atrás, conversamos durante algum tempo e ele me pareceu um pouco diferente do que era antes.

— Como assim?

— Não sei bem explicar, mas senti que fazia cerimônia comigo, que perdeu a naturalidade. Tive a impressão de que minha presença o incomodava.

— Foi realmente uma pena tudo o que aconteceu!

— Concordo. Mãe, por que a senhora não os procura? Vá até eles, demonstre sua vontade de recebê-los aqui em casa. Pode ser que estejam esperando que a senhora e o papai tomem essa atitude.

— Talvez tenha razão, querida. Vou combinar com seu pai para irmos até lá. Gostaria que tudo voltasse ao normal, como era antes.

— Isso vai acontecer. Acredito que é uma questão de tempo.

— Júlia, há dias quero fazer-lhe uma pergunta, mas temo machucá-la.

— Nada disso, mãe, pode perguntar o que quiser.

— Algumas vezes escutei Marília fazer insinuações sobre você e Luiz. Depois da festa de aniversário dela, quando seu pai a mandou para o quarto, ouvi Marília lhe dizer: "Agora ele é todo seu!". O que ela quis dizer com isso?

— Não sei, mãe. Apenas uma provocação, imagino.

— Essa provocação não existiria se na cabeça dela não houvesse uma suspeita. Você gosta de Luiz?

Com essa pergunta Marta deixou a filha completamente desconcertada. Suas faces enrubesceram, e seus olhos úmidos traíram seu coração.

— Responda sem constrangimento, Júlia, quero apenas saber, e não julgar.

— Mãe, jamais interferi no namoro de Marília e Luiz; ao contrário, sempre a aconselhei, tentando abrir os olhos de minha irmã para a pessoa especial que tinha ao seu lado. Nesses três anos de namoro, percebi claramente que Marília não o amava, apenas o usava para ter companhia. Juro que, apesar de ter conhecimento da total falta de amor de Marília, nunca aproveitei para me insinuar para Luiz, ou coisa parecida. Antes, fiz o possível para que ela entendesse a pessoa especial que ele é.

— Calma, não duvido disso, sei quem você é. Porém, não é isso que está em questão. Quero saber é do seu coração. Você gosta dele de verdade?

Júlia correu para os braços da mãe. Entre lágrimas, disse-lhe:

— Mãe, perdoe-me. Sempre amei Luiz, mas nunca fiz nada para atrapalhar o relacionamento de Marília. Sabia que Luiz a amava, e respeitei seu sentimento.

Marta acarinhou a filha.

— Fique calma, Júlia, não precisa se angustiar. Seu pai e eu conhecemos você, seu caráter, sua generosidade. Entristece-me apenas saber que sofre há anos por um sentimento não correspondido.

— Não sei o que fazer, mãe, não consigo tirá-lo da cabeça, e muito menos do coração. Luiz nunca se interessou por mim, e agora menos ainda.

— Vamos dar tempo ao tempo; não é o que se diz? Ele se encarregará de apagar as cicatrizes. Quando tudo passar, é possível que Luiz passe a enxergá-la com outros olhos.

— A senhora acredita ser possível?

— Lógico. Se o seu destino for ser feliz com ele, será.

— E Marília? Se isso acontecer ela irá aceitar?

— Sua irmã não o quis, portanto, não terá direito de cobrar nem reivindicar nada. Ela mesma deu a liberdade para o rapaz e o direito de agir como bem entender.

— A senhora aliviou meu peito. Não agüentava mais suportar isso sozinha. É muito bom dividir com alguém as questões que nos angustiam.

— Você merece ser feliz, minha filha, e será; com Luiz ou com quem estiver destinado por Deus.

— Obrigada, mãezinha.

De repente se deram conta de que Marília estava encostada na porta, observando as duas.

— O que é isso? — perguntou quase irônica. — Segredinhos de família?

— Oi, filha! Junte-se a nós, venha.

Percebendo os olhos lacrimejantes da irmã, Marília se dirigiu a ela:

— Chorando, Júlia?! A poderosa está com problemas?

— Marília, por que gosta sempre de dizer coisas desagradáveis? — repreendeu-a Marta.

— Deixe, mãe. — Júlia fez menção de ir para o quarto.

Ao passar por Marília, esta mais uma vez alfinetou a irmã:

— Aposto que é por causa de Luiz. Ainda não conseguiu agarrá-lo, Júlia?

Júlia passou por ela sem dar-lhe nenhuma resposta.

— Por que provoca tanto sua irmã, Marília?

— Ora, mãe, pensa que não sei que Júlia sempre foi apaixonada por Luiz? Fiz um favor a ela quando terminei com ele, e espero que faça bom proveito.

— Por falar nisso, quero mesmo conversar com você.

— Sobre o quê? Algum problema? O que foi que fiz que a senhora não gostou?

— Espero que não tenha feito nada, Marília, nem pretenda fazer.

— Por que a senhora me controla tanto, mãe? Tenho idade suficiente para conduzir a minha vida. Vocês não percebem que já não sou mais criança?

— Você se engana, filha. É ainda muito nova para pretender assumir o controle geral da sua existência, e espero que seja prudente o suficiente para não se meter em confusão.

— A senhora não confia em mim!

— Não é uma questão de confiar ou não; você é muito sonhadora, ambiciona coisas que não fazem a felicidade de ninguém.

— O que importa é o que eu penso. Para mim fazem, sim; é a felicidade em que acredito e que quero, o resto não me interessa. Vou mais uma vez deixar bem claro: não nasci para ser mais uma no mundo, mas para ser diferente, para conquistar o meu espaço.

— A que preço, minha filha?

— O preço é o que menos importa. Pagarei o que for preciso para realizar o meu desejo, porque considero que nenhum preço é alto demais quando se trata da satisfação pessoal.

— Não fale assim, Marília!

— Mãe, a vida é muito curta e uma só. É preciso aproveitar as oportunidades e correr atrás da felicidade que se almeja. *Que diferença de Júlia...*, pensava Marta, sentindo uma grande angústia e ansiedade oprimindo-lhe o peito. Não sabia mais o que dizer. Percebia ser inútil qualquer tentativa de ponderação com Marília. Sua filha ouvia somente a si mesma.

— O que foi, mãe? Calou-se de repente. Cansou de me censurar?

— Filha, temo por você. Não posso concordar com seus argumentos, pois são frágeis e sem conteúdo. Receio que venha a sofrer.

— Isso só acontecerá se eu ficar presa para sempre nesta cidade vazia e sem nenhuma expectativa de futuro.

— Pois bem, minha filha, já falou tudo o que queria, agora sou eu que lhe pergunto: o que está planejando?

— Como assim, mãe, o que quer dizer?

— Ando observando você, e sinto que há algo de muito estranho acontecendo.

— Não há nada de estranho nem de errado — falou Marília, irritada. — Se a senhora me der licença, preciso sair.

Sem esperar resposta, a jovem se virou, deixando Marta entregue a suas angústias.

— Júlia tem razão, essa menina está escondendo algo. E deve ser coisa séria.

Marcelo conversava com Daniel, seu sócio e amigo.

— Marcelo, você já tem uma data certa para buscar essa "deusa" de que tanto fala?

O rapaz sorriu.

— Daniel, você brinca porque não a conhece, não tem a mínima noção de como é realmente uma deusa. E o mais importante: não tem nenhum escrúpulo quando o assunto é seu futuro, ou melhor, sua fama.

— Como assim?

— A menina tem uma obsessão em ser famosa, virar celebridade. Tem plena consciência da sua beleza e quer brilhar a qualquer preço.

— Conclusão: é tudo de que precisamos!

— Claro! É só adoçar sua vaidade e nossos problemas se resolvem, entendeu?

— Você enxerga longe, amigo. Mas espere aí, ela não tem família?

— Evidente que sim, Daniel.

— E eles permitirão que ela venha para cá assim, sem conhecer você direito, sem saber ao certo o que faz, como a garota vai viver, onde irá morar, essas coisas?

— Daniel, você pode achar que exagero, mas a menina é dona de uma personalidade forte, marcante; é voluntariosa e não liga a mínima para o que os outros dizem. Nem aos conselhos dos pais e da irmã mais velha ela dá ouvidos. Está absolutamente focada em seus interesses e não admite interferência de quem quer que seja.

— E é maior de idade?

— Completou dezoito anos em uma festa que foi o alvo de comentários na cidade.

— Por quê?

Marcelo narrou com detalhes os acontecimentos da festa de Marília. Daniel a tudo ouvia, boquiaberto.

— O que está me contando, Marcelo? Não pode ser. Essa menina parece não ter limites quando se trata dela mesma.

— É isso mesmo, ela não tem limites.

— Mas e o namorado dela, como ficou nessa história?

— Arrasado. É amigo de um amigo meu, excelente rapaz, de fibra; um pouco pacato para o meu gosto, porque, se fosse comigo, o resultado teria sido outro.

— Eles namoravam havia muito tempo?

— Acredite: namoraram por três anos. Foi um impacto para todos os presentes, nem os pais dela sabiam o que estava acontecendo.

— E como você entrou na vida dessa moça, já que mal a conhecia?

— Durante a festa, percebi qual era a dela no exato momento em que ela soube do meu trabalho na agência. Nem se preocupava em disfarçar os olhares que me dirigia durante toda a noite. Agora você vai se surpreender mais ainda. Dois dias após essa noite inesquecível para quantos estiveram lá, ela me procurou.

— E...

— E aí passamos a nos encontrar todas as tardes em um vasto campo de girassóis. A bem da verdade, nunca vi coisa igual em beleza.

— E onde fica esse campo?

— Na zona rural da cidade, e pertence aos pais dela, que herdaram do avô paterno. Por conta desses encontros, acabei me envolvendo emocionalmente com a menina com uma intensidade que me deixou admirado. Acabei fazendo-lhe um convite para vir para cá tentar a carreira de modelo, garantindo-lhe que a ajudaria a se firmar no mundo com o qual tanto sonhava.

— Pelo que já sei, ela aceitou!

— Imediatamente, sem esperar que eu perguntasse duas vezes. Já lhe disse, Daniel, ela não tem limites nem pudor quando deseja alguma coisa, e o que de verdade ela quer é dinheiro, poder e brilho. Mergulha na própria beleza e na certeza de que ainda terá o mundo a seus pés. Possui uma ilusão desmedida que nem eu sei aonde irá chegar.

— Enfim, quando pretende buscá-la?

— Em breve. Já aluguei um apartamento, e espero que esteja pronto dentro de no mais tardar vinte dias.

— Espere aí, Marcelo. Não vai me dizer que tem a intenção de morar com ela; ou tem?

— Morar propriamente não. Vamos dizer que pretendo visitá-la algumas vezes para que não se sinta tão só. Por que você acha que estaria preparando um apartamento, gastando sem economizar, se não fosse para receber o que espero?

— Amigo, não está se esquecendo de nada?

— Do quê?

— De Letícia!

— E o que tem Letícia?

— Tem que ela é sua mulher!

— Não, Daniel, não esqueci. Não é porque sou casado que morri para a vida, meu amigo. Existem muitas coisas que podemos fazer mesmo estando casados.

— Mas e se ela descobrir?

— Letícia saberá se você contar — falou Marcelo, irônico.

— E imagino que não fará isso. Estou certo?

— Claro. A vida é sua, não tenho que me meter. Mas responda-me uma última pergunta.

— Faça!

— A garota sabe que você é casado?

— Evidente que não!

— E qual será a desculpa para vocês não morarem juntos?

— A mais simples. Tenho uma mãe doente que precisa dos meus cuidados, não posso deixá-la só, e ela não aceita ninguém ao meu lado devido ao excessivo apego que tem por mim, seu único filho.

— Acha que essa mentira se sustentará por quanto tempo?

— Pelo tempo que eu quiser. Já lhe disse, Daniel, mesmo que ela venha a descobrir a verdade, nada fará, para não perder o que tanto quer.

— Você é quem sabe o que deve fazer na sua vida. Que ela seja bem-vinda. A agência a aguarda de portas e braços abertos.

— É isso aí, sócio. Sabia que iria me compreender.

— Compreender, na verdade, não compreendi, mas, se tem que ser assim, que seja.

Luiz, como era seu costume desde o dia em que seu coração fora magoado terrivelmente por Marília, caminhava devagar, preso aos pensamentos, em direção à loja em que trabalhava, quando ouviu uma voz que o chamava com insistência:

— Luiz... Luiz...

Virou-se sem grande entusiasmo e deparou com o sorriso sempre cativante de Júlia.

— Júlia! — exclamou.

— Nossa, você custou a me ouvir!

— Desculpe. Estava mesmo muito distraído.

— Como você está, Luiz?

— Posso dizer que estou bem.

— Como assim? Não entendi.

— Quero dizer que fisicamente estou muito bem, mas...

— Mas?

— Com você acho que posso me abrir, Júlia, pois sempre foi minha amiga.

— Claro, vamos conversar.

— Ando muito desanimado, apenas vivendo sem grande expectativa. Você me entende?

— Posso até entender, mas não consigo aceitar que um rapaz tão especial como você ainda se encontre nesse estado de desânimo, angustiado por causa de uma leviandade de Marília. Acha que ela merece a mudança total da sua vida?

— Júlia, me admiro por você se referir assim à sua irmã.

— Luiz, amo muito Marília, mas não concordo com a maioria de suas atitudes, que geralmente sempre são a favor dos próprios interesses.

— Pode ser, mas não é fácil esquecer algo que se alimentou por tanto tempo. Sinto-me como se alguma coisa tivesse sido arrancada de dentro de mim, deixando um vazio que não tenho a menor noção de como preencher.

O coração de Júlia se apertou. *Por que não consegue perceber o amor que sinto por você, Luiz?*, pensou. Movida pelo seu sentimento e decidida a lutar por ele, Júlia respondeu:

— É preciso querer esquecer e dar a si próprio oportunidade para enxergar outro caminho, notar outras pessoas, acreditar em outras possibilidades, Luiz. Precisa considerar que tem uma vida inteira pela frente e não deve se negar a chance de encontrar outra pessoa que o admire e o ame realmente, como você merece, e voltar a ser feliz.

— Você diz outra pessoa, Júlia, mas não quero ninguém. Prefiro seguir sozinho a ter que sofrer outra desilusão.

— Está sendo muito radical. As pessoas são diferentes umas das outras e agem de modo diferente, cada uma de acordo com sua natureza. É preciso crer na vida e no ser humano.

— Pode ser...

— Luiz, poderíamos conversar sobre esse assunto mais detalhadamente. Que tal nos encontrarmos para falar com mais calma? Penso que se você desabafar irá se sentir melhor. O que acha?

— Talvez você tenha razão.

Animada, Júlia prosseguiu:

— Então vamos aproveitar amanhã, que é sábado. Fica bem para você?

— Se você quiser, para mim está ótimo. Mas vou adiantar que temo não ser uma boa companhia, e poderei aborrecê-la.

— Não me aborreço em sua companhia. Além do mais, interessa-me ajudá-lo a se sentir melhor e mais animado para retomar a alegria de antes. Você é muito jovem e deve agir de acordo com o vigor de sua juventude.

Luiz fixou os olhos em Júlia e lhe disse:

— Obrigado pelo seu interesse. Admiro você, que é muito diferente de Marília.

— Vou repetir o que já lhe falei, Luiz: não se pode julgar uma pessoa pela atitude de outra, porque todos somos diferentes e agimos de acordo com nossa natureza. Pense bem nisso.

Luiz se animou.

— Então está combinado, vamos nos encontrar amanhã. Passo na sua casa às dezoito horas e iremos jantar em algum lugar. Está bem assim?

— Por mim está ótimo. Espero você.

— Agora tenho de ir. Meu pai deve estar estranhando minha demora.

— Também já estou um pouco atrasada.

Despediram-se, e Júlia seguiu seu caminho levando o coração feliz e cheio de esperança.

Certo dia, Rafael se aproximou de Marília querendo saber de seu assunto com Marcelo.

— Ele já lhe mandou notícias, Marília? Faz tanto tempo que viajou...

— Sim, Rafael, não se preocupe, já falei com Marcelo.

— Quando e como?

— Há dois dias, por telefone.

— No telefone de casa?! Duvido!

— Deixe de ser bobo, Rafael. Quando Marcelo partiu, ficou combinado que eu ligaria para ele em dia e hora marcados, e foi o que fiz. Fui até o posto telefônico e liguei. Satisfeito? ·

— E daí, o que ele disse?

— Marcelo confirmou que dentro de no máximo quinze dias estará aqui para me buscar. Pediu que eu deixasse tudo pronto porque não poderá demorar.

— Marília, estou com medo dessa história. Acho que você deveria conversar com nossos pais, pedir opinião, saber o que eles acham disso tudo.

— Nem pensar, e eu o proíbo de falar qualquer coisa a respeito. Ouviu bem? Não quero opinião de ninguém, ainda mais quando sei qual vai ser.

— Calma, não vou dizer nada. — Rafael pensou por alguns instantes e por fim disse: — Marília, tive uma idéia!

— Sim? E qual é?

— Marcelo é amigo de Carlos. Isso quer dizer que ele deve conhecê-lo bem. Por que não vai falar com ele para lhe dar informações concretas sobre Marcelo?

— Que informações? Já sei o que precisava saber. Isso basta.

— Minha irmã, pensou na hipótese de ele ser casado?

— Você está maluco? Claro que é solteiro. Se assim não fosse, não teria se envolvido emocionalmente comigo, ou, melhor dizendo, se apaixonado por mim.

— Isso não quer dizer nada, minha irmã. Sou mais novo que você, mas às vezes acho que você é muito bobinha. Acredita em tudo.

— Aí é que você se engana, Rafael. Acredito naquilo que quero acreditar por achar que me convém.

— Não sei, não. Continuo achando que nossos pais deveriam saber. Eles vão sofrer muito, Marília.

— No começo pode ser que sim. Depois superarão e tudo voltará ao normal, como sempre foi. Não se esqueça de que existe a possibilidade de irem me visitar.

— Bem, você é quem sabe. Afinal, a vida é sua.

— Disse bem: a vida é minha.

Enquanto o coração de Marília batia descompassado, ansioso pela nova existência de luxo e fama, o de Júlia abrigava a esperança de finalmente ter alguma chance de penetrar no coração de Luiz.

Uma sonhava com a felicidade efêmera, nascida de uma ilusão, enquanto a outra tinha como objetivo viver a ventura de um amor sincero e duradouro.

A vida é um bem precioso, e não é prudente desperdiçar essa oportunidade que nos foi dada alimentando ilusões vãs. Tudo o que se semeia nesta vida terrena colhe-se na vida espiritual, e será cobrado até o último ceitil, como disse Jesus.

(*A Essência da Alma* - Irmão Ivo)

Capítulo V

O pior cego é aquele que não quer ver

O sábado tão esperado por Júlia finalmente chegou. Às dezoito horas, como havia combinado, Luiz tocou a campainha de sua casa.

Ansiosa, a jovem correu para abri-la.

— Oi, Luiz! Gosto de gente pontual.

— Não houve nenhum contratempo. Consegui chegar no horário. E, como você, também não gosto de me atrasar, mas às vezes é impossível ser pontual.

— Quer entrar? — convidou Júlia, sem a menor preocupação em esconder seu entusiasmo.

Luiz ficou indeciso, e finalmente respondeu:

— Melhor não, Júlia. Prefiro aguardá-la aqui fora.

Júlia compreendeu o receio de Luiz e julgou melhor não insistir. *Ele tem medo de se encontrar com Marília*, concluiu.

— Tudo bem, faça como quiser. Vou pegar minha bolsa e avisar minha mãe que estou de saída. Não me demoro.

Assim que Júlia se afastou, Luiz deixou que os pensamentos povoassem sua mente, provocando certo desconforto no coração.

Meu Deus, o que faço para esquecer Marília? Quanto mais o tempo passa, mais eu sofro por esse rompimento tão inesperado. Que amor é esse que tanto me faz sofrer, machuca minha alma e não me deixa entender que ela não me quer, porque na realidade nunca me amou? Preciso tirá-la de vez da cabeça, do coração e da minha vida.

Estava tão absorto que não ouviu a voz de Júlia chamando-o delicadamente:

— Luiz, onde você estava que não me escutou?

Meio constrangido, desculpou-se:

— Perdoe-me, Júlia, estava mesmo muito distraído. Não fiz por mal.

— Tudo bem, não vou perguntar onde estava sua atenção, nem em quem pensava, porque sei perfeitamente a resposta.

— Desculpe-me, Júlia, não quis de forma alguma magoá-la.

— Você não me magoou de jeito nenhum. Não me deve nenhuma explicação, somos apenas amigos — completou, com grande tristeza.

Eu daria tudo para ser mais que uma simples amiga, pensou, melancólica.

— Vamos, então — convidou Luiz.

— Claro, vamos.

Da janela de seu quarto, Marília observava os dois se retirando.

— É uma pena, Luiz, que você não passe de um rapaz comum sem nada de especial para me oferecer. Se não fosse assim, nosso caso teria tomado um rumo bem diferente — dizia a si mesma, sentindo a contragosto uma leve ponta de ciúme ao ver Júlia ao lado do ex-namorado. — Mas não estou disposta a me esconder aqui para sempre. Quero voar mais alto, e só Marcelo poderá me proporcionar esse vôo tão cobiçado.

Luiz e Júlia, alheios ao olhar de Marília, seguiam lado a lado, cada um com suas conjecturas. Para quebrar o silêncio que se fizera, Luiz disse a Júlia:

— O que acha de tomarmos um sorvete? É muito cedo para jantarmos.

— Por mim está perfeito.

Dirigiram-se a uma aconchegante sorveteria e se acomodaram a uma mesa rodeada de plantas, no meio de um pequeno mas pitoresco jardim.

— Aqui está bem para você, Júlia?

— Está ótimo.

Fizeram o pedido. Júlia, ansiosa para entrar no assunto, perguntou a Luiz:

— Você ainda ama minha irmã?

Um pouco encabulado, ele afirmou:

— Júlia, não se arranca do coração, de uma hora para outra, um sentimento que foi alimentado por tantos anos. É preciso tempo.

— Concordo com você. Realmente é necessário tempo e uma dose de boa vontade. É importante que se queira extinguir o sentimento que a outra parte desprezou, para que se possam enxergar outras maneiras de ser feliz.

— Pode se explicar melhor?

— Claro. Quero dizer que o sentimento declaradamente sem futuro acaba nos fazendo um mal tão grande que, sem que nos demos conta, mergulhamos no lago escuro da tristeza e passamos a não ver saída. Ficamos impedidos de enxergar nova oportunidade de construir nossa felicidade por conta da teimosia de querer o que não nos querem dar. Você me entende?

Luiz ficou pensativo.

— Quer me dizer que não há nenhuma chance de Marília reconsiderar?

— Importa-se se eu for absolutamente sincera, Luiz?

— Não! Quero que responda com toda a clareza.

— Pois bem. Para mim, não há a menor chance. E vou mais além, afirmando que tenho toda a certeza de que esse rompimento é definitivo.

Ao ver o rosto triste de Luiz, Júlia se apiedou.

— Perdoe-me, mas o seu erro foi ter colocado sua felicidade nas mãos dela, sem perceber que para Marília a felicidade está em outro lugar.

— Continue.

— Minha irmã nunca escondeu de ninguém, nem de você, que não queria viver aqui. Sempre soube disso, Luiz. Ela sonha com um mundo diferente do seu, do meu, enfim, é o mundo que Marília idealiza como sendo a felicidade. Você nunca fez parte desse universo, porque os seus anseios não combinam com os dela. Ao rejeitá-lo, minha irmã se permitiu mostrar como realmente é e o que de fato quer. Não a culpo pelo que fez. O indesculpável foi a maneira desrespeitosa como agiu. Marília poderia ter sido mais ponderada, prudente e generosa, evitando levar tanta mágoa a seu coração e ao de seus pais.

— Pode ser que tenha razão. Mas olhe só o que ela fez comigo. Estou desesperançado, sem ânimo e sem vontade de assumir minha vida de antigamente.

— Mais uma vez peço que me desculpe, Luiz, mas quem está fazendo isso com você não é Marília, mas você mesmo.

— Como assim, Júlia? — Dessa vez, Luiz ficou irritado.

— Você aceitou a mágoa de forma definitiva, e não permite que seu coração reviva, ressurja, que busque soluções.

— E como se buscam soluções? Eu não sei!

— Você se afastou dos amigos, não quer sair, não sorri e passou a ostentar no rosto a fisionomia dos derrotados.

— Eu sou um derrotado!

— Não... Não é. Você é apenas mais um entre muitos que não teve seu amor correspondido, e isso não quer dizer de forma alguma ser um derrotado.

— Júlia, você não está sendo severa demais?

— Não. Apenas falo a verdade, Luiz. Estou fazendo com você um tratamento de choque para ajudá-lo a compreender que somos nós que comandamos nossa vida, que fazemos nossas escolhas, e, acredito eu, a sua não foi a opção mais acertada.

— Você fala como minha mãe.

— Estou falando como as pessoas que amam você falariam.

— Amam?!

— Sim, amam — afirmou Júlia. — Parece-me que você não percebe mais a vida acontecendo alheia ao seu desapontamento. Penso que, misturada a esse amor, pode existir uma ponta de orgulho por ter sido rejeitado. Será que não?

— Orgulhoso, eu?

— Luiz, as pessoas lançam flechas que podem nos ferir profundamente, mas sempre temos a opção de querer emergir da decepção, do desapontamento, e continuar vivendo, percebendo que a felicidade não está nas mãos de um único alguém, mas sim no nosso empenho em querer colorir a nossa vida.

Luiz estava estupefato com a veemência com que Júlia explanava suas idéias.

— Nunca imaginei que você possuísse essa capacidade e eloqüência para se expressar!

— Pode ser que esteja lutando por mim mesma, Luiz.

— Não entendi!

— Não faz mal, não é hora ainda de entender. Tudo no tempo certo.

O sorvete foi servido.

Saboreavam a guloseima em silêncio quando Luiz dirigiu a Júlia uma questão inesperada:

— Desculpe-me perguntar, Júlia, mas somente agora me dei conta de que nesses anos todos de amizade nunca vi você com nenhum namorado. Por quê?

Ela, surpreendida com a indagação imprevista, sentiu-se ruborizar.

— O que é isso? Por que essa pergunta?

— Nada de especial. Perdoe-me se a ofendi, não tive a intenção. Se não quiser, não precisa responder.

— Você não me ofendeu, de maneira nenhuma, apenas não entendi o interesse.

— Curiosidade apenas — respondeu o amigo sem perceber o quanto a magoava com essa resposta sem nenhum conteúdo. — É que acho você uma garota muito bonita, inteligente, com todos os predicados que um homem poderia desejar em uma mulher. Entretanto está sempre sozinha.

— Engana-se; não estou sempre sozinha. Tenho o meu trabalho, convivo com as crianças, tenho amigos. Como pode perceber, não vivo só, principalmente porque faço parte de uma família linda que amo e que me ama.

— Tudo bem, mas estou me referindo ao coração. Como ele está? Nunca se apaixonou por ninguém?

Mais uma vez Júlia sentiu o rosto corar.

— Quem sabe? Pode ser que sim.

— Entendi, um amor não correspondido. Isso explica por que entende tão bem o meu sofrimento.

— Nossa diferença, Luiz, é que não deixei de viver por causa desse amor. Muito ao contrário, acredito que se essa pessoa tiver de ser minha será. Se nada acontecer durante certo tempo, não pretendo anular a minha capacidade de amar, darei um novo rumo ao meu coração.

— Júlia, se você consegue administrar tão bem assim o que sente, acredito que não seja amor verdadeiro.

— Engana-se, Luiz, é amor verdadeiro sim, e de muitos anos; o que não quero é passar minha vida inteira em branco no que diz respeito ao amor, pois sonho em construir minha família, com um bom marido e filhos correndo pela casa. Creio que, se não for essa pessoa, com certeza Deus colocará outra no meu caminho. E se isso acontecer quero estar preparada e aberta para perceber.

— É o que você sempre me aconselhou a fazer, não?

— Claro! Não vou ficar a vida toda presa a um amor impossível, sombra de alguém que não me quer. Na criação de Deus existem inúmeras pessoas notáveis; alguma há de estar reservada para mim.

— Como a admiro, Júlia! Gostaria muito de conhecê-la melhor.

— Luiz, você me conhece há tantos anos!

— Sim, mas pode ser que não tenha notado, durante todo esse tempo, quem você é na realidade.

— Nossa, que transformação!

— Ainda não é uma transformação, mas quem sabe você não poderá me ajudar nessa busca, nessa mudança a que tanto me aconselha? Bem, isso se...

— Se?

— Se você quiser, é óbvio. Sei que tem um amor não correspondido e não quero me impor nem prejudicá-la em relação a essa pessoa.

— Como você é bobo, Luiz... Bobo, ingênuo e desligado.

— Nossa, por quê?

— Por nada!

— Como por nada? Existe alguma coisa que eu ainda não percebi?

— Se existe e você ainda não percebeu, é como eu disse: não chegou a hora ainda. Huuuum, este sorvete está mesmo uma delícia! — completou Júlia, querendo encerrar o assunto.

— Quer que eu peça outro?

— Nem pensar. Depois, terei que correr atrás do prejuízo, para tentar eliminar as gordurinhas.

— Você não precisa se preocupar com isso. Possui um corpo muito bonito.

— Obrigada. Vejo que de repente você resolveu ficar galanteador. Posso saber por quê?

— Como você mesma diz, por nada.

Sorriram, felizes.

— Afinal, vamos ou não jantar?

— Se eu lhe disser que este sorvete tirou-me totalmente a fome, você acredita?

— Acredito, porque aconteceu a mesma coisa comigo.

— Nesse caso, não se importará se cancelarmos o jantar, não é?

— Evidente que não. O que faremos então, Júlia?

— Bom, é melhor voltarmos para casa. Aqui não existe mesmo outra opção.

— Você é quem sabe.

Luiz pagou a conta, e logo os dois seguiam lado a lado, até alcançar o portão da residência de Júlia. Trocaram durante o trajeto poucas palavras, cada um seguindo entregue a seus pensamentos.

Assim que chegaram, Luiz segurou as mãos dela, dizendo-lhe:

— Muito obrigado por esse passeio. Fez-me um bem enorme estar com você.

— Posso dizer o mesmo, Luiz. Você é uma companhia muito agradável.

— Não concordo. Você é uma companhia agradável, e não eu. Conversar com você proporcionou-me muita serenidade. Parece-me que a partir de agora tudo irá ficar mais fácil.

— Não fui eu quem fez isso; é você que está se permitindo renascer para a vida.

Luiz ia se despedir de Júlia quando, de repente, Marília apareceu à porta. Assim que a viu, Luiz sentiu um forte desejo de feri-la, mostrar-lhe que não significava mais nada para ele. Num impulso, segurou o rosto de Júlia e a beijou.

Júlia, que também havia visto a irmã, logo entendeu a intenção dele, e se desvencilhou, magoada.

— Luiz, se sua pretensão foi ferir Marília, garanto que não conseguiu. A única que saiu ferida fui eu, por ter sido usada em sua tentativa de mostrar-lhe que a esqueceu. Não se importou se estava me magoando ou não. Pensei que me respeitasse como eu o respeito; pelo visto, me enganei. Nem amiga você me considera, ou não teria se comportado de maneira tão grosseira comigo.

— Júlia... — Luiz, aflito, caiu em si, compreendendo a leviandade que cometera. — Deixe-me explicar...

— A explicação eu já conheço. Suas palavras ditas durante o nosso passeio a partir de agora tomam sua dimensão real. Passe bem, Luiz.

Júlia deu-lhe as costas e entrou.

Luiz, envergonhado por sua atitude, baixou a cabeça e ia saindo quando Marília, que tudo presenciara, aproximou-se do antigo namorado e disse-lhe, com ironia:

— Queria tanto conhecer os motivos pelos quais nunca me apaixonei por você, Luiz. Agora conhece um deles: você não enxerga nada que acontece a sua volta, e principalmente não conhece nem um pouco as pessoas que o cercam.

Antes que o rapaz pudesse dizer alguma coisa, Marília voltou-se e entrou também, deixando-o angustiado pela atitude deselegante que tivera.

Júlia, uma vez em seu quarto, jogou-se na cama e chorou.

Pela porta semi-aberta, Marília observava a irmã. Pela primeira vez sentiu uma real vontade de se aproximar de Júlia como uma verdadeira amiga.

— Posso entrar? — perguntou baixinho.

— Por favor, Marília, quero ficar sozinha, me deixe em paz.

Marília insistiu:

— Deixe-me entrar, Júlia, quero estar com você. Acredite, é de coração.

Não esperou a resposta da irmã. Entrou e se aproximou. Contrariando sua natural maneira de ser, afagou os cabelos de Júlia com um carinho até então desconhecido por ela mesma.

— Não fique triste, minha irmã. Um dia Luiz enxergará que é você quem o ama de verdade. Ele só precisa de tempo.

Júlia, confiando na sinceridade de Marília, levantou-se e a abraçou.

— Não adianta mais negar, Marília, eu amo Luiz, sempre o amei. Mas hoje tomei consciência de que preciso me esforçar para esquecê-lo. Ele não me ama, e não vejo nenhuma possibilidade de que isso venha a acontecer.

— Discordo. Creio mesmo que ele esteja com o orgulho ferido, e muito perdido. É preciso dar-lhe um tempo maior para que consiga perceber e compreender de uma vez que o nosso caso terminou e não existe nenhuma chance de retorno.

— É mesmo verdade o que diz? Não há nenhuma possibilidade de você se arrepender e querer voltar?

— Pode apostar nisso, minha irmã. Não tenho o menor interesse nele. Se assim não fosse, não teria tido o menor sentido agir como agi. Não acha? Dou-lhe a maior força; lute por Luiz da mesma maneira como estou lutando para conquistar o espaço que sempre sonhei ocupar.

— O que quer dizer com isso?

— É melhor lhe contar, Júlia. Sente-se aqui ao meu lado.

Júlia passou as mãos sobre os olhos enxugando as lágrimas que escorriam por suas faces. Acomodou-se mais perto de sua irmã.

— Fale, Marília, o que quer me contar?

— Vou dividir com você os meus planos, mas peço-lhe que ouça com atenção. Se não concordar, dê sua opinião, não me oponho, mas faça-o sem me agredir. Pode ser?

— Claro. Sou grata pela sua confiança em mim.

Marília respirou fundo, esperando com esse gesto adquirir coragem para revelar à irmã seus planos até então secretos. Júlia, notando sua indecisão, encorajou-a:

— Vamos, Marília, o que quer me contar que necessita de tanta coragem? Não tenha receio, não vou recriminá-la por nada.

— Jura?

— Juro. Não vou censurá-la, mas também não posso prometer que irei concordar, certo?

— Certo.

— Em se tratando de você, minha irmã, não se pode prometer nada, pois tudo pode acontecer, até as coisas mais inusitadas.

Marília sorriu.

— Você exagera, não é tanto assim...

— Ande, Marília, fale logo!

— Sabe o que é? Só sei viver de maneira intensa, indo em busca do que realmente quero, e o que quero não está aqui.

— Tudo bem, continue.

Com coragem Marília disse, sem hesitar:

— Eu vou embora desta cidade.

Júlia levou um susto.

— Você vai o quê?!

— Embora daqui — repetiu Marília.

— Você enlouqueceu?!

— Com certeza, não.

— Para onde irá?

— Vou ao encontro dos meus sonhos, dos meus objetivos de vida.

— Espere aí, vamos com calma, Marília. Conte-me essa história desde o início. Quem é que está metido nisso? Sim, porque imagino que não irá sozinha.

— Não, não irei. Você se lembra de Marcelo, o amigo de Carlos?

— Aquele rapaz que veio à sua festa de aniversário e que não tirava os olhos de sua pessoa, sendo correspondido levianamente por você, Marília?

— Ele mesmo.

— O que tem esse moço a ver com tudo isso?

— Pois bem. Logo depois de meu rompimento com Luiz, encontrei-me com Marcelo no campo de girassóis. Desde então estamos namorando e nos apaixonamos.

— Mas ninguém sabia que vocês estavam namorando. Pensávamos que o rapaz tinha embora.

— Nós nos encontrávamos às escondidas. Achamos que assim não daríamos motivos para falatório. Ele ficou aqui mais ou menos um mês e retornou para a capital.

— E como vocês se comunicam?

— Através de cartas e alguns telefonemas.

— Eu sabia que você andava escondendo alguma coisa de todos nós. Diga-me uma coisa: Rafael sabe disso tudo?

— Sabe. Mas ele não tem culpa de nada. Eu o ameacei, caso viesse a contar para alguém.

— Imagino que Rafael deva ter concordado com essa loucura.

— Muito ao contrário, Júlia. Nosso irmão tentou me convencer a não fazer isso, mas não lhe dei ouvidos.

— Marília, por favor, explique-me isso direito.

— É muito simples. Estamos namorando e resolvemos que eu vou para a capital com ele. Dentro de poucos dias Marcelo virá me buscar.

— Marília! — Júlia estava atônita. — O que você vai fazer? Vocês nem se conhecem direito, faz tão pouco tempo!

— Ora, conheço-o o suficiente para saber que somente ele poderá me proporcionar o que tanto quero.

— Como assim?

— Preste atenção. Marcelo é sócio de uma grande empresa de publicidade, onde também trabalham com modelos de foto e passarela. Todas essas coisas que me atraem.

— E daí?

— Daí que Marcelo me convidou para ir embora com ele e fazer parte do quadro de modelos da empresa. Disse ter certeza de que a minha beleza abrirá todas as portas desse imenso universo de glamour.

Júlia estava completamente confusa. Mal acreditava no que ouvia.

— E você aceitou o convite?

— Claro, Júlia! Não é isso o que sempre quis?

— Marília, pense melhor. Você vai arriscar sua vida com alguém que mal sabe quem é e que talvez queira apenas usá-la para enriquecer mais. Ninguém o conhece; pode até ser que seja casado. Você pediu informações dele ao Carlos?

— Evidente que não. Confio nele, pois sei que está apaixonado por mim.

— E você? Está apaixonada por Marcelo?

— Júlia, vou ser muito sincera com você. Não acredito em amor, paixão, essas coisas que só dão certo em romances. Estou apaixonada pelo mundo dele, e essa paixão eu sei que não acaba. A outra, minha irmã, dura muito pouco e só nos traz sofrimento.

— Não acredito no que estou ouvindo! Você não tem medo de se frustrar?

— Não, porque a minha expectativa é apenas conseguir ingressar no mundo da moda, do brilho. Estando dentro desse universo, não me importa o resto.

— E o amor, Marília? Seu coração, como é que fica?

— Já lhe disse que não acredito no amor. Ele acaba, e nem sempre nos proporciona o que realmente queremos e precisamos. A realização dos nossos sonhos, Júlia, não tem preço, porque o que conta é a satisfação de conseguir trazer a ilusão para a própria realidade. Para mim, minha irmã, isso é felicidade.

Júlia ficava cada vez mais surpresa com os conceitos errados de sua irmã.

— Marília, você não deve se esquecer de que a ilusão tem limites. Quando nos iludimos demais, o tombo é muito grande e deixa marcas profundas.

O silêncio se fez entre as duas irmãs.

Júlia sentiu que Amélia se aproximava. Sem demora, captou a benéfica inspiração de sua bisavó. Elevou seu pensamento ao Mais Alto e rogou auxílio. Confiando na proteção divina, serviu-se de instrumento entre os dois mundos.

— Marília, em momento algum você mencionou Jesus, falou de fé ou pediu ajuda na sua decisão. Por que não crê que poderia ser ajudada nesse momento?

— Júlia, se Deus realmente existir deve estar sabendo dos meus planos e com certeza trabalhando para que tudo dê certo. Não dizem que Ele quer a felicidade do homem? Devia estar promovendo a minha quando enviou Marcelo para junto de mim.

— Você está muito enganada, Marília. Jesus não invade o nosso coração, é preciso abri-lo para que o Cristo entre. Pelo menos uma vez na vida é necessário reconhecer Deus e se ligar a Ele pelo amor. A tarefa da construção da nossa felicidade é nossa. Deus ofertou ao homem os meios, as condições físicas e intelectuais para essa conquista; ama tanto as Suas criaturas que enviou Jesus para esclarecer a humanidade, exemplificar o amor universal, falar do que realmente importa para a evolução da alma e levantar o obscuro véu para que o homem saísse da ignorância espiritual. É preciso reconhecer Jesus como o grande farol a iluminar nossas buscas.

Marília ficou pensativa por alguns instantes.

— Nunca a ouvi falar assim!

— Talvez porque o momento certo não tivesse chegado ainda.

— Diga-me então como os excepcionais, aqueles portadores de enfermidades, anomalias que os impedem de construir essa felicidade de que você fala, podem ser felizes se não possuem essa chance. Isso não é injusto?

— Marília, São Francisco de Assis dizia: "A felicidade é conquista interior; é um estado que só nós podemos criar, cultivando nossos valores e alegrias da nossa alma". Isso quer dizer que a felicidade não pode ser confundida com as alegrias materiais, passageiras, porque é algo muito mais profundo. Aqueles que se encontram por ora impedidos de agir fisicamente em benefício de si mesmos estão fortalecendo o seu espírito no aprendizado moral e espiritual do amor. Aprendendo a valorizar cada célula do seu corpo; enfim, progredindo espiritualmente e quitando seus débitos pretéritos com a Lei Divina. Nada na criação de Deus é por acaso, Marília, porque Sua justiça se faz presente sempre em benefício de todos.

— Tudo bem, mas o que tem isso a ver comigo?

— Tem a ver que devemos pensar muito bem nas atitudes que tomamos, sobretudo quando elas estão fundamentadas na vaidade, no orgulho ou egoísmo. Poderemos nos tornar vítimas de nós mesmos, e quando isso acontece é muito comum ouvirmos pessoas dizerem que Deus se esqueceu delas. Culpam o Criador pela própria imprudência.

Mais uma vez o silêncio reinou entre as irmãs.

De repente, Júlia indagou:

— Marília, e nossos pais? Não pretende informá-los dessa decisão fora de propósito?

— Não é fora de propósito, Júlia, esforce-se para me entender.

— Tudo bem. Já pensou no sofrimento deles?

— Eu queria que me ajudasse a convencê-los.

— Eu?!

— Sim, Júlia, eles sempre aceitam tudo o que você fala.

— Desculpe, mas não posso, Marília, porque não concordo e não aceito essa sua leviandade. Não vou ser falsa comigo mesma.

— Júlia! O que lhe custa me ajudar?

— Custa a minha sinceridade, estar em paz com a minha maneira de enxergar a situação. Não acho que isso seja ajudar, muito pelo contrário. Eu estaria colaborando com uma situação que considero perigosa pelo único motivo de ser completamente imprudente.

— Mas, meu Deus, por que você acha ser tão ameaçador para minha vida o simples fato de querer realizar um sonho acalentado durante anos?

— Não é o sonho, Marília, é a maneira como você quer realizá-lo: unindo-se a um rapaz que mal conhece. Não sabe nada da família dele, se é casado ou não... E, além do mais, não tem certeza se a intenção dele é realmente séria, como ele diz. Quer realizar um sonho sufocando seus sentimentos mais nobres, seus princípios. Só sei que não consigo concordar com você, com sua maneira de pensar. Não quero ser coadjuvante nessa peça leviana e imprudente que está pregando em você mesma.

Marília se irritou.

— Tudo bem, Júlia. Sabia mesmo que não poderia contar com você, que nunca concordou ou me apoiou em nada.

— Você não está entendendo. Não é uma questão de concordar ou apoiar, é...

— Chega! Estou compreendendo muito bem. Só lhe peço que não atrapalhe meus planos e que não conte nada aos nossos pais por enquanto. Deixe que eu mesma farei isso na hora certa. Não atrapalhe, já que se nega a me ajudar.

Júlia ainda tentou fazer uma última pergunta:

— Marília, diga-me, quando é que Marcelo vem buscá-la?

— Não vou lhe dizer mais nada. Você ficará sabendo no momento certo. Sempre estive sozinha nesta casa. É bom mesmo que eu me vá, assim não trarei mais problemas para vocês.

— Não faça drama. Todos nós queremos o seu bem-estar. Queremos que seja feliz.

— Sim, desde que seja do seu jeito, do modo como vocês encaram a felicidade, sem se importarem se é a minha maneira de ver e sentir essa tal felicidade. E eu que vim aqui para consolar você, ajudá-la! Entretanto, tive mais uma decepção; sempre foi assim.

Júlia tentou mais uma vez argumentar com sua irmã, mas Marília, sem lhe dar ouvidos, saiu do quarto batendo a porta com força, acreditando ser uma maneira de agredir sua irmã.

Júlia sentiu-se abatida. Culpava-se por não conseguir resolver nem o seu problema e muito menos o de Marília. Por mais que pensasse, não era capaz de vislumbrar nenhuma idéia que pudesse abrir os olhos da irmã, impulsionando-a pelo menos a ponderar, avaliar melhor a situação.

Seu pensamento e sua força de vontade para tentar fazer alguma coisa por Marília levou-a a lembrar-se de Amélia, a bisavó querida que tanto a auxiliava nos momentos de indecisão.

Com doçura e confiança, dirigiu sentida prece a Jesus:

— Senhor, venha em meu auxílio. Permita que meu espírito protetor ajude-me a encontrar um modo de abrir os olhos de minha irmã para que ela não caia no abismo da ilusão. Que o espírito de minha bisavó Amélia possa clarear meus pensamentos, mostrando-me a direção certa a seguir. Obrigada, Senhor.

Em segundos, Júlia sentiu-se envolvida pela inspiração de Amélia.

— Por que não pensei nisso antes? Carlos! Ele poderá fornecer informações seguras sobre Marcelo. São amigos; um pouco de sua vida Carlos deve saber. Vou procurá-lo amanhã logo cedo.

Animada, foi se preparar para dormir.

Aconchegada em sua cama, não conseguia se entregar ao sono reparador. Ansiosa, rememorava tudo o que Marília lhe dissera. Ficara impressionada com a intenção de sua irmã. Temia por ela, pelo que poderia acontecer caso concretizasse seu propósito, que considerava imprudente.

— O que devo fazer, meu Deus? Coloco nossos pais cientes desse seu objetivo ou deixo que ela mesma resolva? — Lembrou-se de Rafael. — Por que ele não comentou sobre os planos de Marília, já que está ciente de tudo?

As perguntas vinham à sua cabeça, mas continuavam sem respostas. Cansada, Júlia apagou as luzes, tentando adormecer.

Amélia, aproximando-se, aconselhou-a:

— Júlia, ore a Jesus.

A prece é uma invocação, e através dela os bons espíritos se aproximam para auxiliar e inspirar pensamentos edificantes, ajudando a adquirir a força moral necessária para se vencer as dificuldades que muitas vezes o próprio homem cria para si mesmo.

(A Essência da Alma — Irmão Ivo)

Júlia, sensível à inspiração do querido espírito, elevou seu pensamento a Jesus e orou com fé. Ao terminar sua prece, disse a si mesma:

— Vou dormir em paz. Amanhã será ouro dia, e com certeza saberei o que fazer.

Enquanto Júlia finalmente entregava-se ao sono reparador, Marília, em seu quarto, ainda remoía a mágoa que sentia da irmã por ter se negado a ajudá-la.

— Como Júlia é ingrata! — dizia a si mesma. — Fui com toda a boa vontade, com carinho, confortá-la, e ela tem coragem de me negar um pedido de auxílio! Isso é para eu aprender a não me meter nos problemas dos outros. Tenho certeza de que se Júlia ficasse do meu lado nossos pais acabariam aceitando a minha decisão. Mas, como sempre, ela se volta contra mim, e pelo jeito vai ser muito difícil convencê-la do contrário.

Lembrou-se do namorado.

— Meu Deus, em breve Marcelo estará aqui para me buscar! Tenho que resolver isso o quanto antes. Caso contrário, como irei preparar minhas coisas para ir embora? Não dá mais para adiar, preciso enfrentar isso logo.

Inquieta, demorou a adormecer.

No dia seguinte Marta e Antunes tomavam juntos o desjejum quando Antunes interrogou sua esposa:

— Marta, tenho observado que você de uns tempos para cá vem se mostrando muito tensa. Não prefere dividir comigo o que a está afligindo?

Marta tentou desconversar, mas Antunes insistiu:

— Confie em mim e diga-me o que é. Duas pessoas sempre pensam melhor e podem, juntas, encontrar mais facilmente a solução.

— Não lhe disse nada, Antunes, porque não existe nada de concreto. Mas é que tenho experimentado uma sensação estranha que me incomoda muito em relação a Marília.

— Mas o que ela fez para deixá-la assim tão preocupada e ansiosa?

— Como falei, nada de concreto.

— Então!

— É que ando sentindo uma coisa estranha, uma intuição não muito boa.

— Sobre o quê?

— Há tempos Marília vem se comportando de uma maneira que me aflige.

— Como assim?

— Está com um comportamento diferente do habitual. Júlia também percebeu isso.

— Explique-se melhor, Marta.

— Desde o rompimento dela com Luiz, ela começou a sair sempre no mesmo horário sem dizer para onde ia, sem dar nenhuma satisfação. Quando a interrogava, respondia de maneira evasiva, como se usasse de subterfúgio para me enganar. O tempo passou e suas saídas diminuíram, mas soube por Vera que...

— Quem é Vera?

— A telefonista do posto telefônico. Pois bem, soube por ela que Marília quase diariamente faz uma ligação para a capital.

— Para a capital? — Antunes espantou-se. — Mas não conhecemos ninguém na capital!

— Pois é. Com quem ela fala e o que está pretendendo?

— Você perguntou isso a nossa filha?

— Várias vezes.

— E o que Marília respondeu?

— Não responde. Apenas diz que o assunto é dela e que não tenho o direito de me intrometer, pois já é maior de idade e tem condições de agir por conta própria.

— Devia ter insistido, Marta.

— Insisti. Aí ela veio com uma resposta que não me convenceu.

— Qual?

— Disse que se tratava de uma menina que havia conhecido na casa de Laura, e que as duas se tornaram ótimas amigas. Completou dizendo que não via nenhum mal nisso.

— Por que não telefonava daqui de casa?

— Porque você não gosta que se use o telefone por bobagem, e no posto telefônico podia conversar mais à vontade.

Antunes pensou por um tempo e finalmente disse a Marta:

— Você tem razão. Aí tem coisa, e não estou gostando nada disso.

— É o que estou lhe dizendo.

— Mas isso será esclarecido hoje mesmo. Vou esperar Marília se levantar. Ela terá que me explicar essa história direitinho, e vai ser agora pela manhã.

— E o seu trabalho? Irá se atrasar.

— Não importa, chego mais tarde. Essa história, pelo que me disse, já foi longe demais.

Em silêncio terminaram a refeição.

Enquanto Marta ocupava-se na cozinha, Antunes foi para a sala ler o jornal e aguardar por sua filha.

Capítulo VI

Rastro de sofrimento

Após uma hora de espera, Antunes, impaciente, disse à sua mulher:

— Marília está demorando muito, e essa demora está me deixando nervoso. É melhor você ir até seu quarto e chamá-la.

— Por que o senhor está nervoso, pai? — perguntou Felipe, entrando acompanhado de Júlia e Rafael.

— É mesmo, pai. Aconteceu alguma coisa que o deixou assim?

— Se aconteceu, não sei. Mas espero que não, Rafael, para o bem de Marília. Não entendo por que ainda não desceu. Já passou da hora de levantar.

— Calma, pai — disse Júlia. — Ela deve estar dormindo ainda. Fomos nos deitar muito tarde ontem.

— Que ela está dormindo eu imagino, Júlia. — Dirigindo-se a Felipe, pediu: — Faça-me um favor, filho, vá até o quarto de sua irmã e diga-lhe para descer, que estou esperando.

— E se ela estiver dormindo?

— Acorde-a. Preciso ter uma conversa com Marília, e quero que seja agora — disse Antunes, cada vez mais irritado.

Felipe, obediente, subiu apressado e foi chamar a irmã.

Júlia, sem entender a razão do nervosismo de seu pai, aproximou-se de sua mãe.

— Mamãe, o que há? Por que papai está nervoso desse jeito?

— Júlia, acho melhor você ficar quieta e esperar. Demorou, mas chegou a hora de esclarecermos algumas coisas com Marília.

Júlia sentiu que o momento era de muita tensão e começou a ficar preocupada com seus pais. Pensou que seria melhor colocar a mãe ciente de sua conversa com Marília, acreditando que se Marta soubesse poderia evitar uma atitude mais seria de Antunes.

— Mãe, preciso muito falar com a senhora.

— Depois, minha filha, agora não é o momento.

— Desculpe-me se insisto, mas é muito importante. É sobre um assunto do qual só tomei conhecimento ontem à noite.

— Filha, seja o que for, deixe para mais tarde. Outra hora conversaremos com calma. Seu pai está muito nervoso, e eu nem sei se realmente tem motivo para tanto. Vamos esperar tudo se acalmar, está bem?

— Tudo bem, mãe, outra hora conversaremos.

Marta, tentando se mostrar calma, disse a Júlia e Rafael:

— Enquanto aguardamos Felipe e Marília, sentem-se e tomem seu café. As torradas estão quentinhas.

Júlia admirou a postura de sua mãe. *Sempre equilibrada, hein, dona Marta?*, pensou.

Enquanto isso, Felipe batia na porta do quarto de Marília.

— Marília, acorde!

Reconhecendo a voz do irmão, Marília respondeu:

— Só podia ser você, Felipe, para vir me acordar a esta hora. O que quer?

— Eu, nada. Foi papai quem mandou chamá-la, e mandou que descesse o mais rápido possível, pois quer conversar com você.

— O que ele quer?

— Não sei, mas é melhor obedecer, porque papai está muito nervoso.

— Diga que já estou indo.

— Tudo bem.

Marília se espreguiçou.

Enquanto se trocava, pensava: *Nesta casa não se tem direito nem para dormir e acordar em paz. O que será que vou enfrentar desta vez?*

Recordou-se da conversa que tivera com Júlia, na véspera.

— Meu Deus, será que Júlia contou a eles o que conversamos? Não, não é possível, ela não iria desrespeitar a minha confidência, tudo o que lhe revelei. Júlia não faria isso. O motivo deve ser outro. E espero que seja mesmo, porque, se foi minha irmã quem provocou em nosso pai essa vontade sem razão de querer falar comigo logo cedo, juro que nunca mais troco uma palavra com ela. Não suporto traição!

Terminando de se arrumar desceu em seguida.

— Até que enfim, Marília. Estou cansado de esperar por você. Qual a razão da demora?

— Estava me arrumando para não descer de qualquer jeito. Que mal há nisso?

Antunes, não conseguindo mais controlar o nervosismo, disse, um pouco alterado:

— Por favor, não me provoque, porque não estou para brincadeira!

— Pelo amor de Deus, pai, não estou provocando! Apenas estranhei o senhor ficar tão tenso por uma coisa sem importância. Que mal existe em levantar um pouco mais tarde? Sempre fiz isso.

— Das outras vezes não a esperava, e acreditava não haver motivo para tanto. Hoje é diferente.

— E posso saber por que hoje é diferente? — indagou Marília começando a se inquietar.

Olhou para Júlia, tentando perceber através de sua expressão se ela havia comentado alguma coisa. Mas Júlia permanecia completamente impassível.

— Porque tenho motivos para suspeitar que você nos esconde alguma coisa, e temo ser algo grave, ou você não esconderia de seus pais. Pretendo esclarecer tudo agora, de uma vez por todas.

— Pai, quem lhe disse que escondo algo de vocês? — Marília se voltou para a irmã, encarando-a.

Júlia percebeu seu receio e sustentou o olhar, dizendo:

— Não tenho nada a ver com isso. Pode acreditar.

— Não foi Júlia, se é o que está pensando.

— Foi quem, então? — Marília devolveu a pergunta. — Já sei: Rafael!

— Errou de novo. Seus irmãos, se sabem de alguma coisa, não disseram nada. Acredito que estejam esperando que você mesma o faça.

— Quem foi, papai?

— Foi sua mãe quem me alertou sobre o seu comportamento.

— Mamãe! Mas o que foi que eu fiz?

Em poucos, instantes Marta a colocou ciente de tudo o que a preocupava.

— É isso, Marília — concluiu. — Estou realmente muito preocupada com você, pois não sei aonde vai, o que faz com suas longas ausências... Você não me dá nenhuma satisfação sobre a sua vida!

— Mas o que a senhora quer saber?

Antunes se adiantou:

— Ora, não se faça de desentendida. Que tal começarmos com os seus telefonemas quase diários para a capital?

— Quem lhes disse isso?!

— Foi Vera quem me contou — afirmou Marta.

— E a senhora acreditou? Mãe, Vera é uma fofoqueira, não se pode dar crédito ao que ela fala.

— Chega, Marília! — Antunes ficava cada vez mais alterado. — Não é fofoca dessa moça, é a verdade, e você sabe disso. Com quem fala todos os dias pelo telefone?

— Já disse que é com uma amiga que conheci na casa de Laura. Mamãe sabe disso.

— Isso é o que você diz, mas não corresponde à realidade, e eu quero apenas a verdade, nada mais. Com quem tem falado ao telefone?

Júlia, impaciente, falou para a irmã:

— Fale de uma vez, Marília, não adianta ficar escondendo.

— Cale a boca e não se meta! O assunto é meu!

Antunes, no auge da impaciência, dirigiu-se a Marília quase gritando:

— Não mande sua irmã calar a boca! — E voltou-se para Júlia. — Se você sabe de alguma coisa a esse respeito, por favor, conte-nos.

— Ela não sabe de nada, papai.

— Deixe que ela mesma responda, Marília. — Sem dar chance à filha mais nova, tornou a se voltar para Júlia. — Posso até compreender o fato de você não querer se intrometer no assunto de sua irmã. Mas, se sabe de algo, é melhor e mais prudente nos dizer. Seu silêncio poderá ocasionar uma desgraça na vida de Marília e na nossa. Volto a insistir: se tem conhecimento de alguma coisa, diga-nos. Sua mãe e eu temos o direito de saber.

Júlia se sentiu acuada.

Marília, receosa do que a irmã poderia revelar, tentava de todos os modos impedi-la de se pronunciar.

Antunes, cada vez mais nervoso e certo de que realmente existia um segredo, com autoridade ordenou que uma ou outra o revelasse.

Júlia fez menção de contar, mas Marília, em uma última tentativa de fazê-la mudar de idéia, quase gritou:

— Não, Júlia, por favor, não!

— Sinto muito, Marília, mas não posso omitir de nossos pais o que pretende fazer; se você não falar, falo eu.

Diante do silêncio de Marília e da expectativa de seus pais, Júlia tomou coragem.

— Pai, a pessoa com a qual Marília vem falando ao telefone é Marcelo.

— Quem é Marcelo?

— Aquele amigo de Carlos que esteve no aniversário dela, lembra?

— E por que sua irmã fala com ele com tanta assiduidade?

— Porque estão namorando.

— Namorando?! Você sabia disso, Marta?

— Não, Antunes, mas deve ser o motivo das saídas dela.

Marília, sem esconder a raiva que sentia da irmã, disse, rancorosa:

— Você me paga, Júlia.

— Pare de ameaçar sua irmã e diga-me por que esconde esse rapaz. Existe algum problema com ele que não podemos saber?

— Não, pai, problema algum.

— Vocês estão mesmo namorando?

— Sim. Desde meu rompimento com Luiz.

— Todo esse tempo e não nos falou nada! — exclamou Marta, decepcionada.

— Com certeza, Marta, é alguma brincadeira de criança, por isso ela preferiu não nos dizer. É isso, Marília?

— Digamos que sim, pai. Ainda não é sério, então não quis adiantar nada. Pode nem dar certo.

Júlia estava atônita. Marília perdia a oportunidade de revelar a eles a verdade, tudo o que estava pretendendo fazer. E, além do mais, mentia sem o menor respeito por seus pais. Não suportando mais vê-los serem enganados levianamente pela irmã, resolveu acabar com aquilo:

— É mentira, pai, não é um namoro de brincadeira.

— O que diz? Como assim?

— Pare, Júlia — Marília tornou a gritar com a irmã.

— Sinto muito, mas não posso parar. Eles têm o direito de saber o que você está tramando.

— Então nos diga, minha filha.

— Pai, esse namoro é sério. Marília vai embora com ele.

— O quê?! Você disse que ela vai embora?!

— Sim. Marcelo virá buscá-la em poucos dias.

— Vocês vão se casar? — questionou Marta, com um fio de voz.

— Não é possível — completou Antunes. — Você mal o conhece.

— Eles não vão se casar; Marília vai morar com ele.

— Sem se casar? Não posso permitir isso.

— Calma, Marta, vamos ouvir o que Marília tem para nos dizer. Explique-se, menina.

— Explicar o que, pai?

— É verdade o que Júlia disse?

— Sabe o que é, pai...

— Só quero uma resposta: é verdade ou não?

Tímida, Marília confirmou:

— Perdoe-me, pai, mas é.

Marta não agüentou. Sentou-se e cobriu o rosto com as mãos.

Antunes não sabia o que dizer, tamanho o impacto que a notícia causou em seu coração. Sentia-o bater forte e descompassado em seu peito magoado. Custava a acreditar no que sua filha confirmara.

— Por favor, filha, diga que não é verdade, que tudo isso não passa de uma brincadeira.

Resoluta e senhora de si, Marília respondeu:

— Já que tudo veio à tona, serei franca. É verdade, sim, pai, não vou mais negar. Irei embora com Marcelo para a capital. Vou em busca do meu sonho, da minha vida, ou seja, da vida que desejo para mim.

— Mas a sua vida é aqui, junto de sua família!

— Engano seu, pai. Minha vida é no lugar onde está o que ambiciono desde sempre: ser famosa, ser alguém.

— A fama nem sempre traz a felicidade. É um erro pensar que somente os famosos são felizes.

— Se eles são eu não sei, nem me interessa. O que sei é que serei feliz com Marcelo, pois só ele pode me dar o que quero.

— Filha, você nem o conhece o bastante para tomar essa decisão, está sendo precipitada.

— Conheço o suficiente para saber que é isso o que quero.

— Nós não o conhecemos, não sabemos nada sobre sua família. O rapaz pode estar enganando você. Já pensou que ele pode até ser casado? Pense melhor, Marília, não faça nada por impulso, ou poderá se arrepender amargamente.

— Desculpe-me, pai, mas vou fazer sim, e sei que não me arrependerei. Como já disse, Marcelo possui o que desejo, sem dizer que está apaixonado por mim.

— Se está tão apaixonado por você, qual a razão de não ter pedido sua mão em casamento? Por que nunca quis vir falar conosco sobre vocês? Não acha estranho?

— Não. Acho perfeitamente normal. As coisas hoje são diferentes pai, porque o mundo se modificou, nada é mais como em seu tempo.

Enquanto Antunes conversava com Marília tentando trazê-la de volta à razão, Marta, em um canto, chorava desesperada.

Júlia, Rafael e Felipe não sabiam que atitude tomar, nem o dizer para aliviar a dor de sua mãe. Entretanto, Marília permanecia fria, irredutível e insensível à dor que causava a seus pais.

— Pode me dizer o que pretende fazer na capital, Marília?

— Ora, pai, vou trabalhar em uma grande agência de modelos. Em pouco tempo poderão ver meu nome brilhando nas revistas mais importantes.

— Marília, não permitirei que faça essa loucura. Desta casa você não sai!

Mais audaciosa ainda, Marília respondeu:

— Se eu fosse o senhor, não tentaria me impedir.

— Posso saber por quê?

— Porque eu irei, o senhor deixando ou não. Não vou permitir que ninguém atrapalhe meus planos; nem mesmo o senhor.

— Não lhe darei um centavo sequer, Marília!

— Pai, o senhor ainda não entendeu, portanto, não se desgaste. Não preciso do seu dinheiro. Marcelo é rico, possui uma posição social invejável. Assim, não precisarei de nada nem de ninguém. Ou, melhor dizendo, vou precisar apenas de Marcelo e da minha beleza.

Júlia, decidida, aproximou-se da irmã, segurou-a pelo braço e falou com autoridade:

— Chega, Marília, você já atingiu nossos pais o suficiente para deixá-los tristes e preocupados. É melhor parar!

— Eu disse para você que isso não ia dar certo, eu avisei — falou Rafael.

— Não seja bobo. O que foi que não deu certo? Tudo está evoluindo para a finalização concreta do meu desejo.

Felipe, sempre sensato, expressou-se com cautela:

— Marília, se você quer colocar sua vida em risco tudo bem, é um problema seu. Mas o que não pode fazer é magoar, desafiar nossos pais da maneira como está fazendo. Isso eu não vou deixar.

— E quem é você para falar comigo desse modo?

— Sou apenas um filho que não tem medo de defender seus pais, e o farei caso você insista em feri-los. Portanto, abaixe seu tom de voz e trate-os com respeito.

Marília, sentindo a força moral de Felipe, conteve-se.

Todos admiravam a firmeza com a qual Felipe contornara a situação.

Antunes, aproveitando o instante de calma, mostrando-se cansado e abatido, dirigiu-se à filha:

— Pelo que senti, ninguém poderá detê-la nessa sua loucura. Mas vou dar-lhe um aviso: não se esqueça de que enquanto estiver na minha casa deverá seguir as regras impostas por mim e sua mãe, comportando-se da maneira como sempre ensinamos e que exigimos. Sobretudo não ouse desrespeitar sua mãe. Agora, suba para seu quarto.

— Mas, pai, nem tomei meu café...

— A hora já passou. Daqui a pouco o almoço será servido. Por enquanto, faça o que estou mandando: suba!

Marília, querendo demonstrar sua irritação, subiu as escadas batendo os pés com firmeza. Chegando ao quarto, bateu a porta com violência.

Júlia abraçou a mãe, dizendo-lhe com carinho:

— Não fique assim. Quem sabe ela não muda de idéia?

Marta fixou seus olhos tristes e úmidos na querida filha.

— Era sobre isso que você queria conversar comigo, não era?

— Sim, mãe. Mas agora não tem mais importância. Foi melhor assim; pelo menos tudo será feito às claras.

— Marília não tem noção do espinho que cravou em nosso coração, meu e de seu pai.

De todas as provas, as mais penosas são as que afetam o coração; alguém suporta com coragem a miséria e as privações materiais, mas sucumbe ao peso dos desgostos domésticos, esmagado pela ingratidão dos seus.

(*O Evangelho Segundo o Espiritismo* — Allan Kardec — Capítulo XIV)

Júlia, após auxiliar sua mãe nos afazeres domésticos, tomou a decisão de ir à procura de Carlos. Acreditava que talvez ele tivesse informações sobre a vida de Marcelo que pudessem transformar a decisão leviana de Marília.

— Mãe, estou pensando em procurar Carlos. Ele é amigo de Marcelo, e foi quem o trouxe à nossa casa. Acredito que poderá nos ajudar nessa questão contando-nos o que sabe sobre a vida de Marcelo. O que a senhora acha?

— Não vejo mal nenhum, Júlia, tudo é válido para ajudar Marília a desistir dessa loucura. Assim ficaremos sabendo mais sobre esse moço. Acho que deve ir, sim.

Felipe, que escutara a conversa, disse à irmã:

— Júlia, quero ir com você.

— Que bom, Felipe. Vou até meu quarto e volto em seguida.

— Tudo bem, eu espero.

Júlia subiu.

Ao passar pela porta do quarto de Marília, ouviu os soluços da irmã.

— Posso entrar, Marília?

— Não, Júlia, não pode. Vá embora e deixe-me em paz!

— Marília, está agindo como uma criança mimada. Deixe-me entrar. Preciso falar com você, é de seu interesse.

Após alguns instantes de silêncio, Marília resolveu abrir a porta.

— O que quer ainda? Acabar de me destruir?

— O que é isso, Marília? Calma, não vim aqui para discutir ou destruir ninguém, quero apenas ajudar.

— Sei! Só rindo! O que você fez foi colaborar para piorar as coisas para mim!

— Não, não fiz isso. Você é que ainda não entendeu que tudo se torna mais fácil quando usamos de sinceridade e transparência ao tratar com as pessoas, principalmente nossos pais. Mas isso não vem ao caso agora; o que está feito não se precisa fazer.

— O que quer?

— Lembra-se de Carlos?

— Claro, é o amigo do Marcelo, foi ele quem o trouxe aqui.

— Isso. Agora, a questão maior é que ninguém conhece nada da vida de Marcelo, concorda?

— Concordo.

— Carlos é o único que poderá nos dar informações concretas sobre ele, pois o conhece há muito tempo. Isso lhe dá condições de saber quem Marcelo é na realidade.

— E daí?

— Daí que eu e Felipe vamos falar com ele, e gostaria que você viesse conosco. Seria bom para você.

— Vocês vão falar o que, Júlia?

— Ora, o que eu lhe disse: tentaremos descobrir um pouco sobre ele.

— Sinto muito, mas não irei.

— Por quê?

— Porque não quero.

— Qual a verdadeira razão, Marília?

— Nenhuma em particular, apenas não quero saber nada mais do que já sei.

— Está com medo?

— Medo de que, Júlia? Não é isso, apenas não acho certo ficar investigando a vida da pessoa à qual vou me unir.

— Mas é justo; por isso deve investigar, Marília.

— O que ele me contou me basta, e vou adiantando que nada que você vier a me contar como sua grande descoberta irá me fazer mudar de idéia.

— Você se julga adulta o bastante para tomar decisões importantes e tem medo de enfrentar revelações que poderiam salvá-la dessa loucura.

— Por favor, Júlia, saia do meu quarto; cansei de ouvi-la. Deixe-me em paz e não se meta mais nesse assunto, que só diz respeito a mim.

— Tudo bem, Marília, você é quem sabe. Aprendi que devemos respeitar o livre-arbítrio de cada um, e eu vou respeitar o seu.

— Acho muito bom. Agora me deixe sozinha.

Júlia desceu, decepcionada. *Ela está com medo de descobrir alguma coisa que a obrigue a alterar seus planos,* concluiu.

— Demorou, Júlia — disse-lhe Felipe.

— Estava tentando convencer Marília a ir conosco.

— Conseguiu?

— Não, mãe. Ela está irredutível, acredito mesmo que nada nem ninguém a faria mudar de idéia.

— Filha, vá assim mesmo conversar com esse rapaz. Talvez através dele tenhamos alguma chance de modificar essa situação.

— Claro, mãe, já estamos indo. Vamos, Felipe.

Os dois irmãos seguiram em direção à residência de Carlos. Lá chegando, foram informados de que o rapaz se encontrava no trabalho. Anotaram o endereço e seguiram até a empresa onde Carlos trabalhava.

A recepcionista, atendendo-os com gentileza, os conduziu até a sala de Carlos.

— Como vai, Carlos? Lembra-se de mim?

— Deixe-me ver... Já sei... Você é a irmã de Marília, ex-noiva de Luiz. Acertei? — perguntou sorrindo.

— Acertou. Meu nome é Júlia, e este é meu irmão, Felipe.

— A que devo a alegria de revê-los?

— Precisamos de sua ajuda.

— Se estiver ao meu alcance, com o maior prazer.

— Carlos, o que nos traz aqui é um assunto muito delicado.

— Fiquem à vontade.

— Gostaríamos que você nos contasse um pouco sobre a vida daquele seu amigo, Marcelo.

— Falar sobre Marcelo? É um pedido difícil.

— Eu sei.

— Posso saber o motivo dessa curiosidade?

— Evidente que sim.

Júlia e Felipe narraram tudo o que sabiam sobre o envolvimento de Marília com ele. Carlos ficou surpreso.

— Como aconteceu isso, como Marília foi se envolver com ele? Espere aí, então foi por causa dele que ela rompeu o noivado com Luiz?

— Não podemos dizer ao certo, mas da maneira como se olhavam podemos até concluir que é possível.

— Lembro-me bem do quanto ele ficou impressionado com a beleza dela. Cheguei a pedir-lhe que não se envolvesse com Marília, pois era uma moça de família. Meu Deus, lembro-me muito bem disso.

— Enfim, aconteceu. Meus pais estão desesperados com a idéia de Marília se unir a ele indo para a capital em uma aventura que tem tudo para dar errado.

— Acredito que dará mesmo.

Júlia e Felipe se olharam assustados.

— Como assim, Carlos? O que o faz pensar assim?

— Embora Marcelo diga para todo o mundo que toma conta de sua mãe doente para justificar sua ausência em determinados lugares e compromissos, não é verdade.

— Não?

— Não. Ele é casado, e nem sempre consegue sair sem a mulher.

Júlia e Felipe empalideceram.

— Não é possível! Marília sabe disso, Júlia?

— Penso que não, Felipe; ela não chegaria a tanto.

— E nunca se importou em saber?

Quem respondeu foi Carlos:

— Desculpem-me me intrometer, mas pode ser que ela tenha medo de perder a oportunidade com que sonhou a vida inteira. Não é isso o que Marília sempre quis? Pelo menos era o que Luiz me dizia.

— Ele vive de que, Carlos? Pelo menos é verdade que é dono de uma agência de modelos?

— Isso é verdade. Tem um sócio chamado Daniel, e trabalham juntos há muito tempo.

— É uma agência grande?

— Aparentemente sim.

— Não entendi.

— O porte de sua agência chega a levantar suspeita, considerando os poucos trabalhos que realiza com as modelos.

— Explique isso melhor, por favor.

— Paralelamente eles realizam transações que nada têm a ver com as modelos, e são essas atividades que dão sustento financeiro à agência.

— Que atividades são essas, Carlos?

— Não sei responder, Júlia. O que posso lhe dizer é que Marcelo não serve para Marília, que pertence a uma família bem estruturada, com formação decente e digna.

— O que vamos fazer, Felipe?

— Não sei, Júlia, estou tão desorientado quanto você.

— Perdoem-me, mas por que permitiram que esse relacionamento chegasse a esse ponto?

— Porque ninguém sabia, Carlos. Marília escondeu de todos nós, e só hoje pela manhã tomamos conhecimento de seus planos. Nossos pais estão sofrendo muito, e não sabemos o que fazer para ajudá-los.

— Gostaria muito de colaborar, mas não vejo como.

— Você já fez o que estava ao seu alcance, Carlos. Mostrou-nos quem é Marcelo de verdade, e somos muito gratos. Agora teremos de pensar, para agir enquanto é tempo.

De repente passou pela cabeça de Júlia uma idéia que considerou viável.

— Carlos, já que se mostrou disposto a nos ajudar, posso pedir-lhe um grande favor?

— Claro, Júlia, peça o que quiser. Como disse, gostaria muito de colaborar.

— Vocês são amigos... Seria possível que conversasse com Marcelo e tentasse dissuadi-lo de vir buscar Marília?

— Posso fazer isso sim, com certeza. Tentarei convencê-lo a desistir de Marília.

— Que ótima idéia você teve, Júlia! — apoiou Felipe.

— Ficaremos muito gratos pela sua gentileza e compreensão, Carlos.

— Assim que conseguir falar com Marcelo, entrarei em contato com vocês e os colocarei a par de nossa conversa. Está bem assim?

— Ótimo. Carlos, você é um bom amigo, não sei como poderemos agradecer.

— É verdade, Carlos, muito obrigado.

— É o mínimo que posso fazer. Afinal, fui eu quem o levou para dentro de sua casa. Num certo ponto, sinto-me responsável.

— Nem pense nisso. Se existe um culpado, só pode ser Marília. É ela que não consegue se situar na realidade e vive em uma redoma de sonhos. Bem, ficaremos aguardando notícias suas.

— Espero tê-las o mais rápido possível.

Despediram-se.

Júlia e Felipe caminhavam conversando, tentando achar um jeito menos sofrido de revelar aos pais a verdadeira situação de Marcelo.

— Júlia, estou pensando que é melhor esperarmos a resposta de Carlos. Pode ser que ele convença Marcelo a desistir de Marília, e se isso acontecer não precisaremos dizer aos nossos pais que ele é casado. Será um sofrimento a menos.

— Tem razão, Felipe, não aumentaríamos a dor que já estão sentindo.

Marta esperava ansiosa a volta de Júlia e Felipe. Sem esconder a preocupação, correu ao encontro dos filhos assim que os viu chegar.

— Como foi a conversa com o Carlos? Ele esclareceu alguma coisa sobre a vida de Marcelo?

— Calma, mãe! — pediu-lhe a filha.

— Não me peça para ficar calma, Júlia, por favor. Não tenho a mínima condição de controlar minha ansiedade e meu receio em relação ao futuro de Marília, por isso, seja lá o que for que ele tenha dito, não me escondam absolutamente nada.

Os dois irmãos se olharam. Felipe antecipou-se a Júlia:

— Fique tranqüila, não vamos esconder nada da senhora. Mas por enquanto não temos nada a dizer de concreto.

— Como assim, Felipe? Não entendo. Carlos não o conhece ou não disse nada para não contrariar o amigo?

Júlia, com cautela, interveio:

— Mamãe, sente-se aqui, vou explicar tudo para a senhora.

Marta obedeceu, sentando-se próxima à filha e esfregando as mãos, nervosa.

— Carlos é uma ótima pessoa, demonstrou boa vontade e muita consideração conosco. Prometeu verificar tudo o que diz respeito a Marcelo, e assim que tiver as informações irá nos colocar ciente de tudo. É sem dúvida um ótimo caráter, mãe, além de solidário e gentil.

— Não compreendo a razão dessa demora. Se ele é amigo de Marcelo deve conhecê-lo, pelo menos saber das questões mais importantes da sua vida, por exemplo, se é casado ou não. Isso é o que mais preocupa a mim e o seu pai.

— Mãe, Carlos sabe sim muita coisa a respeito do Marcelo, mas preferiu ser cauteloso para não se enganar em um assunto tão sério.

— Tudo bem. Quanto tempo vamos ter que esperar?

— É rápido, mãe, não mais que dois ou três dias.

Vendo a grande inquietação no rosto de Marta, Júlia voltou a dizer:

— Mãe, não fique assim. Ele apenas não quis se precipitar, preferiu ser prudente para não cometer nenhum engano.

— Tudo bem, filha, Carlos está certo. Eu é que estou muito assustada. Mas vamos esperar.

— E Marília? — Felipe quis saber. — Já saiu do quarto?

— Ainda não. Está trancada desde cedo. Nem obtive resposta quando bati em sua porta.

— É melhor deixá-la quieta! — exclamou Júlia. — Acredito que deve estar confusa.

Lembrando de algo, Marta dirigiu-se à filha:

— Estava me esquecendo, Júlia: Luiz ligou para você.

O coração de Júlia se sobressaltou.

— O que a senhora disse, mãe? Luiz me telefonou?

— Sim, filha, disse-me que precisava falar com você.

— A senhora não falou que tinha ido falar com o Carlos, não é?

— Lógico que não, filha. Disse apenas que havia saído com Felipe.

— Ele perguntou para onde?

— Não. Falou que queria conversar com você e que ligaria mais tarde.

Júlia se encheu de esperanças. *Meu Deus, será que ele sentiu saudade de mim?*

Rafael entrou correndo na cozinha, dizendo, afobado:

— Mãe, é melhor irmos até o serviço do papai. Parece que ele não está se sentindo bem.

Todos se assustaram.

— Como soube?

— Eu vinha para casa quando me encontrei com Pascoal, um rapaz que trabalha na mesma firma que papai. Pascoal estava vindo nos avisar.

Sem perguntar mais nada, Marta saiu apressada em direção à firma, seguida dos filhos. *Meu Deus, socorra-me, é muito problema para um dia só!*, pensava.

Ao chegarem, foram encaminhados para a sala de enfermagem, onde os empregados recebiam os primeiros atendimentos. Encontraram Antunes deitado, pálido, e quase não esboçou nenhuma reação quando os viu.

— Meu querido — disse Marta, carinhosamente —, o que aconteceu? O que está sentindo?

A enfermeira se antecipou:

— Dona Marta, acalme-se, seu marido já está bem.

— Por favor, diga-me o que ele tem.

— Sua pressão subiu muito, e, em conseqüência, seu Antunes se sentiu mal. Mas já está medicado, a pressão baixou um pouco. Ele precisa apenas descansar.

— Tem certeza de que ele está bem?

— Por ora, sim. O que recomendo é encaminhá-lo para um médico a fim de examiná-lo e decidir o que fazer para controlar sua pressão, evitando a repetição desse episódio.

— Nós procuraremos um médico, com certeza.

— Desculpe-me perguntar, dona Marta, mas seu Antunes passou por algum aborrecimento importante?

— Por quê?

— Todos notaram que ele chegou muito aborrecido, angustiado... Parecia não estar bem, mesmo.

— Sim. Meu marido passou por uma grande contrariedade, que o deixou muito nervoso e bastante abalado.

— Isso pode explicar a pressão ter se elevado. Esperem que descanse mais um pouco, e então poderão levá-lo para casa. Aconselharia evitarem tocar no assunto que o abalou tanto. É importante que repouse, e, assim que puderem, levem-no ao médico para investigar se ele não é hipertenso ou se tem algum outro problema.

— Obrigada. Posso ficar aqui com ele?

— Claro, dona Marta, eu também estarei aqui o tempo todo. Mas fique tranqüila, seu marido já está bem.

Marta pediu aos filhos que fossem para casa e avisassem Marília do ocorrido.

No caminho, Júlia notou que Rafael estava mais silencioso que de costume.

— Rafael, o que você tem? Está tão calado... Se é por causa de papai, ele está bem. Não ouviu a enfermeira falar?

— Não é nada, Júlia, estou apenas pensativo.

— Não quer me dizer o que o preocupa? Podemos conversar, e talvez você se sinta mais aliviado. O que acha?

— Fale, Rafael, posso apostar que sei do que se trata — disse Felipe.

Júlia insistiu:

— Seja o que for, diga, desabafe. Dê-nos a oportunidade de ajudá-lo. Somos irmãos, e os irmãos ajudam uns aos outros.

Encorajado, Rafael se abriu:

— Sabe o que é, Júlia? Estou impressionado com Marília. A que ponto ela chegou para alcançar seu objetivo! Nunca pensei que ousasse tanto. Está passando por cima de sua família, de seus pais, em nome de algo que ela nem sabe o que de verdade lhe reserva.

— Marília está enganando a si própria, Rafael; anda pela vida muito distraída e não consegue assimilar os verdadeiros valores da alma.

— O que me angustia é que durante anos a fio fui conivente com seus conceitos, admirando sua maneira de ser. Pensei e agi como ela. Assumo que escondi muitas atitudes dela, e hoje reconheço que, se tivesse pensado e agido diferente, revelando aos nossos pais sua intenção desde muito nova, pode ser que não tivesse chegado a esse ponto. Sinto-me muito culpado por isso.

— Não carregue culpa, irmão. Marília já está bem crescidinha para saber o que fazer. Sempre deu prioridade aos seus impulsos e não consegue perceber que, quando os instintos nos dominam, estamos mais próximos do ponto de partida do que do objetivo.

— O que isso quer dizer?

— Marília está se perdendo na ilusão, e se esquece de que o amor, em todas as suas formas, é a primeira palavra do alfabeto divino, e a tarefa do amor é longa e difícil, mas se cumprirá, porque assim Deus o quer. Infelizmente, aqueles que vivem escravos da ilusão, como diz a palavra, estão se iludindo, e a realidade será mais dura quando chegar.

— Tenho receio por Marília.

— Nós também temos, não é, Felipe? Mas o que estiver por vir é a própria Marília quem está semeando. O fato de sentir-se culpado é o prenúncio do acordar de sua consciência, ou seja, você passará a perceber agora que tudo se deve questionar; deve-se analisar o verdadeiro conteúdo dos fatos, e não tão-só aceitar.

Felipe, que até o momento apenas ouvia sentindo admiração pela irmã, disse ao irmão:

— Concordo com Júlia, Rafael. Esse seu despertar irá com certeza lhe proporcionar atitudes mais nobres que lhe mostrarão uma direção mais segura.

Rafael alegrou-se com a compreensão dos irmãos e sentiu-se protegido.

— Obrigado. Jamais pensei que me compreenderiam. Imaginei que me apontariam como culpado; entretanto, sou aceito por vocês, apesar dos meus erros.

— Somos seus irmãos, esqueceu-se disso? Além do mais, você não errou tanto assim como pensa. Não julgue a si mesmo de maneira tão severa. Marília está agindo dessa forma porque quer; nem você, nem ninguém está induzindo seu comportamento. Somos responsáveis por nós, e não devemos nos esquecer disso. Somos os responsáveis por nossa vida, e mais ninguém.

— Sente-se mais aliviado, Rafael?

— Sim, Felipe. Agradeço muito pelo carinho de vocês; sempre agem como verdadeiros irmãos, e eu na maioria das vezes não consegui entender isso. Sei que estão protegendo nossos pais não dizendo que já sabem que Marcelo é casado.

Júlia e Felipe o encararam, surpresos.

— Por que acha que sabemos?

— Porque os vi saindo do trabalho de Carlos. Imaginei que foram buscar informações sobre Marcelo, e Carlos sabe que ele é casado.

— Espere aí, Rafael. Como sabe disso, e desde quando?

— Mais ou menos um mês atrás tomei conhecimento de que Marcelo é casado através do primo de um amigo meu lá do clube. Ele mora na capital e viu Marcelo aqui algumas vezes; reconheceu-o e me contou que ele é marido de uma parente distante de sua namorada.

— Por que não nos disse?

— Falei para Marília. Tentei convencê-la a desistir desse relacionamento, mas ela ignorou e me proibiu de comentar com quem quer que fosse.

Júlia e Felipe ficaram atônitos.

— Marília sabe que ele é casado?!

— E mesmo assim continuou com essa loucura! — completou Felipe.

— Foi por isso então que ela se recusou a ir conosco falar com Carlos e disse que nada a faria mudar de opinião. Agora estou entendendo.

— Rafael, Marcelo tem conhecimento de que ela sabe que é casado?

— Não, Júlia. Ele pensa que a está enganando, nem imagina que nossa irmã sabe a verdade. Marília descobriu logo depois que ele foi embora; disse-me que não falaria nada para não estragar seus planos.

— Marília enlouqueceu! — exclamou Júlia, indignada.

— Ela não gosta dele; quer apenas usá-lo para alcançar seu objetivo.

— Por favor, Rafael, não me diga mais nada, estou absolutamente boquiaberta.

— Viu por que eu sentia tanta culpa, Júlia?

— Já conversamos sobre isso, Rafael.

— Aprendi a lição. De agora em diante pretendo levar minha vida com mais prudência.

— Até os sonhos, Rafael!

— Entendi, Júlia, até os sonhos.

Antes de chegarem em casa, Júlia e Felipe contaram a Rafael a conversa que tiveram com Carlos e a tentativa deles de fazer Marcelo desistir de Marília.

Capítulo VII

Consolo em meio à tempestade

Assim que entraram em casa depararam com Marília deitada preguiçosamente em um sofá, lendo uma revista. Apesar de ver os irmãos, a jovem não esboçou nenhuma reação, e continuou com sua leitura.

Júlia, inconformada com o que acabara de saber por Rafael, aproximou-se dela e lhe disse:

— Tudo bem, Marília?

A irmã respondeu-lhe apenas com um sussurro:

— Tudo...

Impaciente, Júlia retrucou:

— Precisamos conversar. Pode ser agora?

— Não. Não tenho o menor interesse em conversar com você.

— Mas eu tenho, e vou conversar agora. Se não quiser responder, é um problema seu, mas vai ter que me ouvir.

Marília fechou a revista, sentou-se e encarou os irmãos.

— O que será que a dona do mundo quer me dizer com tanta pressa? Mais sermão? Se for, vou logo dizendo que estou farta da sua "sabedoria", ou, melhor, da sua mania de acreditar que sabe tudo, que entende tudo e pode ir falando o que quer para as pessoas sem considerar que elas podem não querer falar com você.

Júlia, impaciente e sem ligar para o que Marília falava, respondeu:

— Não me interessa o que pensa, porque quem está farta da sua leviandade e falta de respeito com nossos pais e com você mesma sou eu, minha irmã. Será que não consegue ver a realidade das coisas? É impossível acreditar que você, por livre e espontânea vontade, se lança em um abismo, correndo todos os riscos de estragar sua vida, talvez para sempre... Não receia o sofrimento que a espera?

— Do que está falando? Que sofrimento é esse, Júlia? De onde você tirou isso? Como estragar a minha vida se estou a um passo de conquistar meu espaço no mundo em que escolhi para viver?

— Tudo bem, mas a que preço, Marília? Será que para conseguir o que quer é válido se unir a um homem casado, destruindo sua vida e a de uma família já constituída? É esse o preço de sua ambição?

Marília empalideceu.

Com ódio no rosto transfigurado, olhou para Rafael.

— Foi você, seu traidor! Jamais esqueço quem me trai, e você vai me pagar muito caro por isso.

— Não foi ele quem nos contou, Marília.

— Quem foi então, se só Rafael sabia?

— Carlos também sabe. Eu lhe disse que iria falar com ele. Convidei você para irmos juntas, mas não quis. Agora entendo por que: teve medo de se trair e percebermos que você já sabia, não foi isso?

— E como soube que eu já tinha conhecimento desse detalhe, se nem Marcelo sabe?

Rafael adiantou-se e enfrentou a irmã.

— Marília, esse é o pormenor mais importante, e fui eu quem contou a Júlia e Felipe. Falei para eles que você já sabia, mas que não se importava. Disse também que Marcelo nem desconfia que você tem conhecimento da situação dele.

— Eu sabia que não podia confiar em você!

Felipe, dirigindo-se à irmã, lhe disse:

— Você perdeu mesmo a noção exata das coisas. Está tão preocupada consigo mesma que não consegue imaginar o mal que faz a si própria e aos nossos pais.

— Pode me explicar o que foi que eu fiz?

— Posso dizer o que está fazendo com nossos pais, porque, quanto a você, aprenderá com o tempo.

— Tudo bem, e o que fiz a eles?

— Papai passou mal no trabalho. Sua pressão subiu muito em virtude do desgosto que você não percebe que está causando. Mamãe ficou com ele, e, enquanto os dois sofrem, você fica aí, mais preocupada com o ódio que sente de todo o mundo.

Marília calou-se.

Inesperadamente, começou a chorar.

— O que foi agora, Marília?

— Eu não queria que nada disso acontecesse. Bastava apenas que vocês se esforçassem para compreender a importância que tem para mim essa oportunidade de ir para a capital com Marcelo, mas nem acreditam que ele me ama!

— Mesmo que ele a ame, Marília: o rapaz é casado e não lhe contou, portanto está enganando você. E tem mais: você está anulando seus sentimentos, porque não o ama. Assim, também o está enganando. Está usando Marcelo e destruindo o casamento de uma pessoa que, como você, acreditou no sonho de uma união. Não se pode construir a felicidade passando por cima dos sentimentos dos outros, querida, e é o que você pretende fazer.

— Quero que me perdoem, mas é mais forte que eu. Tenho que ir, preciso acreditar que tudo dará certo. Afinal, Marcelo é um bonito rapaz, e, para completar, é rico. Tente entender, Júlia, talvez seja a única oportunidade que terei e não posso desprezá-la. Sei que vocês jamais me entenderão, mas o dia em que eu estiver muito rica... creio que aí vocês irão me aceitar.

— Por que acha isso?

— Porque o dinheiro compra tudo, Júlia, até o esquecimento das pessoas. Acho melhor encerrarmos esse assunto.

— E nossos pais, o que irão sentir ao saberem que está morando com um homem casado?

— Se vocês não contarem, eles não saberão, e assim sofrerão menos.

— Marília, estou perplexa. É difícil acreditar que você se tornou essa pessoa egoísta, insensível à dor alheia, principalmente à dos seus pais.

— Se para você é difícil acreditar, é muito simples: não acredite, pois para mim não fará a menor diferença. O que não posso e não quero é abdicar dos meus sonhos por causa do que pensam os outros, mesmo os meus pais, que para mim estão parados no tempo, querem que tudo seja como na época deles e não aceitam as coisas mudaram.

— Marília, percebe que fala dos nossos pais como "os outros"? Eles são a nossa família! Isso para você não conta?

— Conta, e muito. Lamento decepcioná-los e ser a causa das aflições deles, mas deve concordar que não posso abrir mão dos meus desejos e minhas ilusões.

Escutaram o barulho da chave na porta da frente.

— Eles estão chegando — disse Felipe. — É melhor pararmos com essa conversa.

— Tem razão. Papai não pode sofrer mais aborrecimentos, pelo menos por uns dias. Mais tarde pensaremos numa maneira mais tranqüila de esclarecer tudo isso.

Marta e Antunes entraram, e Marília foi ao encontro do pai. Abraçou-o, desconcertada, e disse-lhe:

— Perdoe-me, pai, não tive a intenção de magoá-lo tanto.

— Tudo bem, filha — foi a resposta de Antunes.

Temendo que acontecesse de novo o mesmo falatório a respeito da decisão de Marília, Marta logo definiu a situação que considerava melhor para o marido:

— Meninos, cada um que procure o que fazer. O pai de vocês precisa descansar. — Virando-se para o marido, completou: — Querido, prefere ficar aqui na sala ou no nosso quarto?

— Prefiro subir, Marta. Sinto-me cansado, e gostaria que ninguém me incomodasse, com exceção de você.

— Fique tranqüilo, não deixarei que ninguém o incomode. Vocês ouviram, não?

— Sim, mãe — todos responderam.

Três dias se passaram desse episódio.

Embora Júlia tivesse esperado com ansiedade, Luiz não a procurara mais. O telefonema esperado não acontecera. Pensamentos de angústia tomavam conta do seu íntimo, trazendo-lhe na maioria das vezes a desesperança. Nessas horas conversava consigo mesma, buscando uma solução que não encontrava:

— Começo a crer que é bobagem lutar para conquistar o amor de Luiz. Há anos venho esperando, mas acho que ele jamais irá me enxergar como uma possível namorada, alguém que possa vir a amar e com quem pretenda construir uma família. Serei sempre o ombro amigo que escuta e consola, enquanto Marília permanecerá sempre em seu coração como uma sombra entre nós dois.

O som do telefone trouxe-a de volta à realidade. Mais uma vez, independente de sua vontade, seu coração disparou.

Correu a atender.

— Júlia? — disse uma voz ainda pouco conhecida. — Aqui é o Carlos.

Novamente a decepção.

— Oi, Carlos, tudo bem? Tem notícias para mim?

— Tenho, Júlia. Cumpri o prometido, e quero colocá-la ciente do que foi minha conversa com Marcelo.

— Claro. Que bom que você conseguiu. Quando podemos nos encontrar?

— Se estiver bom para você, por mim estaria perfeito se fosse agora.

— Para mim também. Mas terei que ir sozinha, porque meus irmãos não estão em casa. Quer que eu vá até o seu trabalho?

— Se não se importa, prefiro que não seja aqui. Pode ser na praça em frente à igreja daqui quinze minutos?

— Estarei lá.

Meu Deus, permita que tenha dado tudo certo. Meus pais não vão agüentar o desgosto de ver Marília morando com um homem casado.

Lembrando-se de Amélia, solicitou auxílio através do pensamento sincero: *Querida avó, meu espírito protetor, alivie a angústia de minha alma e proteja minha irmã.*

Não demorou e o auxílio se fez presente pela inspiração de Amélia:

— Júlia, a partir do momento em que o coração se enche de certeza de que a Terra é um lugar temporário, passamos a aceitar as aflições da vida com mais serenidade e equilíbrio, resultando disso a paz de espírito que ameniza todas as dores. Deus não quer ver nenhuma de Suas criaturas sofrendo, mas respeita a vontade de Seus filhos porque deu a eles o livre-arbítrio. — E continuou: — Marília está agindo de maneira imprudente e sofrerá as conseqüências desses atos levianos. Não se esqueça que todos colherão os frutos da árvore que plantar. Podemos inspirar o caminho seguro inspirando o bem e a prudência, mas não mudar a rota traçada pelo homem, porque respeitamos a vontade de cada um.

Meu Deus, pensou Júlia, *devo concluir que nada deu certo.*

Embora triste, despediu-se de sua mãe e foi ao encontro de Carlos.

Aproximando-se do local, Júlia avistou o amigo sentado em um banco, esperando-a.

— Olá, Carlos!

— Oi, Júlia. — O rapaz se levantou e a cumprimentou, gentil, com um ligeiro beijo no rosto.

— Carlos, estou muito ansiosa para saber o que aconteceu. Sinto um aperto no peito, como um pressentimento de que as notícias não são boas.

Carlos olhou penalizado para a amiga e convidou-a a se sentar.

— Sinto muito, Júlia, mas você tem razão; as notícias de fato não são boas.

— Pode falar.

— Conversei longamente com Marcelo.

— E aí?

— Ele não está disposto a abandonar Marília. Afirmou estar apaixonado por ela e a quer junto dele.

— Mas confirmou que é casado?

— Confirmou. Disse ter dois filhos ainda pequenos, mas que não via nenhum impedimento de manter um relacionamento com Marília.

Indignada, Júlia exclamou:

— Céus, o que ele pretende na realidade fazer com Marília?!

— Levá-la para um apartamento mobiliado com requinte e viver com ela.

— Como uma amante.

— Fico constrangido em dizer, mas foi o que ele disse.

— Não é possível que Marília concorde com isso!

— Júlia, é preciso avisá-la, pois está sendo enganada por Marcelo.

Envergonhada, Júlia não ousou dizer a Carlos que Marília sabia da condição de Marcelo e não se importava. Ela também o estava enganando, pois queria apenas o sucesso que acreditava poder alcançar ao lado dele, não se importando com o preço que teria que pagar.

Angustiada e mal podendo suportar a verdade, Júlia deixou que lágrimas copiosas descessem pelo seu rosto. Carlos delicadamente puxou-a para si e encostou sua cabeça em seu ombro, passando as mãos em seus cabelos e dando-lhe o apoio necessário naquele momento.

— Não fique assim desesperada, acalme-se. Pode ser que Marília, ao saber da verdade, desista dessa loucura.

Enxugando o pranto com o lenço oferecido por Carlos, Júlia respondeu:

— Nada irá fazê-la mudar de idéia, Carlos, tenho absoluta certeza disso.

— Não sei o que dizer, Júlia, apenas afirmar que pode contar com minha amizade para o que precisar.

— Sei disso, e agradeço de coração. Agora, se você não se importa, gostaria de ir para casa. Preciso pensar em um jeito de contar aos meus pais. Mais uma vez, obrigada pelo seu empenho em nos ajudar.

— Lamento não ter conseguido trazer-lhe boas-novas, mas Marcelo não aceitou nenhum dos meus argumentos. Está mesmo decidido.

— A culpa não é sua, fez o que estava ao seu alcance. O resto é com Marília. Somente ela poderá determinar o que quer para sua vida.

— Tem razão. Em todo caso, estarei sempre à disposição para o que vocês precisarem.

— Tenho certeza de que sim.

Despediram-se.

Júlia, a passos lentos, retornou à sua casa.

Quatro meses se passaram.

Marcelo, como prometera, foi em busca de Marília, que, alheia aos conselhos de sua família, resolvera firmemente seguir o namorado.

Antunes, em uma última tentativa de evitar a insensatez da filha, proibira-a de sair de casa, mas Marília, no dia combinado com Marcelo, fugira e fora ao encontro do rapaz, convicta de que com esse gesto iniciaria uma nova vida, com a qual sempre sonhara, cheia de brilho e luxo.

Seu pai se recuperava de um infarto que o surpreendera dois dias após sua partida. Para ele fora difícil — quase impossível — aceitar a filha envolvida com um homem casado destruindo um lar onde havia duas crianças, e deixando para trás os valores que aprendera desde criança.

— Não foi isso o que ensinamos, Marta — dizia sempre à esposa. — O desgosto é muito grande, a sensação de ter falhado machuca minha alma e é difícil suportar.

Realmente não agüentara.

Poucas vezes tocara no nome de Marília, e esta, entregue ao seu novo mundo, esquecera-se de sua família; não enviava nenhuma notícia.

Embora a tristeza machucasse seus corações, Marta e Antunes tentavam reorganizar suas vidas. Entenderam que nada mais podiam fazer, e Marília, passando por cima de tudo, conseguira o que queria.

Luiz poucas vezes procurara Júlia, que, desiludida, esforçava-se para eliminá-lo de vez de seu coração.

— Preciso entender que não posso mudar o coração de Luiz, pois ele irá sempre pertencer a Marília, talvez por toda a vida — dizia a si mesma. — É necessário aprender a esquecê-lo e direcionar minha vida afetiva para um outro caminho.

Nesses momentos, não conseguia impedir que lágrimas descessem pelo seu rosto.

Sua amizade por Carlos se fortalecia a cada dia por conta da compreensão e do ombro amigo que lhe oferecia, assim como ela mesma fizera com Luiz, ou seja, mostrando-lhe que é necessário enxergar uma alternativa para, quem sabe, encontrar um novo amor. Quando isso acontecia, Júlia pensava: *A posição se inverteu. Hoje sou eu quem não está aceitando o que não se pode mudar.*

Entregava-se ao trabalho humanitário e liderava o projeto que beneficiava as crianças da região.

Marília, assim que chegou à capital, se instalou no confortável apartamento alugado por Marcelo. Ansiava por começar seu trabalho de modelo, acreditando que tudo aconteceria como um passe de mágica.

Rodopiava feliz por entre os móveis elegantes, mal acreditando que tudo que tão ardentemente desejara se tornara real.

Após dois dias de sua chegada, Marcelo veio no final da tarde, elegante, perfumado e segurando nas mãos um ramalhete de rosas vermelhas e uma garrafa de champanhe.

— Nossa! — exclamou Marília, entusiasmada. — O que vamos comemorar com tanto requinte? Já sei, não precisa nem falar. O início da minha carreira; é isso?

Marcelo aproximou-se mais de Marília, pegou-a fortemente nos braços e lhe sussurrou:

— Não, querida, vamos comemorar o início do nosso casamento.

Beijou-a com ardor, externando toda a sua paixão.

Surpresa, Marília mal conseguia corresponder ao furor do namorado, e foi tomada por um forte receio.

— O que está querendo dizer, Marcelo? Você nunca me beijou assim.

— Por favor, Marília, não vá agora se fazer de desentendida, posar de santinha. Você teve dois dias para arrumar suas coisas e se adaptar à nova casa. Agora o momento é só nosso, vamos pensar só em nós dois.

Marília se apavorou.

— Mas eu pensei que...

— Pensou o quê? Não me diga que achou mesmo que eu a trouxe para a capital, instalei-a neste confortável apartamento apenas para iniciá-la na carreira de modelo.

Diante do silêncio dele, ele voltou a perguntar:

— Foi o que pensou?

Completamente perdida, Marília, por segundos, reviveu tudo o que dissera à sua irmã e tudo o que ouvira dela. *Sempre soube que seria assim. Conhecia a verdadeira intenção de Marcelo. Então, por que chegada a hora estou fraquejando?*

Impaciente, Marcelo tornou a falar:

— Você não me respondeu!

Diante da indecisão da namorada, ele, irritado, continuou:

— Preste muita atenção. Não me faça de bobo, e é melhor fazer o que eu quero. Não gosto de ser contrariado, e se isso acontecer...

— Se acontecer... — repetiu Marília.

— Aconselho-a a não pagar para ver.

Sem esperar resposta, Marcelo a pegou no colo e levou-a para o quarto.

Tinha início para Marília uma longa caminhada de desilusão.

Depois de tudo consumado, Marília sentiu-se vazia, como se aquele ato que ela julgara saber controlar tirasse da sua alma qualquer possibilidade de amar alguém.

Deitada ao lado de Marcelo, lembrou-se de Luiz. *Que diferença, meu Deus! Um é só amor; o outro, apenas desejo. Esse é o preço que devo pagar.* Olhou para Marcelo, adormecido ao seu lado. *Ao contrário do que você pensa, meu caro, quem vai dominá-lo sou eu. Você não me conhece, portanto não sabe com quem está lidando. De você quero apenas o dinheiro e o que poderá me proporcionar.*

Levantou-se e foi beber o último gole de champanhe, fazendo um brinde para si mesma.

— Ao meu sucesso!

E completou:

— Se tem que ser assim... Que seja.

A rotina se estabeleceu.

Marcelo a visitava três vezes por semana. Quando questionado do porquê de somente comparecer no período da manhã ou da tarde, ele respondia a mesma história ensaiada havia tempos:

— Querida, é impossível, para mim, sair à noite ou mesmo dormir com você. Já lhe disse que cuido de minha mãe, que é enferma e mora comigo; não posso deixá-la sozinha. A pessoa que toma conta dela permanece em casa até as dezoito horas. Você compreende, não?

Marília sorria e, enquanto afirmava que entendia sua posição e o admirava pelo bom filho que era, pensava: *Seu mentiroso ordinário! Acho que está me enganando, mas quem o engana sou eu. Aceito isso porque você me é útil, mas chegará o dia em que lhe darei um chute muito bem dado.*

Conscientizando-se da demora de iniciar sua carreira, Marília perguntou-lhe:

— Marcelo, estamos juntos há algum tempo e nada aconteceu para eu começar a trabalhar. Você conseguiu o que queria, mas eu ainda não. Pode me dizer quando irá me levar à agência para fazer os testes?

Sempre versátil nas mentiras que contava, Marcelo de pronto afirmou:

— Foi bom mesmo você tocar nesse assunto, pois queria falar-lhe sobre isso.

Marília se alegrou:

— Finalmente!

— Estive conversando com Daniel, e chegamos à conclusão de que, para você, o melhor é a agência de Londres com a qual mantemos um negócio. Se não se importar de ter que viajar todos os meses para tirar as fotos, poderemos investir na carreira internacional. O que acha?

Marília, sempre ambiciosa, nada questionou e imprudentemente disse:

— Londres! Marcelo, você disse Londres? Para mim está mais do que ótimo, é muito mais do que eu esperava. Fechado, faça o que achar melhor.

Por dentro, Marcelo sorriu. *Ela caiu. Eu apostava nisso. Vai ser muito útil.*

— Nesse caso, vou acertar com Daniel todos os detalhes, entrar em contato com a agência de lá, e creio que não haverá nenhum problema. Em breve você estará iniciando seu trabalho, Marília.

Ela correu a abraçar o namorado.

— Você só precisa confiar em mim — disse-lhe Marcelo. — Nunca faça perguntas e obedeça cegamente tudo o que lhe for instruído. Certo? Posso confiar?

— Claro, Marcelo, pode confiar em mim. Não lhe trarei nenhum problema.

— Ótimo. Deve saber como são essas agências estrangeiras, cheias de quesitos que nem sempre compreendemos, ou dos quais discordamos, mas como são elas que projetam as modelos, temos que aceitar. Se é isso mesmo o que você deseja...

A felicidade de Marília era tão grande que nem prestava atenção às palavras dele.

— Marcelo, nada me importa, faço o que quiserem. Como disse, pode confiar em mim, pois farei tudo o que você quiser. A mim só interessa viajar para Londres ou para qualquer outro lugar que for necessário. Você sempre soube que é tudo o que mais quero.

Como é ingênua e imprudente essa menina! Dá a alma para conseguir o que quer. Exatamente como eu disse a Daniel, tempos atrás, Marília é perfeita para nosso objetivo, ambiciosa demais. É só lhe dar um pouco de brilho e ela cai como um patinho.

Voltou a dizer para Marília, alimentando seu ego vaidoso e egoísta:

— Referente a outros lugares, veremos mais tarde. Pode ser que aconteça, não sei ainda. Tudo irá depender de como você se sairá. Se for positivo, estudaremos a possibilidade. Tudo bem?

Marília nem sequer ouvia o que Marcelo falava. Já se via em Londres sendo alvo de todos os olhares e muita bajulação.

— Não me importa. — E rodopiou pela sala feito uma criança inconseqüente.

— Marília, é importante que, enquanto aguarda o momento de viajar, cuide bem desse rosto lindo e desse corpo adorável que é só meu.

Preciso distraí-la enquanto montamos todo o esquema para que não haja erros, pensava Marcelo. Mais uma vez, enlaçou a namorada com paixão.

Marília alimentava o desejo de Marcelo, acreditando que enquanto o satisfizesse ele estaria em suas mãos. Ao ser beijada com ardor pelo namorado, passava-lhe pela mente: *Aproveite, Marcelo, porque não será por muito tempo. Assim que as portas do sucesso se abrirem, partirei sozinha rumo ao meu prestígio e popularidade. Quanto a você, continuará tomando conta da sua "mãe" doente e de seus filhos. Por ora, o melhor é aproveitar o momento.*

E entregava-se ao namorado, não se importando com a violência moral que provocava em si mesma.

Marta procurou Júlia em seu quarto e disse-lhe, preocupada:

— Filha, ando muito aflita com seu pai.

— Por que, mãe, o que está havendo?

— Tenho observado que ele anda muito quieto. Quase não fala e, quando o faz, é por monossílabos. Receio que esteja acontecendo algo mais grave. Antunes já teve um infarto, temo que possa se repetir.

— A senhora está me assustando!

— Desculpe, filha, mas realmente estou preocupada.

Júlia levantou-se apressada e disse, resoluta:

— Mãe, não vamos nos apegar a suposições.

— O que quer dizer?

— Que vamos agora mesmo levá-lo ao médico para descobrirmos o que há.

— Tem razão.

Foram até o quarto de Antunes e o encontraram deitado, com o olhar vago em direção ao teto.

Júlia correu a abraçá-lo.

Antunes continuou imóvel, sem nenhuma reação. Júlia disse-lhe, carinhosa:

— Pai, o que está havendo com o senhor? Por que está assim?

Diante do silêncio dele, Júlia elevou o pensamento ao Mais Alto, clamando por auxílio: *Jesus, Divino Amigo, tenha compaixão de nós. Se for da sua vontade, alivie nossa aflição; mostre-nos o caminho a seguir neste momento de ansiedade. Confio que o auxílio virá, e aceito seu desejo, porque sei ser justo.*

Amélia, cumprindo sua tarefa de anjo protetor, colocou-se ao lado de Júlia, inspirando-a. A jovem, após alguns poucos segundos, como se um véu que a impedisse de raciocinar com clareza fosse retirado, falou para Marta:

— Mãe, senti em meu coração uma intuição que considero a mais viável para o caso de papai.

— Como assim?

— O que papai tem, sem dúvida, é emocional, uma imensa tristeza. Não me parece ser patológico, ou seja, caso para o médico. Acho que devemos levá-lo à casa espírita. Lá ele receberá um passe, terá o benefício da água fluidificada e receberá orientação para adquirir forças a fim de aceitar o que tanto o está machucando. O que acha?

— Acho que você pode ter razão. Mesmo porque, se houver necessidade de levá-lo ao médico, eles com certeza orientarão.

— Isso mesmo, mãe. Acredito que papai deve estar sentindo uma tristeza muito grande, e as orientações da espiritualidade lhe serão valiosas.

— Quando poderemos levá-lo?

— Não vejo motivo para não ser hoje mesmo. É bom não adiar a energia salutar, as palavras de conforto. Ele, sentindo-se amparado, terá mais coragem para enfrentar o que não podemos mais mudar.

— Tem razão, filha, vamos sim.

Júlia aproximou-se de seu pai e deu-lhe um beijo.

— Pai, lute contra o desânimo, confie que tudo se resolve quando entregamos a Jesus nossas dores, confiamos no auxílio divino e nos esforçamos para vencer nossos problemas. Na casa espírita o senhor será amparado, mas é necessário compreender que a luta é sua, e é o senhor quem deve se esforçar para melhorar. Está me entendendo?

Antunes balançou a cabeça, dando sinal de que entendera.

— Gostaria de ir ao centro espírita?

Mais uma vez ele fez que sim.

— Por que não responde com sua voz, meu querido? — perguntou Marta.

Diante do silêncio do marido, beijou-lhe o rosto.

— Não se preocupe, Antunes, tudo voltará ao normal.

— Então, mãe, iremos hoje mesmo. A reunião se inicia às vinte horas.

— Tudo certo, Júlia, iremos hoje.

— Eu também gostaria de ir — ouviu-se a voz de Felipe.

— Também vou — foi a vez de Rafael, que desde a partida da irmã sentia em seu coração o peso da culpa por não ter revelado aos pais sua intenção.

— Tudo bem — disse Marta aos filhos. — Iremos todos.

A cabeça de Antunes era povoada de pensamentos de tristeza e melancolia. No decorrer do tempo, sua dificuldade em aceitar a escolha de Marília aumentava, tornando-se insustentável.

— Ela irá sofrer — dizia a si mesmo constantemente. — Marta e eu com certeza erramos em algum ponto. Não é possível tanta insensatez, tanta obstinação em querer realizar o seu sonho de uma maneira imprudente, a qualquer preço.

Seu sofrimento era tanto que nem orar pedindo auxílio conseguia. Entregava-se rigorosamente ao próprio sofrimento e decepção sem dar a si mesmo a chance de emergir da dor que o sufocava e o mantinha alheio à vida, que seguia o seu curso.

Às vinte horas em ponto, Marta e Antunes entravam na casa espírita acompanhados de seus filhos. Lugar simples e discreto, onde apenas se via uma tela retratando o rosto de Jesus com os dizeres: "Jesus te ama!". Uma mesa com alva toalha era enfeitada com um vaso de flores brancas e perfumadas, compondo o ambiente daquela casa pequena no tamanho, mas gigante na prática do bem, que exercitava os ensinamentos de Jesus com total fraternidade.

Acomodaram-se entre os presentes e em silêncio aguardaram o início da reunião.

Sem demora, o orientador iniciou a prece de abertura e leu um trecho de *O Evangelho Segundo o Espiritismo*, seguido de edificante explanação sobre ele.

Ao final disse:

— Deus é bondade suprema, e terá misericórdia de todos os seus filhos. Mas Ele nos dá a liberdade de querer ou não essa misericórdia. Quando clamamos por Ele com sinceridade absoluta, Seu auxílio vem de imediato, de uma forma ou de outra. Nenhum de nós será abandonado, mas seremos respeitados no nosso desejo, mesmo se o que queremos for contra nós mesmos.

Inseguranças todos temos, medo também, mas é preciso acreditar que a felicidade é uma conquista nossa que alimenta nossa alma com valores verdadeiros. Não devemos exigir demais de nós, mas também não se pode cair na lentidão, é preciso encontrar o equilíbrio.

(A Essência da Alma — Irmão Ivo)

— Meus irmãos — continuou o orientador —, quando não podemos mudar a situação que nos aflige, quando alguém machuca nossa alma, devemos orar ao Senhor, emitir energia positiva para essa pessoa que imprudentemente nos magoou, e não percebendo que machuca a si mesma violenta sua integridade espiritual. O prudente é não cairmos no desânimo, na melancolia, que nos levam à enfermidade. Necessário se faz respeitar o livre-arbítrio de cada um, porque o Criador respeita, e quem somos nós para questionar ou mudar as leis divinas?

Marta apertava a mão de Antunes querendo, com esse gesto, dar força ao marido, que mal conseguia agüentar sua dor.

Antunes fitava-a, deixando transparecer em seu olhar a timidez por sua fraqueza.

O orientador prosseguia:

— Deus concede a seus filhos a liberdade de escolha, mas deixa-lhes toda a responsabilidade de seus atos e as conseqüências que decerto virão. É preciso distinguir o que é a vontade de Deus e o que é a vontade do homem. Devemos amar e auxiliar o nosso próximo o quanto pudermos, mas não esquecer que não temos a capacidade de modificar nada no coração do homem se este não permitir ou não quiser.

Após a explanação, convidou os presentes a se beneficiarem com a energia do passe magnético, finalizando com a oferta da água fluidificada.

Os presentes se retiraram e as luzes se apagaram, mas no coração de cada um a chama da esperança permaneceu acesa; e com Antunes não foi diferente.

No caminho de volta, antes que qualquer um fizesse algum comentário, Antunes se antecipou:

— Por favor, não digam nada. Amanhã conversaremos.

Marta e seus filhos, sem dizer nenhuma palavra, entenderam que a esperança renascia no coração de Antunes.

Seguiram seu caminho, felizes.

A esperança é a filha dileta da fé. Ambas estão uma para a outra como a luz reflexa dos planetas está para a luz central e positiva do sol. A esperança é como o luar que se constitui dos bálsamos da crença. A fé é a divina claridade da certeza.

(O Consolador — Chico Xavier — espírito Emmanuel

— questão 257)

Capítulo VIII

A dura realidade se revela

Júlia, acompanhada de Felipe, cruzava a rua onde se localizava a firma na qual Luiz trabalhava.

Assim que a avistou, Luiz pegou um jornal colocado em cima de sua mesa e, segurando-o nas mãos, rápido se aproximou da jovem.

— Júlia! — gritou seu nome com a voz um pouco alterada.

Ela se assustou com a afobação que tomava conta dele.

— O que será que aconteceu para Luiz estar assim tão ansioso, Felipe?

— Nem imagino, mas ele está mesmo bastante alterado.

— Júlia! — repetiu Luiz.

— O que foi, Luiz, por que está desse jeito?

— Veja você mesma. — E ofereceu-lhe o jornal.

Júlia pegou-o e, ao abrir, teve um impacto.

— Meu Deus, não posso crer! Ela conseguiu!

Felipe, tirando das mãos de Júlia o periódico, pôde verificar com os próprios olhos a causa de tamanho espanto.

Marília, em uma foto bem elaborada, mostrava seus lindos traços acompanhados dos dizeres: "A mais nova aquisição do mundo da moda. A dona deste belo rosto chama-se Marília e é a nova musa das passarelas, a sensação do momento".

— Ela conseguiu! — Júlia tornou a dizer.

Mas a que preço?, pensou.

— Vocês não acham que foi muito rápido? — perguntou Luiz. — É tão estranho tudo isso acontecer assim de uma hora para outra...

Felipe, com a intenção de abortar qualquer insinuação maldosa em relação à sua irmã, respondeu:

— Era de esperar que fosse rápido, Luiz. Quando Marília se foi, tudo já estava devidamente combinado com a agência. Ela havia até mesmo enviado as fotos. Enfim, acredito que não deve ter acontecido nenhum problema.

Luiz ponderou por alguns instantes e por fim concordou:

— É, tem razão. Desculpem-me, estou enciumado e desesperado por saber que a perdi de vez. — Voltou-se para Júlia. — Gostaria de conversar com você, estou precisando de sua ajuda. Podemos nos encontrar?

Júlia surpreendeu a si mesma ao dizer:

— Não, Luiz, não podemos.

O rapaz se espantou com a resposta inesperada.

— Júlia, não estou entendendo você. Sempre me ajudou a superar meus maus momentos. Por que isso agora?

— Porque não sou sua babá, Luiz. Cansei de ser a sua lixeira onde você joga seus problemas para que eu resolva um a um.

— Júlia! — Luiz arregalou os olhos.

— É isso mesmo. Pensei que fosse no mínimo meu amigo, mas me enganei. Para você sou aquela que só é lembrada nos seus momentos de busca, nas suas intermináveis crises existenciais.

— Mas sempre achei que gostasse de mim!

— Infelizmente gostei mesmo, Luiz, e muito. Mas hoje consigo enxergar que para você não passo de uma bengala para amparar seus passos indecisos e sem atitude. Mereço mais que isso. Você insiste em continuar se fazendo de vítima, chorando por Marília, não sei até quando. Eu quero viver tendo ao meu lado alguém que, como eu, possui objetivos mais nobres do que apenas lamentar.

— Mas eu estou sofrendo, Júlia, é difícil entender isso?

— Sofre porque gosta de sofrer. Não permite a você mesmo nenhuma outra chance que não seja chorar por algo que não terá mais. Cheguei a crer que poderia haver um futuro para nós dois, sonhei com isso, mas me enganei; você só me procura quando se sente acuado, perdido, sem saber o que fazer com sua saudade, e eu não quero passar a minha vida sendo substituta.

Felipe olhava Júlia com admiração. *Até que enfim, minha irmã. Custou a perceber o egoísmo de Luiz.*

Luiz tentou ainda uma vez convencer Júlia:

— Ouça-me, vamos nos encontrar e começar de novo. Tudo pode ser diferente.

— Não.

— Por quê?

— Porque não tenho mais interesse algum por você. Alimentei durante anos um sentimento, mas graças a um bom amigo com o qual tenho saído dei a mim mesma uma nova chance de ser feliz.

— Você ama alguém?

— Ainda não. Mas não amar você já é um bom começo.

— Está sendo muito radical.

— Não, estou sendo prudente e sábia ao perceber que com você só teria mágoas. Prezo muito a mim mesma para me transformar em uma pessoa amarga. Quero ser feliz e promover a felicidade alheia, e isso só é possível quando temos o coração limpo, livre e cheio de esperança na vida presente e futura.

Júlia se despediu de Luiz e, de mãos dadas com Felipe, seguiu rumo à sua casa.

Vendo-a distante, Luiz concluiu: *Fui um tolo.*

— Júlia, qual acha que será a reação de nossos pais quando virem a foto de Marília?

— Não sei, Felipe. Espero que não sofram tanto, principalmente papai, que passou por um momento difícil e agora está mais conformado. Por enquanto não diremos nada. Vamos esperar; em algum momento com certeza irão ver.

Ao entrarem em casa avistaram Marta e Antunes sentados próximos um do outro e segurando nas mãos o jornal com a foto da filha. Não perceberam a chegada dos filhos. Júlia sussurrou para o irmão:

— Que Jesus proteja nossos pais, Felipe; eles estão sofrendo muito!

Imprimindo um ar de alegria à própria voz, Júlia disse, sorrindo:

— Vocês viram como Marília está linda nessa fotografia?

— Sim, muito linda — concordou Antunes. — Mas me pergunto: a que preço? O que teve que fazer para conseguir tão rápido um espaço em um jornal importante e se consagrar como uma musa internacional? O que me preocupa são os meios que ela possa estar empregando para conseguir essa projeção. Carinhosa, Júlia abraçou o pai.

— Papai, não fale assim, está se magoando. Isso era previsto, iria acontecer mais cedo ou mais tarde. Não foi para realizar o seu sonho que ela nos deixou? Então, Marília conseguiu, temos que nos acostumar. Ela não deve estar fazendo nada de vergonhoso. Essa é a primeira de muitas outras que com certeza virão.

— Júlia tem razão, Antunes, vamos dar esse caso por encerrado, porque não podemos fazer mais nada por nossa filha a não ser orar e pedir proteção dos bons espíritos e a bênção de Jesus.

— Mamãe tem razão, pai.

— Eu sei, Felipe, Marta está coberta de razão, mas tudo isso me causa muito sofrimento.

— Preocupo-me com você, Antunes. Não quero vê-lo de novo entrando em depressão. O que temos que fazer é tentar levar a nossa vida com alegria e fé em Deus, e tudo dará certo. Temos ao nosso lado três filhos que, apesar de grandes, necessitam do nosso afeto e atenção.

— Fique tranqüila, Marta, não vou me deixar abater.

— Assim é que se fala, pai. — Felipe abraçou Antunes.

Mudando de assunto, Marta indagou:

— Vocês sabem onde está Rafael? Não o vejo desde cedo.

— Fique calma, dona Marta — brincou Júlia —, ele está correndo atrás de algo que deixará a senhora e papai muito felizes.

— Diga-nos o que é, filha.

— Não posso, pai, não vou estragar a surpresa. No entanto, posso adiantar que é uma coisa boa.

Retornaram a seus afazeres.

Marta foi para o jardim molhar seus canteiros de lindas flores.

Algum tempo se passou. Assim que Marta entrou novamente assustou-se com a voz alta e alegre de Rafael:

— Mãe! Pai! Onde estão vocês?

— O que é isso, Rafael, por que essa gritaria?

— Tenho uma boa notícia. Onde estão todos?

— Estamos aqui — respondeu Antunes, seguido de Júlia e Felipe.

— Vamos, Rafael, diga logo o que é.

— Arrumei um trabalho! Estou empregado, pai!

— Você o quê?

— Disse que eu arrumei um emprego.

— Mas, filho, e os seus estudos?

— Não irá atrapalhar, pai, vou trabalhar só no período da tarde. Não é ótimo?

— Claro, filho, claro que é ótimo.

— Podemos saber onde irá trabalhar? — perguntou Marta.

— Fui falar com o Carlos. Ele está precisando de um rapaz para fazer o serviço de rua da firma, e contratou-me na hora. Estou empolgado!

— O que acha disso, Antunes?

— Fico feliz e aliviado em saber que Rafael mudou sua maneira de se comportar. O trabalho enobrece e não deixa tempo livre para pensar em bobagens. Tem o nosso apoio, filho. Estamos felizes por você.

— Obrigado, pai. Não vou decepcioná-los, podem ter certeza. A saída de Marília desta casa me fez reavaliar todos os conceitos que tinha. Quero uma vida diferente, junto de vocês.

Marta e Antunes se emocionaram e abraçaram o filho, felizes.

Enquanto isso, na capital...

Marília, irritada, dizia a Marcelo:

— Você não me disse que seria assim.

— Mas o que você queria, Marília? Que tudo caísse do céu como num passe de mágica? Não era o que esperava? Não foi isso o que acalentou durante anos como sua prioridade: ver o seu rosto estampado em jornais e revistas internacionais? Pois bem, está vendo.

— Porém, não desse modo.

— Marília, tudo tem o seu preço. Você é uma garota linda, mas ninguém chega a uma carreira internacional em tempo recorde sendo uma desconhecida, como aconteceu com você, se não for por esse caminho. Ou percorre o trajeto normal para se chegar ao topo, ou seja, com trabalho, experiência, persistência e capacidade, galgando degrau por degrau, como a maioria faz, ou envereda pelo atalho, que é o que você fez. Você escolheu.

— Não tive escolha, já estava lá mesmo.

— Podia ter recuado, mas preferiu ir até o fim. Não me venha agora com dramas de consciência. Você quis o sucesso fácil, a escolha foi sua, e agora, querida, ou é assim ou volta para sua pequena e pacata cidade natal. Você marcou seu nome e terá que conviver com isso. Aliás, não foi tão ruim assim, foi?

Marília ainda tentou convencê-lo por meio da sedução:

— Você não fica enciumado?

— No meu negócio, meu bem, quem tem ciúme ou escrúpulos se dá mal, dança. Entendeu?

— Como assim, Marcelo, o que quer dizer?

— É bom que saiba que neste ramo quem entra não tem como sair. Você já entrou, e é melhor não questionar nada. Siga o caminho que escolheu e tente ser feliz brincando com suas fantasias e ilusões. Afinal, Marília, os homens que conhece, ou irá conhecer, serão sempre finos, elegantes e ricos.

O que será que ele quer dizer com "irá conhecer"?, pensou Marília.

Após alguns instantes, Marcelo voltou a dizer:

— A encomenda que levou foi entregue nas mãos do destinatário?

— Claro. Já lhe disse mais de uma vez que pode confiar em mim. O que me intriga é ter que levar uma encomenda toda vez que viajo e não ter a menor noção do que se trata.

— Marília, são documentos importantes, secretos. Só colocamos esses documentos nas mãos de pessoas confiáveis. Você sabe como é a concorrência, não se pode bobear. Mas está recebendo por isso, não está?

— Estou, Marcelo, estou sim.

— Então, por favor, não me faça perguntas às quais não poderei responder.

— Tudo bem, para ser sincera isso não me interessa. O que quero mesmo saber é quando irei para Londres para um novo trabalho.

— Calma, mocinha. Existe um momento certo para tudo, as coisas precisam caminhar com segurança. Talvez o próximo trabalho não seja em Londres.

— Verdade, você está falando sério?! — exclamou Marília, deslumbrada.

Querendo encerrar o assunto, Marcelo disse-lhe:

— Agora... — puxou-a para si — ... vamos aproveitar esses momentos que estamos juntos. Pode ser que daqui a pouco esteja tão famosa que mal teremos oportunidade de ficarmos juntos. Quero você todinha só para mim.

Feliz — em sua imprudência e leviandade, e achando estar conseguindo tudo o que queria —, Marília se entregava a Marcelo sem se dar conta de em que realmente estava se transformando.

Os dias transcorriam, e Marcelo, com a única finalidade de distrair a atenção de Marília, liberava quantias altas para que se deliciasse com as compras que fazia compulsivamente. Marília, em seu delírio inconseqüente, achava tudo natural. Receava questionar ou desobedecer o namorado, temendo perder o que para ela era o sinônimo da felicidade. Sob a recomendação de Marcelo, estava sempre preparada para viajar de repente. Quando questionado, Marcelo respondia que as grandes agências trabalham assim, ou seja, não esperam.

— Querem tudo para ontem — dizia. — Você conquistou uma posição que não pode perder. Eles apostam na sua beleza e no carisma que possui.

Marília sorria, envaidecida.

— Por mim tudo bem, não há problema. Procuro fazer bem o meu trabalho e estar sempre à altura de uma modelo internacional.

Marcelo, nessas horas, pensava: *Meu Deus como pode alguém ser tão leviano a ponto de não perceber o que faz? Ela nem nota que o seu trabalho só acontece com as pessoas que indico, sempre levando documentos que nem questiona e moças bem crescidinhas que poderiam muito bem viajar sozinhas. Sua cega vaidade a impede de enxergar que nada acontece além de algumas fotos em uma revista paga para publicar. Desde que a conheci, percebi que seria presa fácil. Marília faz de tudo para viver no luxo.*

Voltando à realidade, respondeu:

— Assim é que se fala, meu amor.

Certo dia, Marília, atendendo ao telefone, ouviu a voz do namorado:

— Fique pronta que dentro de duas horas passarei aí para apanhá-la. Consegui um ótimo trabalho para você. Como sempre, irá acompanhada de duas moças que estão se mudando para lá.

— Outra vez, Marcelo? Nunca viajo sozinha!

— Porque, como já lhe falei, confiamos em você e sabemos que as levará ao lugar aonde pretendem ir. Elas não conhecem nada por lá. Algum problema para você?

— Não, de jeito nenhum, fique tranqüilo. Só não entendo o porquê de acompanhá-las se também não conheço nada. Mas tudo bem, se é assim que quer. Afinal, aonde irei desta vez?

— Você vai ficar contente, meu amor. Irá para a Califórnia, Estados Unidos. O que achou?

— Marcelo, mal posso acreditar! Não precisa dizer mais nada, estarei pronta e ansiosa.

— Até já, meu amor.

Desligando o telefone Marília disse a si mesma:

— Não entendo Marcelo. Cada vez que viajo tenho que levar documentos, moças que nem conheço e que se mudam para lá. Poderiam ir sozinhas, já que são adultas. Bem, isso pouco me importa; enfim, não me diz respeito.

Sem querer se aprofundar na questão, ocupou-se entusiasmada com os preparativos da viagem, sonhando com o dia em que alçaria vôo sozinha deixando Marcelo e suas exigências para trás.

— Ele não perde por esperar...

Chegando ao destino traçado, as jovens foram encaminhadas — Marília e suas duas acompanhantes — para um hotel de luxo, onde um homem, segundo Marcelo lhe dissera, estaria esperando para receber o envelope que ela trazia e encaminhar as garotas para outro local.

Rodolfo era elegante, bonito e galanteador. Beijando-lhe as mãos, disse-lhe com charme:

— Tenho imenso prazer em conhecê-la pessoalmente, Marília. Já me falaram de você, e sou um admirador da sua beleza, que conheci nas fotos publicadas nas revistas. Mas devo confessar que elas não fazem jus a você, pois é sem dúvida a mulher mais linda que meus olhos já viram.

Marília, mal suportando o peso de sua vaidade, que crescia a ponto de quase sufocá-la, respondeu:

— Obrigada, fico lisonjeada com suas palavras gentis. E, se me permite dizer, o senhor é também um homem muito atraente e charmoso.

— Isso me envaidece. Bem, agora vou deixá-la descansar da viagem e acompanharei essas duas moças até o lugar onde irão se hospedar. Mais tarde, às vinte horas, virei buscá-la para jantar. Está bem assim?

— Está ótimo, senhor...

— Rodolfo. Mas, por favor, chame-me apenas de Rodolfo.

— Estarei esperando, Rodolfo.

— Imagino que deva ter trazido uma encomenda para mim, estou certo?

— Ah! É verdade. — Marília retirou da bolsa um pequeno envelope e o entregou a ele.

Rodolfo se retirou com as duas garotas.

Que homem atraente, pensou Marília. *Bem mais bonito e atraente que Marcelo. Talvez seja ele o caminho para eu me libertar de Marcelo e fixar residência aqui, onde tudo de bom acontece.*

Uma vez em seu quarto, Marília arrumou suas coisas no armário, deliciou-se em admirar o requinte do aposento e, como uma criança, relaxou na enorme e reconfortante banheira.

Às vinte horas, arrumada com esmero, esperava por Rodolfo, que pontualmente tocava a campainha da suíte. Fazendo pose de uma verdadeira diva, ela abriu a porta usando seu charme e todo o poder de sua sedução.

Na sua inconseqüência brincava com situações que a levariam a dolorosas lágrimas mais tarde.

Assim que chegou, Rodolfo não agüentou suportar seu desejo despertado assim que viu aquela mulher sedutora, que levianamente brincava com as emoções dos homens. Fechou a porta rápido, e, antes que Marília pudesse repudiar seu impulso quase animalesco, tomou-a com violência em seus braços e beijou-a. Marília fingiu tentar repeli-lo — o que no fundo desejava fazer —, mas, imprudente, entregou-se à volúpia.

Quando tudo terminou, como sempre acontecia, Marília experimentou um grande vazio dentro de si. Sem que pudesse entender ou controlar, duas lágrimas rolaram por suas faces. Rodolfo, ao perceber seu estado emocional, segurou suas mãos e beijou-as.

— O que foi, Marília, está arrependida? Foi tão ruim assim?

— Não sei — respondeu, angustiada. — Em certas ocasiões eu mesma não compreendo minhas reações e emoções. Desculpe-me, Rodolfo, não sei se estou arrependida ou não, mas nada tem a ver com você.

Após pensar alguns instantes, Rodolfo voltou a falar:

— Marília, isso não era para estar acontecendo com você. Imaginei que já estivesse acostumada, e até esperasse por isso. Entretanto, surpreendo-me com sua reação, que não cabe em uma pessoa como você.

— O que está querendo dizer com isso? Por que deveria estar acostumada ou mesmo esperar por isso?

Rodolfo não sabia o que responder. Compreendeu que Marília não tinha conhecimento de nada do que fazia ou do que era na verdade.

— É melhor esquecermos tudo. Vamos para o nosso jantar, estou com muito apetite. — Aproximou-se dela e, passando as mãos sobre seu rosto, disse-lhe: — Você é o máximo, garota, sabe cativar como ninguém.

Levantando-se, Marília foi se arrumar, enquanto Rodolfo se entregava aos seus pensamentos. *Meu Deus, estou confuso. Ou essa garota é mesmo muito ingênua — coisa em que não acredito — ou é absurdamente esperta, o que acho mais provável. Marcelo me garantiu que ela estava acostumada; deve representar muito bem, é a única conclusão possível. Vou levar esse assunto adiante.*

Em instantes, dirigiram-se ao restaurante.

Enquanto saboreavam deliciosos pratos feitos com sofisticação, como era do gosto de Marília, ela interrogou Rodolfo sobre Clara e Laís, as duas garotas que a acompanharam na viagem.

— Não se preocupe com elas, Marília, estão bem instaladas e em plena atividade.

— Não entendi. Você disse plena atividade? Chegamos hoje, e em poucas horas já estão trabalhando?

— Você sabe muito bem que esse trabalho não requer muito tempo para que a pessoa se adapte. Deve estar acostumada. Pelo que sei, é sempre você quem as traz.

— Rodolfo, que trabalho é esse? São fotos?

Cada vez mais espantado com a reação de Marília, Rodolfo respondeu, um pouco irritado:

— Vou ser bem claro, minha querida. Ou você é muito esperta ou, desculpe-me, apenas possui um rosto bonito e nada mais.

— Não entendo...

— Marília, é difícil acreditar que é inocente nessa história toda.

Marília sentiu um tremor percorrer-lhe todo o corpo.

— Pelo amor de Deus, o que você está querendo dizer?!

— Digo que não é possível que durante todo esse tempo que trabalha com Marcelo ainda não tenha percebido quem você é na verdade e qual a sua função nesse esquema.

Marília sentiu algo indescritível, como um pressentimento de ter se metido em alguma grande encrenca. Ficou pálida.

— Se eu não sei quem sou e em que trabalho, diga-me você.

— Quer mesmo saber?

— Pode apostar que sim.

Rodolfo teve certeza de que a moça trêmula e medrosa que tinha à sua frente não sabia mesmo de nada, nem desconfiava da verdadeira atividade da agência de Marcelo. *É inacreditável que ainda existam jovens tão alheias à realidade que se entregam facilmente, acreditando em promessas que não se cumprem. E nem se dão conta disso, tão envolvidas estão com a própria vaidade...*

— Marília, você notou que em cada viagem sua traz uma pasta em que estão alguns documentos para serem entregues a uma pessoa específica, determinada por Marcelo?

— Claro que notei, Rodolfo.

— Pois bem. Percebeu também quantas vezes trouxe com você uma, duas e até três garotas que estavam se mudando para o mesmo destino seu?

— Como poderia não notar, se sempre sou eu quem as entrego para a pessoa que nos aguarda no hotel?

— Por favor, Marília, você nunca questionou nada disso?

— O que eu deveria questionar? Marcelo sempre pediu que eu não fizesse perguntas e que apenas cumprisse suas ordens.

— Mas não achava estranho?

— Algumas vezes sim, mas...

— Mas preferia acreditar na sua ascensão como modelo internacional e não se dava conta de que suas fotos não passavam de umas poucas em revistas e jornais pagos pela agência de Marcelo. Marília, você não tem uma carreira de modelo. Não vê que suas fotos jamais foram ligadas a nenhum produto?

— Não?!

— Não. Nunca desfilou, nem fez campanhas importantes. Apesar disso acredita estar subindo na profissão.

— Mas e tudo o que dizem a meu respeito?

— Matéria paga; com o único intuito de distrair sua atenção. Nenhuma agência a conhece ou a quer.

— Por quê? — Marília se sentia mal, oprimida e envergonhada.

— Porque todas a conhecem e sabem o que você faz.

Marília achou que ia desfalecer.

Rodolfo gentilmente ofereceu-lhe um copo de água.

— Beba; irá se sentir melhor.

Passados alguns minutos, Marília, se recompondo, disse a Rodolfo:

— Você começou, agora termine. Em que estou envolvida?

— Já ouviu falar em tráfico de mulheres, ou, melhor dizendo, garotas de programa?

— Você não está querendo me dizer que eu...

— Sim. Você está envolvida nesse esquema, infelizmente para você.

— Os documentos tão secretos, como diz Marcelo, estão relacionados com esse esquema?

— Estão. São documentos falsos para que as garotas não sejam encontradas.

— Quer dizer que todas essas moças que me acompanharam durante todo esse tempo estão iludidas, vieram para isso?

— Marília, ilude-se quem se deixa iludir. Todo procedimento deixa marcas, mas a obsessão pelo sucesso, o luxo, a realização dos sonhos a qualquer preço impedem o envolvido de se dar conta. Aconteceu com você. Quis o dinheiro de qualquer jeito, sabia que o preço a ser pago era alto demais, mas não recuou. Não foi em busca da verdade com receio de perder o que imaginou ter conquistado.

— Dentro desse esquema do qual está falando, quem eu sou?

— Cada vez que você viaja, alguém a espera no hotel, não é assim?

— É.

— E o que em geral acontece?

Diante do rubor das faces dela, o próprio Rodolfo respondeu à pergunta que fizera:

— Exatamente o que aconteceu conosco, porque todos a esperavam por causa disso. Assim era o combinado.

— Combinado com quem? Com Marcelo?

— Sim, com Marcelo.

— Quer dizer então que para você eu não passo de uma...

— Sim, uma garota de programa. Por isso senti dificuldade em entender suas lágrimas e aceitar seu arrependimento. Se fosse uma moça séria que não se sujeita a esse tipo de coisa com certeza impediria o meu impulso, mas não o fez. Ao contrário, entregou-se ao prazer tanto quanto eu.

Marília não suportou mais o peso de tão terrível revelação e deixou que lágrimas impiedosas molhassem seu belo rosto.

Em fração de segundo vieram-lhe à mente as palavras amorosas de seus pais e de Júlia, conselhos que imprudentemente repudiara. Voltara-se contra a sua família, as únicas pessoas que, hoje reconhecia, a amavam de verdade. Para quê? Por conta de um sonho, de um castelo que edificara na areia e via agora desmoronar, de uma maneira humilhante e perigosa. Vendera-se; arquitetara planos para se separar de Marcelo julgando-se muito esperta. Entretanto fora ele quem a enganara cruelmente.

Sou a culpada, pensou. *A única culpada.*

— Marília? Vamos voltar ao hotel, você não está bem.

— Espere um pouco, falta ainda uma explicação, Rodolfo.

— O que mais quer saber?

— O motivo pelo qual está me revelando toda essa sujeira em que me meti.

Rodolfo silenciou. Nem ele mesmo sabia o porquê dessa atitude de trazer à tona um esquema do qual também fazia parte.

— Não sei dizer. Pode ser que tenha ficado tocado com suas lágrimas assim que terminamos a relação. Achei inadequada aquela reação em alguém acostumada a agir daquela maneira, alguém que sabia o porquê de estar ali. Alguma coisa em mim fez-me suspeitar de que você não sabia de nada, que entrara nisso por conta de uma insensatez. O motivo pelo qual revelei tudo não sei dizer. O que sei é que você mexeu comigo.

— Rodolfo, não compreendo por que é preciso fazer uma viagem tão longa, internacional, se poderia ser no nosso próprio país.

— Nesse esquema estão envolvidos homens de poder, de muito dinheiro, que são exigentes e não querem aparecer; no exterior fica mais difícil serem reconhecidos, entende? Além do mais, existem muitas garotas incautas que sonham com cidades atraentes do primeiro mundo, assim como aconteceu com você. Não analisam as promessas tentadoras e imprudentemente se entregam e se vendem para obter o que julgam ser o ápice da felicidade.

— Elas não querem voltar quando percebem o verdadeiro trabalho para o qual vieram?

— É incrível, mas poucas querem voltar. Muitas se deixam atrair e se envolvem com a vida com que sonharam, ou seja, uma vida sem dignidade, sem conteúdo moral, que lhes proporciona apenas a ilusão de uma vã felicidade; preferem a vida fácil regada a dinheiro e prazer. Não percebem que se tornam pessoas descartáveis que duram enquanto durar a sua beleza.

— E quando não servem mais, o que acontece?

— Na maioria das vezes, se vendem por qualquer tostão.

Marília, não suportando mais o mal-estar que sentia, pediu a Rodolfo que a levasse de volta para o hotel.

— Rodolfo — pediu Marília assim que entraram em seu quarto —, poderia providenciar a minha volta para amanhã?

— Mas o seu trabalho não terminou. Tem algumas fotos agendadas para você.

— Fotos ou encontros? — indagou com tristeza. — Que se dane Marcelo. Irei embora no primeiro vôo que tiver. Poderia ajudar-me?

Após ponderar um pouco, Rodolfo decidiu:

— Está bem, vou providenciar para você. Só não posso garantir que seja para amanhã, mas reservarei o primeiro vôo.

— Obrigada, muito obrigada.

Assim que Rodolfo saiu, Marília se jogou na cama luxuosa que fora palco de sua leviandade e chorou muito.

— Meus pais e Júlia me avisaram tanto! O que fui fazer da minha vida? Sou tão tola e superficial! Que sonho é esse que construí e alimentei durante anos e que me derrubou, jogando-me na vergonha e na decepção? Que desgosto para a minha família! O que vou fazer agora? Recupero minha dignidade ou me vingo de Marcelo? Não sei o que fazer...

Lembrou-se de que fazia tempo que não dirigia uma prece ao Criador. Vivia tão-só para si, alimentando sua vaidade e sua ambição de dominar o mundo, como achava, em sua inconseqüência, que acontecia com os girassóis, sem perceber que essas flores grandes e majestosas apenas davam testemunho da presença do Criador em todas as formas de vida do planeta. Nesse emaranhado de confusões, enganos e ilusões perdera-se no caminho, e não encontrava a direção da volta. A dura realidade machucava sua alma.

Ambicionara chegar ao topo do sucesso fácil, usara as pessoas, mentira e enganara; entretanto, tornara-se vítima dela mesma, transformando-se em uma boneca de luxo que satisfazia apenas desejos e violentava sua dignidade.

Deixara-se levar pela paixão e pela atração violenta pelo sucesso, fama e dinheiro. Essa ilusão louca levara-a à condição de garota de programa internacional, sem dignidade e sem vontade própria, aceitando tudo sem questionar e vivendo à mercê de homens que não a respeitavam.

O princípio das paixões não é um mal em si.

A paixão está no excesso provocado pela vontade, pois o princípio foi dado ao homem para o bem, e as paixões podem induzi-lo a grandes coisas. O abuso a que ele se entrega é que causa o mal.

As paixões são como um cavalo que é útil quando governado e perigoso quando governa. Uma paixão se torna perniciosa no momento em que a deixais de governar e quando resulta num prejuízo qualquer para vós ou para outro.

As paixões são alavancas que decuplicam as forças do homem e o ajudam a cumprir os desígnios da Providência. Mas se em vez de as dirigir o homem se deixa dirigir por elas, cai no excesso, e a própria força que em suas mãos poderia fazer o bem recai sobre ele e o esmaga.

A paixão propriamente dita é o exagero de uma necessidade ou de um sentimento; está no excesso, e não na causa; e esse excesso se torna mau quando tem por conseqüência algum mal. Toda paixão que aproxima o homem da Natureza Animal o afasta da Natureza Espiritual.

Todo sentimento que eleva o homem acima da Natureza Animal anuncia o predomínio do Espírito sobre a matéria e o aproxima da perfeição.

(*O Livro dos Espíritos* — Allan Kardec — Capítulo VII
— perguntas 907 e 908)

Marília, cansada, adormeceu.

Vinte e quatro horas após esses acontecimentos, ela embarcava no avião que a traria de volta ao seu país.

Rodolfo fizera-lhe companhia até o último momento antes do seu embarque, respeitando seu silêncio. Marília, dando vazão aos pensamentos, se lembrava das últimas palavras que trocaram ao se despedir.

— Marília, crie coragem e saia dessa vida enquanto é jovem e tem um futuro pela frente. Busque outra realidade para você; não ultrapasse os limites da ilusão para não ser engolida por ela. Corra atrás dos seus objetivos com dignidade, e não a qualquer preço.

— Por que se preocupa tanto comigo?

Um pouco desconcertado ele respondeu:

— Sei que é difícil acreditar, e nem deveria estar falando por ser algo ainda muito precoce, mas você me impressionou muito desde o primeiro instante em que a vi, e gostaria de vê-la fora disso tudo.

Como fui boba, mais uma vez! Poderia ter tirado proveito disso e me acertado com ele, mas não, fui novamente impulsiva e coloquei tudo a perder.

Recordou o que lhe respondera:

— Rodolfo, se é assim, por que está me deixando partir? Vamos ficar juntos.

Rodolfo percebera que infelizmente Marília estava querendo usá-lo; na realidade, continuava ambiciosa e, passado o susto e a indignação, alimentava ainda o mesmo desejo e ambição.

— Não, Marília. Impressionei-me, sim, mas você tem um longo caminho a percorrer se quiser mesmo ser alguém pelo próprio esforço; não quero construir nada que sejam apenas momentos fugazes que só deixam marcas de prazer.

Tudo se misturava na cabeça de Marília. *Preciso pensar muito. Chegou o momento de decisão; ou conquisto tudo o que sempre quis ao lado de Marcelo, aceitando-o como é, ou deixo tudo para trás e volto para a pacata cidade onde nasci, e passo minha vida na obscuridade.*

Recostou a cabeça e fechou os olhos, enquanto a aeronave cortava veloz o céu azul rumo ao seu país.

Devemos ter consciência de que, quando os instintos nos dominam, estamos mais próximos do ponto de partida do que do objetivo. O amor é a primeira palavra do alfabeto, e a tarefa do amor é longa e difícil, mas se cumprirá porque assim Deus o quer.

(*A Essência da Alma* — Irmão Ivo)

Capítulo IX

Cada um colhe o que planta

Júlia entrou radiante na sala onde seus pais se encontravam.
— O que é isso, minha filha? — perguntou Antunes, observando sua alegria.
— Parece que viu o passarinho verde — completou Marta.
Contente, respondeu Júlia:
— Mãe, vi o passarinho verde, azul, amarelo, enfim, de todas as cores, tal é a minha felicidade.
— E podemos saber a razão de tamanho entusiasmo?
— Claro! É exatamente isso que vim lhes contar.
— Então satisfaça nossa curiosidade.
— Carlos se declarou para mim, disse que me ama e pediu-me em namoro.
— E você, o que respondeu?
— Ora, Antunes, considerando tanta alegria só podemos deduzir uma resposta afirmativa.
— Acertou, mãe. Eu disse "sim", mil vezes sim! Confesso que estou apaixonada por ele há algum tempo.

— Desculpe-me a pergunta, mas e o Luiz? Enfim conseguiu esquecê-lo?

— Mãe, parece incrível que perdi parte de minha vida alimentando um sentimento por Luiz, que hoje, baseada no que sinto por Carlos, deixou de ter qualquer significado. Creio que só agora sei o que é o amor. Estou feliz, mãe, muito feliz!

— Sua felicidade é também a nossa, filha, é o que sempre sonhamos para você, uma vida plena de felicidade.

— Obrigada, pai. Sabia que me apoiariam e aceitariam Carlos como genro, espero — brincou Júlia.

— Ele é um ótimo rapaz, temos certeza de que será um ótimo marido e genro, se esse for o seu destino.

Júlia enlaçou seus pais em um gostoso abraço e beijou-os com carinho.

— Amo vocês! — exclamou, carinhosa.

— Nós também amamos você, filha, muito.

Júlia percebeu uma leve sombra de melancolia no rosto deles. Viu que, discretos, tentavam esconder tímidas lágrimas que molhavam seus olhos. *Lembraram-se de Marília. Jamais irão aceitar a situação que ela criou.*

— O que aconteceu? Por que ficaram tristes de repente?

— Perdoe-nos, Júlia, mas não conseguimos deixar de pensar em sua irmã; não sabemos como ela está. Há tempos não envia nenhuma notícia. O que sabemos dela é através de pequenas fotos com dizeres que pouco ou nada esclarecem o que de verdade está fazendo; são notícias vagas, sem conteúdo algum.

— Isso nos preocupa — completou Marta.

— Marília deve estar bem. Sempre se cuidou muito bem e soube o que queria. Deve estar batalhando para alcançar seus objetivos. Além do mais, notícia ruim chega logo, bem rápido.

— Tem razão, Júlia, mas a saudade de nossa filha machuca muito nosso coração.

— Vamos voltar a falar de alegria, nossa vida está aqui. Além do mais, Marília sabe que pode contar conosco sempre que precisar.

Voltando ao assunto inicial, Júlia disse aos pais:

— Carlos quer vir conversar com vocês. Posso convidá-lo para jantar conosco, mãe?

— Evidente que sim, filha. Quando quiserem. Farei um jantar bem gostoso.

— Obrigada, mãe, vou combinar com ele. — Deu meia-volta e subiu para o seu quarto, feliz como uma criança.

Luiz aproximou-se do amigo para lhe dizer:

— Carlos, tenho notado que há algum tempo você tem se encontrado com Júlia assiduamente. Desculpe a pergunta, mas vocês estão namorando?

— Não só namorando, Luiz. Melhor que isso: estamos apaixonados.

Luiz sentiu um desconforto em seu coração. *Como fui tolo! Eu a perdi para sempre.*

Tentando disfarçar o desapontamento, continuou:

— Devo crer então que o relacionamento de vocês é coisa séria?

— É seriíssimo. Júlia é, sem dúvida alguma, a mulher da minha vida. Afirmo sem receio de errar que ela é uma das melhores pessoas que conheci, um verdadeiro presente que a vida me deu.

— Desejo de verdade que sejam felizes!

— Já somos, meu amigo.

— Carlos... — disse Luiz, mudando o rumo da conversa —, tem tido notícia de Marília, já que é amigo de Marcelo?

— Não, nenhuma. Não sei nada dela, e, para ser sincero, minha amizade com Marcelo esfriou bastante, para não dizer que terminou.

— Algum inconveniente em me contar o motivo?

— Nenhum inconveniente, Luiz, apenas descobri que ele é mau-caráter. Enganou Marília, e ela caiu feito uma criança ingênua.

— Calma lá, Carlos, Marília não é e nunca foi uma criança ingênua. Tive um relacionamento longo com ela, conheço-a muito bem e sei que é capaz de tudo para conquistar o que chama de "seu sonho". É ambiciosa e vaidosa o suficiente para aceitar qualquer coisa que projete para o mundo a sua beleza.

— Puxa, Luiz, não a imaginava dessa maneira. De qualquer forma, não quero falar nem me envolver nesse assunto, não tenho esse direito. Além do mais, Marília é a irmã da mulher que eu amo, e por causa disso a respeito.

— Tudo bem, falei por falar.

— Já que estamos nesse tema, você não acha que já é tempo de tirar Marília da cabeça? Ou pretende ficar ligado a ela para o resto da vida?

— Não estou mais ligado a ela, Carlos. Interessei-me por outra pessoa, só que me dei conta disso tarde demais. Fui cego o suficiente para não enxergá-la. Agora minha oportunidade de uma aproximação maior passou.

Carlos entendeu que ele se referia a Júlia. Sentindo-se um pouco incomodado, perguntou ao amigo:

— Está falando de Júlia?

— Sim. Mas pode ficar tranqüilo; jamais farei coisa alguma para prejudicar o amor de vocês. Quero sinceramente que sejam felizes, os dois merecem.

— Acredito em você, Luiz, conheço o seu caráter. Júlia contou-me o que sentia por você tempos atrás, mas garantiu-me que esse sentimento deixou de existir, ficando apenas uma boa amizade. Confio no caráter e no amor dela por mim. Em vista disso, Luiz, não me preocupo. Júlia não é pessoa de fazer armações. Só aceitou o meu amor a partir do momento em que percebeu que eu fazia parte de sua vida e que também me amava. Sinto muito por você, mas deixou escapar uma grande oportunidade de ser feliz com uma pessoa muito especial.

Luiz só conseguiu repetir:

— Faço votos de que vocês sejam muito felizes.

— Obrigado, amigo, acredito em suas palavras.

Despedindo-se dele, Luiz caminhou com passos lentos, sentindo no peito a dor de não haver notado antes o quanto Júlia era incrível.

Marília, ao desembarcar do avião, tomou um táxi e dirigiu-se ao seu apartamento, amargando ainda a decepção da descoberta.

— Marcelo me paga — disse a si mesma.

Somente percebeu que havia falado em voz alta quando o motorista do táxi perguntou:

— O que disse, senhora?

Surpresa, respondeu.

— Quem, eu? Nada. Desculpe por ter falado alto, não percebi.

— Não tem importância, isso acontece.

O restante do trajeto foi feito em silêncio.

Uma hora depois, após arrumar suas coisas nos devidos lugares, Marília tomou um banho e sentou-se para saborear o lanche que havia preparado.

De repente, ouviu a fechadura da porta se abrir, e Marcelo entrar furioso sala adentro.

— Quem lhe deu autorização para voltar sem o meu consentimento e principalmente sem cumprir sua obrigação?! Quero uma boa explicação!

Tentando manter a calma, Marília disse:

— Como soube que eu havia voltado? Acabei de chegar.

— Rodolfo me ligou e colocou-me ciente de tudo o que houve. Ficou maluca? Já estava acertado. Como vou explicar para os...

— Meus clientes? É isso?

— Já que sabe de tudo, Marília, não há necessidade de esconder mais nada. É isso mesmo. Seus clientes pagaram uma nota para ficar com você, e o que faz? Vem embora, deixando-os na mão. Você é muito cara, Marília. Quem ficou em situação difícil fui eu.

Marília sentiu uma raiva enorme tomar conta de todo o seu corpo.

— Seu canalha! Você me usou esse tempo todo com suas mentiras e suas falsas promessas. Transformou-me em uma garota de programa para satisfazer os magnatas internacionais!

— Calma aí. Eu a transformei, não! Você se posicionou assim.

— O que quer dizer?

— Quero dizer, minha querida, que você se vendeu desde o início, ou não teria vindo comigo para esta cidade sem sequer saber quem sou na verdade e o que faço. Quis acreditar em tudo o que lhe falei porque lhe era conveniente. Aceitou minhas condições só por não querer perder a condição confortável na qual a coloquei. Não percebeu nada porque se negou a perceber, Marília. Não me venha agora posar de vítima.

— E as garotas que viajam comigo?

— Buscam o mesmo que você: vida fácil, dinheiro e luxo. Quanto a isso, você não tem do que reclamar, pois tem de sobra.

Marília não sabia o que dizer nem que atitude tomar. Reconhecia que Marcelo falava a verdade. Ela fora a culpada, a responsável por tudo o que estava acontecendo.

Marcelo continuou:

— Nem perca tempo me dizendo que vai sair desse esquema, porque não vai.

— Como assim? Está me ameaçando?

— Não. Estou sendo franco. Lembra que certa vez lhe disse que não teria volta? Esqueceu-se de quantas vezes assinou documentos sem ao menos ter a curiosidade de ler? Pois bem, esses documentos assinados por você comprovam que é a única dona da agência de modelos; é a pessoa que leva as interessadas para fora do país. Todas as pessoas que receberam aqueles documentos de você podem comprovar isso. Portanto, aconselho-a a continuar nesse esquema ou vai mofar na cadeia.

— Custo a acreditar que você fez isso comigo, Marcelo.

— Marília, por que reclama? Recebe um bom dinheiro por isso, sua conta bancária é recheada. Relaciona-se somente com homens elegantes, cultos e milionários. Não foi isso o que sempre quis, com que sonhou?

— Não! Mil vezes não! Queria apenas ser modelo.

— Mas começou errado, minha querida. Creio mesmo que seria uma ótima profissional, mas seu erro foi querer o sucesso antes do esforço e do trabalho. Não se preparou, e o preço da sua imprudência foi muito alto. Nada cai do céu, Marília, tudo tem que acontecer como conseqüência. Se existe algum culpado nessa história é você mesma.

Como sempre, o arrependimento chega tarde, e nem sempre se consegue consertar o erro que a leviandade ocasionou.

— Marília, o melhor a fazer é você relaxar e continuar levando sua vida como tem feito até agora. Afinal, tudo isso sempre lhe deu prazer; ou não? Agora que já sabe de tudo, poderá ganhar mais dinheiro ainda. Se continuarmos juntos, ficará mais rica. A vida é para ser aproveitada, e é o que estamos fazendo.

— Preciso de um tempo para pensar, Marcelo. Agora, por favor, deixe-me sozinha. Imagino que amanhã estarei mais calma e poderemos conversar melhor sobre o rumo que quero dar à minha vida.

Aproximando-se de Marília de uma maneira provocante, Marcelo enlaçou-a trazendo-a bem junto ao seu corpo.

— Neste momento vamos pensar somente em nós dois e ficar juntos para aliviar a tensão.

Marília o empurrou.

— Não, hoje não. Aliás, já que é a hora da verdade, por que não esclarece tudo de uma vez?

— Esclarecer o quê? O que está faltando?

— Quero saber a verdade a seu respeito.

— Qual verdade? Já lhe disse tudo o que tinha de dizer. O que mais quer saber?

— Quero saber se você é mesmo casado.

Surpreendido com essa pergunta, Marcelo, após ponderar um instante, afirmou:

— Você tem razão, é bobagem continuarmos com qualquer mentira, já que agora vamos ser parceiros de verdade. Sim, Marília, sou casado, e muito bem casado.

— Tão bem casado que necessita estar com outra.

— Existem mulheres que nasceram para serem esposas e mães dos nossos filhos, e outras para serem companheiras de prazer. Entendeu?

As palavras de Marcelo soaram como uma bofetada no rosto de Marília, que sentiu o gosto amargo de seus sonhos fracassados por terem sido alimentados com leviandade e inconseqüência.

Marcelo sentiu que o melhor a fazer era retirar-se deixando-a só para digerir os últimos acontecimentos. Depositou um tímido beijo em sua face, dizendo-lhe:

— Amanhã virei vê-la. Tome um calmante e procure dormir.

Assim que Marcelo saiu, Marília chorou convulsivamente. Teve a exata noção de haver destruído sua vida, na flor da idade, com uma opção cuja volta seria difícil e sofrida.

— Se meus pais souberem o que sou realmente, qual é na verdade o meu trabalho, creio que morreriam de vergonha. O que foi que eu fiz, meu Deus?!

Seguindo o conselho de Marcelo, tomou um calmante e deitou-se, acreditando que algumas horas de sono poderiam aliviar sua tensão e tornar as coisas mais amenas. O que ela não sabia era da lei que diz: a dívida dorme com o devedor e com ele acorda.

A vida é um bem precioso, e não é prudente desperdiçar essa oportunidade que nos foi dada. Tudo o que semearmos nesta vida colheremos na outra, e nos será cobrado até o ultimo ceitil, como disse Jesus.

(A Essência da Alma — Irmão Ivo)

Marília, contrariando o que imaginara, entregou-se a um sono agitado e conflitante, que em nada parecia com a calma e o repouso que esperava.

Via-se em um lugar feio e esfumaçado.

Sentia-se sufocada, sem respiração e ouvindo sugestões que cada vez mais a levariam para o sofrimento, comprometendo ainda mais suas aquisições espirituais já tão abaladas e fracas.

Vozes encarniçadas lhe diziam:

— Você é uma das nossas e tem que ir em frente. Pense no dinheiro que lhe dá prazer e deixe sua beleza brilhar, não importa onde. É o sucesso!

Ouvia gargalhadas em meio à orgia.

Marília acordou sobressaltada.

— Meu Deus, que sonho horrível! Um verdadeiro pesadelo.

Levantou-se e lavou o rosto molhado de suor. Saboreou um delicioso desjejum e sentiu-se melhor.

— Ainda é bem cedo, Marcelo virá mais tarde. Tenho bastante tempo para pensar melhor em tudo o que me aconteceu.

Colocou uma música, abriu bem as janelas afastando as cortinas brancas e admirou a vista privilegiada de seu apartamento, que ficava no décimo andar.

Que cidade majestosa..., pensou. Lembra-me em grandeza o campo de girassóis da minha cidadezinha, apesar de ser um campo de pedra em vez de flores. — Suspirou. — *O que será melhor para mim? Continuar a minha ascensão financeira, solidificando meu patrimônio, exibindo minha beleza sem importar de onde vem meu sucesso, ou voltar para minha pequena cidade e retomar uma vida sem graça, sem futuro, sem emoção, tendo que prestar contas aos meus pais de tudo o que faço?*

Recordou o sonho. Mais uma vez permitiu que sua leviandade sem limites falasse mais alto e forte.

Talvez esse sonho não seja um pesadelo, e sim uma revelação.

Sua absurda inconseqüência justificava mais uma vez suas atitudes irresponsáveis e de total inconsciência espiritual.

— Por que meio se pode neutralizar a influência dos maus espíritos?

Fazendo o bem e colocando toda a vossa confiança em Deus repelis a influência dos espíritos inferiores e destruís o império que desejam ter sobre vós. Guardai-vos de escutar as sugestões dos espíritos que suscitam em vós os maus pensamentos, que insuflam a discórdia, excitam em vós todas as más paixões. Desconfiai, sobretudo, dos que exaltam o vosso orgulho, porque eles atacam na vossa fraqueza. Eis por que Jesus vos faz dizer na oração dominical: "Senhor, não nos deixeis cair em tentação, mas livrai-nos do mal".

(*O Livro dos Espíritos* — Allan Kardec — Capítulo IX — pergunta 469)

Por volta da hora do almoço, Marcelo entrou no apartamento de Marília.

— Como está linda, Marília! Linda e atraente! — exclamou, confiante de que os dois se entenderiam.

— Oi, Marcelo — respondeu Marília, sem muito entusiasmo. — Poupe-me dos seus elogios; sei do fascínio que exerço, e nosso jogo agora será absolutamente claro.

— Vejo que já tomou uma decisão, acertei?

— Acertou. Já sei o que quero.

— Então...

— Então que decidi continuar nesse caminho. Já que comecei, nada mais me importa a não ser o retorno financeiro. Quero ter minha independência econômica e não precisar de ninguém, muito menos de você.

— Nossa, senti firmeza!

— Mas tem uma condição.

— Diga qual é.

— Não sou mais sua subordinada; não obedeço mais suas ordens.

— O que quer dizer com isso?

— Que a partir de agora sou sua sócia, e tudo será repartido em duas partes iguais. Todo o esquema será decidido por nós dois; ficarei com quem eu quiser, e não com quem você decidir.

Marcelo ponderou e respondeu.

— Só existe uma questão a ser resolvida, Marília.

— Qual é?

— Daniel é meu sócio.

Sem maior constrangimento, Marília disse:

— Seremos três, então. E nem tentem me passar para trás porque sou uma leoa quando defendo meus interesses.

Marcelo, eufórico, abraçou-a entusiasmado.

— Querida, vamos para nosso quarto. Precisamos comemorar nossa sociedade.

— Calma. A partir de agora você não é diferente dos demais, portanto também paga. Como você mesmo disse, meu preço é alto. E nem pode reclamar, pois foi você mesmo quem estipulou.

Marcelo, chocado, afastou-se de Marília, mal podendo acreditar no que acabara de ouvir.

— Marília! O nosso relacionamento não significa nada para você?!

— Negócio é negócio, Marcelo. Quanto ao nosso relacionamento, você sabe tão bem quanto eu que nunca foi verdadeiro.

— Como assim?

— Marcelo, jamais houve nenhum sentimento entre nós dois. O que sempre existiu foi desejo e interesse.

— Você enlouqueceu?

— Não. Apenas estou tirando a máscara e falando pela primeira vez a verdade. Você sempre me desejou como a mulher bonita e sensual que sou, e eu sempre o usei como o único meio de conseguir o que pretendia, ou seja, sair da minha cidade. Mas agora isso não tem mais importância, é passado. Sempre dei a você o que queria, e você retribuiu compensando-me com a realização do meu sonho. A partir deste momento, iremos nos preocupar com o futuro, somente com o futuro, porque é ele que importa. Isso não impede que tenhamos momentos de grande prazer; desde que você pague, é lógico.

Marcelo estava desnorteado com a franqueza de Marília. Nunca imaginara que sua reação seria aquela. *Meu Deus, que mulher é essa?!* Respirou fundo.

— Será como você quer, Marília.

— É exatamente o que quero, Marcelo. A minha prioridade é acumular riqueza e poder, sem me importar com o lugar de onde venha. Quem me quiser vai ter que pagar muito caro.

— Assim é que se fala, sócia! — exclamou Marcelo, exultante.

Enquanto Marília preparava uma bebida para servi-lo, Marcelo, olhando aquela bela mulher à sua frente, pensava: *Como você é tola. Não consegue perceber o abismo no qual está se metendo? Afunda-se na ilusão do prazer sem sequer temer a dura realidade que com certeza um dia chegará. Bem, o problema é seu, minha querida. Daniel e eu vamos ficando cada vez mais ricos por conta de garotas volúveis feito você.*

Marília agia de maneira imprudente, e com certeza pagaria caro por tanta leviandade. Ocupava sua mente tão-só com questões vazias e sem conteúdo. Os pensamentos desagradáveis e nocivos trazem à tona desejos pouco recomendáveis que atraem para si as moscas com as quais se afinam.

A vida nos testa a cada dia, e cabe a cada um persistir nos padrões morais e cristãos, se quiser alcançar o equilíbrio e, conseqüentemente, a felicidade com que sonha.

Quem se prepara para esta vida, mas não para a vida eterna, é sábio por um momento, mas tolo para sempre. Os sonhos fazem parte do dia-a-dia do homem, mas é preciso não permitir que eles sufoquem a realidade da vida com a qual o homem precisa aprender a conviver. Necessário se faz aprender a construir a sonhada felicidade, ou seja, as pessoas felizes vivem no mesmo mundo que aqueles que se consideram infelizes. Sofrem as aflições da vida, enfrentam dificuldades, dores e enfermidades como tantos outros.

Por que então são felizes enquanto muitos se entregam às lamentações e mágoas por sonhos não realizados?

Porque optaram pela felicidade.

Parece estranho, não?

O que significa optar pela felicidade? O que é se sentir feliz em meio a tantos conflitos, decepções e necessidades?

Optar pela felicidade é superar a tendência que o homem possui de se julgar vítima da vida, machucando-se com uma visão absolutamente pessimista, desajustada e cheia de mágoas.

Ser feliz é ter forças para lutar contra as adversidades, cultivando dentro de si a coragem e a esperança para viver em um mundo de expiações, porque se sabe da existência da vida futura e se agasalha a confiança e a fé no Criador.

Ser feliz é ter consciência de que a vida física é a oportunidade de se melhorar como criatura de Deus; sanar dia após dia as próprias imperfeições, abençoando cada situação vivida por saber que cada uma delas tem um papel importante na evolução do ser.

Enfim, a felicidade é subordinada ao que fazemos dela; à maneira como acreditamos que ela seja e à nossa sabedoria em inserir os sonhos dentro da realidade cristã.

Daniel, da mesma maneira que Marcelo, exultou de alegria ao saber da decisão de Marília. Repetia sem cessar para o amigo:

— É muito bom o que aconteceu! De fato não poderia ser melhor. Tudo agora será mais fácil.

Marcelo sorriu.

— É, meu amigo — tornou Daniel a dizer —, você nunca se enganou com Marília, ela é tudo o que pensava e mais um pouco.

— A vaidade dessa menina não tem limites, nem sua ilusão de se considerar a maravilha do século.

— Melhor para nós.

— Sabe, Daniel, às vezes chego a me impressionar com Marília.

— Por quê?

— Uma garota nova, vinda de uma excelente família do interior, família estruturada, decente... Entretanto ela possui um verdadeiro vulcão dentro de si. Para Marília nada basta, quer sempre mais.

— Esse vulcão tem nome, meu amigo. Chama-se vaidade, ambição e extremo egoísmo.

— E uma completa falta de moral. Pode esperar, Daniel. Se conheço Marília isso ainda vai longe!

— Como assim?

— Não sei dizer, mas, do jeito que ela gosta de dinheiro e tendo um desejo insaciável de aparecer, ainda vai dar um baile em nós dois. Pode esperar.

— Você, falando assim, até me assusta. Mas, se entrar dinheiro, não teremos do que reclamar.

Seis meses se passaram.

Júlia, feliz, enlaçou sua mãe em um grande e forte abraço.

— Bom dia, mamãe! Sabe quantos dias faltam?

Querendo brincar com a filha, Marta respondeu:

— Quantos dias faltam para que, filha? Não me lembro de nada!

— Ah, é, dona Marta? Vai me dizer que não se lembra do casamento de sua filha, é isso?

Marta a tomou nos braços.

— Jamais esqueceria dessa data tão importante para você e para nós também, Júlia. Poderia me esquecer de tudo, menos da sua felicidade.

— Eu sei, mãe!

Mãe e filha sorriram uma para a outra.

Marta, notando uma sombra de preocupação no rosto de sua filha, quis saber:

— O que foi? Parece-me que ficou preocupada, tensa. Alguma coisa que eu não sei?

— Nada que a senhora possa mudar.

— Diga-me, filha, o que a está preocupando?

— Mãe, faltam apenas dez dias para o meu casamento... Tentei de tudo, mas não consegui uma maneira de avisar Marília. Gostaria tanto que ela estivesse presente!

— Seu pai e eu também, querida. Seria uma bênção reunirmos toda a família. Mas o que podemos fazer? Ninguém sabe o endereço dela. Tanto tempo se passou e nunca recebemos um bilhete sequer que pudesse nos dizer onde Marília mora. Não entendemos por que ela cortou toda e qualquer relação conosco.

214   Sônia Tozzi / Irmão Ivo

— Talvez por medo.

— Por medo?

— Sim, mãe. Medo de ter sua vida invadida por nós; medo de conviver com a reprovação da senhora e do papai, enfim, medo de não ser dona da sua vida e da sua vontade.

— Inicialmente víamos suas fotos em algumas revistas, mas agora nem isso.

— O que será que está acontecendo com ela?

— Não sei. Seu pai e eu sofremos muito por causa dessa situação. Agora, apesar de o sofrimento ainda ser grande, procuramos nos ocupar só com vocês que estão aqui ao nosso lado. É a maneira que encontramos para termos um pouco de paz.

— Não posso tirar-lhes a razão. Ela se afastou porque quis, foi escolha dela, mãe, e só nos resta aceitar e aguardar.

— Aguardar?

— Sim. Tenho guardado em meu coração que um dia Marília irá voltar. Não imagino como, nem quando, mas acredito que um dia isso irá acontecer.

— Espero que esteja certa.

— O importante é não ficar triste. Se algo de ruim tivesse acontecido Marcelo teria nos avisado, ou pelo menos avisado Carlos.

Marta enxugou as lágrimas que desciam pelo seu rosto triste, mostrando a dor que ainda oprimia seu coração. Com voz quase trêmula, disse à filha:

— É melhor deixarmos esse assunto de lado. A hora agora é de alegria pelo seu casamento, e é justo que esse momento seja só seu e de Carlos. Não vamos mesclar sua felicidade com situações que não podemos mudar. Você merece essa ventura, filha, e será feliz, com a graça de Deus.

O som da campainha fez com que Júlia corresse a atender.

— Para a senhorita — disse o mensageiro, entregando-lhe um lindo ramalhete de flores.

Júlia agradeceu e correu para mostrá-lo a sua mãe.

— Veja que rosas lindas! Só podem ter sido enviadas por Carlos.

— Abra logo o cartão, Júlia.

Entusiasmada, Júlia leu a delicada mensagem do noivo. Em um gesto quase infantil, beijou o cartão, colocando-o junto ao peito.

Marta observava a felicidade da filha sem poder deixar de pensar em Marília, que, ao contrário de Júlia, preferira uma vida de sonhos efêmeros longe de todos.

— Vou ler para a senhora o que Carlos escreveu.

— Leia filha.

— Querida, todos os dias, neste mesmo horário, as rosas lhe dirão que te amo. Beijos, amor da minha vida.

— Muito lindo e romântico, Júlia. Ele está mesmo apaixonado.

— A senhora ainda tinha dúvidas?

— Não, nenhuma dúvida.

Antunes pôde compartilhar da alegria da filha ao chegar acompanhado de Felipe e Rafael.

— Nossa, será que um dia vou conseguir amar alguém assim? — perguntou Rafael sorrindo.

— Irá, meu irmão, é só aguardar e preparar seu coração para reconhecê-lo quando seu grande amor chegar.

Carlos, sabendo do desejo de Júlia em ter sua irmã ao seu lado no dia do casamento, comunicou-se com Marcelo pedindo-lhe que sugerisse a Marília um contato com a família, por menor que fosse. Forneceu-lhe todos os dados da cerimônia e finalizou dizendo:

— Marcelo, todos estão muito preocupados com a falta de notícias de Marília. Se ela não quiser comparecer, ao menos lhe peça que telefone.

Marcelo prometeu interceder, sugerindo a Marília um contato.

— Pode ficar tranqüilo, Carlos, verei o que posso fazer.

Marcelo, como prometera ao amigo, empenhou-se em tentar convencer Marília:

— Um telegrama, um telefonema... mas entre em contato, Marília. Faça isso em consideração a seus pais, eles merecem essa atenção. Devem estar sentindo muito sua falta.

— Está bem — ela acabou concordando. — No dia do casamento de Júlia telefonarei desejando-lhe felicidades.

— E seus pais?

— Marcelo, falta-me coragem para falar com eles. Receio que descubram a verdadeira vida que levo, o trabalho que faço. Sei que os fiz sofrer muito.

— Marília, pelo telefone, se você não disser nada, eles jamais saberão. Se perguntarem, diga qualquer outra coisa. Tudo indica que jamais virão até aqui. Quanto ao sofrimento que lhes causou, isso você terá que levar para sempre. O que poderá fazer é amenizar essa tristeza comunicando-se mais vezes com sua família.

— É, você tem razão. Vou fazer isso. Telefono para Júlia e converso com eles. Realmente não mando notícias há muito tempo.

— Precisamente desde que se mudou para cá.

— É verdade. Sabe o que é, Marcelo? Não queria interferência de ninguém na minha vida, ou seja, na maneira como decidi levá-la. Gosto de ser dona de mim mesma, fazer o que quero no momento que desejo, porque acho importante satisfazer a mim mesma, pensar na realização dos meus sonhos, ter como prioridade a realização da minha própria satisfação.

— Desculpe-me, Marília, mas não acha tudo isso egoísmo de sua parte?

— Essa é a lei da vida. Cada um por si.

Meu Deus!, pensou Marcelo. *Marília consegue ser bem pior do que eu. Seu egoísmo não tem limites.*

As guerras nascem nas mentes doentias, egoístas e sedentas de poder. A fome de adquirir, de conquistar a qualquer preço, faz o homem perder a razão e o equilíbrio. Devemos propagar ao mundo que, enquanto a guerra mata, o amor transforma o homem.

(A Essência da Alma — Irmão Ivo)

Capítulo X

Mais uma chance desperdiçada

O dia amanheceu com o clima agradável, como Júlia esperava. O sol brilhando no azul do céu provocava em seu coração uma sensação de paz que se espalhava por toda a casa.

Sua família, e principalmente ela própria, experimentava a ansiedade natural quando se está próximo a uma grande mudança.

Sem dúvida alguma era a manhã mais especial da vida de Júlia. O dia em que se uniria para sempre a Carlos, o companheiro com o qual havia sonhado. O sonho acalentado com sabedoria e equilíbrio tornara-se realidade.

Sentada à mesa na companhia de seus pais e irmãos para saborearem o desjejum preparado com todo o carinho por Marta com o intuito de agradar sua filha na despedida de solteira, Júlia pediu licença para fazer uma prece, no que foi prontamente atendida.

Cerrou os olhos úmidos e entregou seu coração e sua emoção ao Senhor da vida e do seu destino.

— Senhor, Criador de todo o universo e de todas as formas de vida; sou feliz e agradecida por fazer parte dessa criação. Sei que depende só de mim optar pela felicidade conquistando-a através do aprendizado do amor e exercitando esse sentimento poderoso que transforma o homem. Se a aflição vier nublar meu convívio com o homem que amo, que eu saiba e consiga vencê-la alicerçada na minha fé; que eu tenha lucidez suficiente para a cada novo dia redescobrir a vida e o poder do bem. Que tanto eu quanto Carlos saibamos abraçar o mundo, falando de amor o mais que pudermos, transformando nossos corações em um doce lar onde os sofridos possam encontrar abrigo e, junto a eles, transformarmos nossos passos em pegadas firmes, marcando o chão por onde passarmos com os ensinamentos do Evangelho de Jesus. Assim, Senhor, a felicidade se fará. Obrigada pela minha família, e que minha querida irmã, Marília, possa receber onde estiver a vibração do meu carinho e da minha saudade. Ilumine-a, Senhor, e proteja-a. Assim seja.

Logo após terminar sua oração, ouviu:

— Obrigada, minha irmã. Estou aqui bem perto, para receber o seu carinho e a sua saudade.

Todos abriram os olhos e exclamaram a uma só voz:

— Marília!

— O que é isso? — disse Marília, divertindo-se com o espanto que via no rosto de todos. — Parece que viram um fantasma. Estou tão feia assim?

Aconchegada nos braços de seu pai, ouviu-o dizer:

— Não, filha, continua linda como sempre.

— É verdade — completou Marta. — Linda como sempre foi desde pequenina.

— Não esperávamos vê-la, filha, por isso o espanto. E a saudade nos machuca muito, porque não vai embora. E hoje, de repente, deparamos com você aqui, na sua casa de novo, e isso está mexendo com nossas emoções.

— Pai, controle-se. A excitação não deve fazer bem para o senhor. — alertou Júlia.

— Tem razão, o importante é que Marília está aqui.

Após todas as manifestações de carinho, Antunes voltou a se manifestar:

— Como soube do casamento de Júlia? Imagino que esse seja o verdadeiro motivo de sua presença aqui.

— Não vim só por isso, mas também pela saudade que sinto de vocês. Creio ter chegado na hora certa, pois tive o prazer de ouvir a linda prece de Júlia.

— Como entrou sem que percebêssemos?

— A porta da cozinha, como sempre, estava aberta. Cheguei no instante em que Júlia orava, e não quis interromper. Muito linda a sua prece, minha irmã. — Abrindo os braços, enlaçou Júlia. — Parabéns pelo dia de hoje. Desejo-lhe muitas e muitas felicidades.

Comovida, Júlia respondeu:

— Marília, sua presença foi o melhor presente que recebi; jamais esperei que isso acontecesse.

— Que coincidência! — disse Felipe.

— Felipe, Júlia vive dizendo que coincidências não existem, e não existem mesmo. Vim para participar do casamento dela.

— Mas como soube do casamento, afinal?

— Carlos ligou para Marcelo, mamãe, e disse-lhe da vontade de Júlia de que eu estivesse presente para que a família ficasse reunida. Marcelo adorou saber da união de vocês e prometeu a Carlos que iria me falar sobre isso, e realmente o fez. Não pensei duas vezes e aqui estou, feliz por revê-los, sobretudo meus pais.

— Que bom que você veio, Marília! Completou minha felicidade.

Antunes não conseguia conter tanta emoção ao ver suas filhas juntas e em paz. Aproximou-se de Marília, beijou-lhe o rosto e lhe disse:

— Obrigado por nos trazer tamanha alegria.

Marília também ficou emocionada em abraçar seu pai após tanto tempo de separação.

— Acredite, papai, sua alegria não é maior que a minha. Senti muita saudade de vocês todos, principalmente do senhor e da mamãe. Mas agora vamos aproveitar esses breves momentos e matar a saudade.

— Por que breves, Marília? Marcelo não veio com você?

— Não pôde vir, pai, por essa razão não posso me ausentar por muito tempo.

— O que o impediu?

— Temos um empresa que, graças a Deus, está indo muito bem, cresceu muito, e torna-se impossível ausentarmo-nos os dois ao mesmo tempo. Nosso quadro de modelos é grande e não podemos deixar tudo nas mãos de funcionários. O senhor entende?

— Entendo, minha filha, mas é uma pena tê-la conosco por pouco tempo depois de longa ausência.

Marta, seguindo o instinto materno, quis saber:

— E sua situação com Marcelo, filha, como está?

Desconcertada, mas aparentando uma falsa tranqüilidade, Marília afirmou:

— Ótima, mãe. Assim que chegamos à capital nossa situação foi resolvida, e hoje vivemos bem e felizes. Quanto a isso, podem se tranqüilizar.

Seu olhar cruzou com o de Júlia, que pensou: *Você continua a mesma, Marília. Sabemos que Marcelo é casado, tem filhos, portanto nada foi resolvido. Sinto que nada mudou em você, a não ser sua maneira sofisticada de se vestir, e pressinto que essa mudança não foi para melhor.*

Marília, receosa de encarar a irmã, desviou o rosto.

— Não vemos mais suas fotos nas revistas, Marília. Desistiu da carreira?

— Da carreira de modelo, sim, Júlia. Como já disse, nossa empresa se expandiu muito. Viajo sempre acompanhando as modelos em seus contratos no exterior. Hoje comando a agência, e concluí que realmente é o que gosto de fazer.

— Isso nos alegra muito — disse Marta. — Gostaríamos que nos fornecesse seu endereço, para que possamos ir visitá-la. Não sabemos nem mesmo o nome de sua agência.

Marília, mostrando uma desenvoltura que estava longe de sentir, respondeu:

— Depois, mãe. Claro que vou deixar tudo certinho com vocês, pode ficar sossegada.

Meu Deus, não posso ficar nem mais um dia aqui ou eles irão descobrir tudo sobre mim, Marília concluiu.

— Claro, filha, não quero pressioná-la, desejo apenas saber onde posso encontrar minha filha.

Júlia apenas observava Marília sentindo em seu peito uma enorme inquietação. *Por que será que tenho a impressão de que ela está mentindo? Desde que chegou, noto em sua expressão certo receio; seu olhar me sugere que está mentindo, não sei explicar por quê. Acho que ela não se modificou em nada, e se isso aconteceu com certeza não foi para melhor.*

Seu pensamento foi interrompido pela voz de sua mãe:

— Rafael, pegue a bagagem de Marília e leve para seu antigo quarto.

— Não é preciso, meu irmão, não trouxe bagagem. Não foi necessário.

— Não? — perguntaram todos, surpresos.

— Você viajando sem bagagem é de estranhar.

— Trouxe apenas esta maleta de mão com o necessário: uma troca de roupa e o vestido da cerimônia, que, aliás, escolhi com todo o cuidado, porque quero estar bem bonita no casamento de minha irmã querida.

— Estranho você não ter trazido bagagem, filha.

— Pai, terei de voltar amanhã bem cedo. Vim apenas para a cerimônia, mostrar para vocês que estou bem e feliz, enfim, tranqüilizá-los. Logo cedo o helicóptero da agência virá me buscar.

— Não consigo enxergar uma razão para tanta pressa.

— Mãe, amanhã à tarde vamos realizar um importante desfile, e terei que estar à frente desse evento. Foi o que já expliquei.— Marília, inquieta com tantas perguntas e temendo se trair, mudou o rumo da conversa. — Vamos parar de falar de mim. Hoje o dia é de Júlia, e eu quero saber de todas as novidades sobre esse casamento. Vejo a felicidade nos olhos dela. Conte-me tudo, minha irmã.

Júlia sorriu.

— Você tem razão, minha felicidade salta aos olhos, não é?

— Nunca a vi assim tão feliz, confiante, apaixonada... nem quando amava o Luiz.

— Marília, com Carlos aprendi o que é amar de verdade. Conheci esse sentimento na sua melhor essência. Luiz é passado, Carlos é o meu presente e o meu futuro. Hoje Luiz é apenas um amigo, e Carlos é o meu grande amor.

Marília, ouvindo a irmã falar com tanta emoção e sinceridade, experimentou uma ponta de inveja pela consciência de que jamais viveria algo tão especial e profundo, pois conhecia apenas o prazer que passa como um vendaval e deixa marcas para sempre.

— Torço por você, Júlia. Sem dúvida merece essa felicidade.

— As horas estão passando — interrompeu-as Marta. — Temos questões a resolver antes da cerimônia. Vamos, meninas, mexam-se.

Todos se dispersaram, cada um indo em busca de sua tarefa.

Sem que seus pais percebessem, Júlia chamou Marília em seu quarto.

— Marília, gostaria de ter uma conversa com você, pode ser?

— Claro, Júlia, o que é?

— Alguma coisa me incomoda. Sinto que o que você disse com tanta ênfase a seu respeito não corresponde à verdade. Gostaria apenas de lhe fazer uma pergunta.

— Pode fazer.

— Você é feliz?

Não passou despercebida aos olhos de Júlia a contração nos lábios de Marília.

— Por que isso agora?

— Por favor, Marília, apenas responda.

— Considerando que alcancei meu objetivo, ou seja, juntar dinheiro suficiente para obter tudo o que sempre desejei, posso dizer que sou feliz. Moro em um apartamento de luxo, possuo carro e viajo para o mundo todo. O que mais posso querer?

— O amor, Marília. Estou falando de amor, companheirismo, dignidade. Sentir-se amada e respeitada; saber o que na verdade é amar.

— Isso já está fora de moda, Júlia. Prefiro ser dona da minha vida e ter dinheiro, que me proporciona autonomia e poder.

— Sabe, o que me causa estranhamento é uma agência, cujo nome ninguém sabe, dar tanto lucro assim. Em geral as grandes empresas estão sempre em evidência.

— Você está se metendo em um assunto que não lhe diz respeito.

— Tem razão, Marília, mas tenho um conceito tão diferente do seu! Preocupo-me tanto com sua maneira de agir, sem nenhuma cautela, que ouso até me intrometer, sim. Afinal, você é minha irmã mais nova. Que mal há nisso?

— Você conhece melhor do que eu o livre-arbítrio; por que interfere no meu?

— É verdade, não posso interferir no seu livre-arbítrio, mas posso lhe pedir um pouco mais de cautela. Cuidado com suas atitudes para não sofrer mais tarde, prejudicando sua integridade física e moral. Não entre no caminho da ganância, Marília; é um caminho perigoso que nos tira toda e qualquer noção de bom senso e prudência. Espero que você consiga ser feliz à sua maneira, se é o que você realmente quer, e se conseguir.

Uma sombra turvou os olhos de Marília, que pensou com tristeza: *Se soubesse o que realmente eu faço, Júlia, se imagi-*

*nasse para onde minha leviandade me levou, ficaria estarreci-
da. Hoje só me resta me contentar com o dinheiro, pois nem
mais respeito eu recebo dos homens. Sou o que eles chamam
uma boneca de luxo, que sabe dar prazer como ninguém.*

Júlia, sentindo-se inspirada por Amélia, continuou:

— Sempre podemos reconsiderar e mudar nosso plano de
vida se ele agride nossos princípios morais, consertando os
erros e enganos nos quais caímos. Lavando nossa alma com
pensamentos nobres e atitudes edificantes, que nos levam a
readquirir os valores que nos trazem elevação e dignidade,
podemos anular, sim, condutas infelizes que nos fazem sofrer
e mancham nosso corpo físico e astral. Pense sobre isso, minha irmã. Reavalie seus conceitos e traga conteúdo para sua
existência; errar é humano e todos erram, mas é importante
se esforçar para vencer as tentações e sair do lamaçal de enganos nos quais muitas vezes nos aprisionamos.

Júlia notou uma vaga tristeza no semblante de Marília.

— Por que está me dizendo tudo isso, Júlia? O que sabe
da minha vida?

— Na realidade, não sei nada, e é isso o que me assusta.
Para ser sincera, até eu estranhei falar tudo isso para você,
mas uma força maior me impulsiona a dizer, e o faço com
tranqüilidade por saber que é para sua felicidade. Não é humilhante reconhecer nossos erros; ao contrário, é altamente
edificante, é sinal que nossa consciência está nos avisando do
perigo que muitas vezes corremos. Triste é continuar em um
caminho cujo destino é a dor e a desmoralização da própria
honra e não se dar conta disso.

*Céus, o que está acontecendo? Parece até que Júlia sabe
de toda a verdade sobre o meu trabalho!*

— Marília, conte comigo, estarei sempre pronta para ajudá-la. Quando achar conveniente e considerar que a hora
chegou, enfrente o problema que porventura possa estar afligindo você. Crie o hábito de orar e suplicar a Deus por auxílio. Peça coragem para romper a barreira que distancia você
do Criador; cuide de eliminar suas imperfeições procurando
enxergar o brilho real, que nos faz bem e que se encontra nas
virtudes que elevam e enobrecem o homem.

Completamente atônita, Marília disse à irmã:

— Júlia, o que deu em você? Fala como se eu estivesse me
afundando em um poço escuro e tenebroso. O que é isso? O
que a faz pensar que tenho problemas graves?

— Sendo sincera, nem eu mesma sei por que estou falando assim, mas sinto estar sendo intuída, e acredito que algum
motivo há de ter. Se existe a interferência espiritual, o motivo
deve ser justo e sério, porque nada acontece se não for para
o benefício de alguém. Aconselho-a a prestar muita atenção,
lembrando que ouvir conselhos não significa obedecer ordens,
e sim proporcionar a si mesma oportunidade de renovação.

Diante do silêncio de Marília, Júlia colocou fim à conversa.

A tarde passou rápido.

Às dezoito horas, Júlia, de mãos dadas com Antunes, deu
entrada no pequeno salão enfeitado com lírios e rosas brancas graciosamente amarradas com fita de cetim. Usava um
vestido simples mas elegante, condizente com a simplicidade
da sua alma. Carlos, emocionado, esperava pela noiva em
um perfeito terno cinza. Ao seu lado, o juiz de paz, as testemunhas e Josafá, orientador do Centro Espírita Deus É Luz,
que a família de Júlia freqüentava.

Dos presentes saía energia de paz e amizade para aquele casal tão estimado por todos.

Após a cerimônia civil, Josafá dirigiu aos noivos algumas palavras de paz:

— Queridos irmãos Júlia e Carlos. Meu coração quase não suporta a alegria que sente com a oportunidade de poder estar aqui com vocês, meus irmãos de fé, neste dia tão importante e significativo. Este é o momento em que o amor que os une se agiganta a ponto de abranger todos os presentes, fazendo-nos compreender que tudo podemos ter, tudo podemos saber, mas, se não tivermos amor em nós, nada teremos e nada saberemos, porque somente o amor nos coloca na posição de verdadeiras criaturas de Deus. Hoje é para vocês o início de uma nova caminhada. Algumas vezes irão chorar; muitas outras irão sorrir. Que vocês saibam entender os sorrisos e as lágrimas, e que cada um desses dois exerça a função adequada na vida de vocês, pois que ambos possuem notável importância na evolução do ser. Construam um lar de paz e dignidade, preparando-o para receber, no momento propício, os enviados de Deus para formarem uma verdadeira família. Que seus corações se abram sempre para receber o respeito, a fraternidade e o perdão, sem o preconceito, que fere a alma humana. Essas são virtudes necessárias para aquele que pretende alcançar a felicidade. Cultivem o Evangelho de Jesus, permitindo que o Divino Amigo possa guiá-los na senda do bem. Nossa alma, na realidade, é um imenso jardim onde nós, os jardineiros, devemos com precisão e paciência cuidar das flores que poderão brotar nessa terra fértil, se soubermos retirar com sabedoria os espinhos que se cravam no egoísmo e mutilam nossa alma. Sejam felizes, queridos irmãos, percebam as marcas de Deus pelo caminho, em todos os cantos do universo, e a felicidade se fará em suas vidas.

Josafá abraçou o casal, e os dois, emocionados, agradeceram as palavras de carinho.

Antunes convidou os amigos presentes para uma pequena recepção em sua casa.

Durante toda a festa, Marília notou que Luiz não tirava os olhos dela, o que a envaidecia. *Como ele está bonito*, pensava. *A passagem do tempo favoreceu mais ainda o seu porte físico. Como seria a minha vida se tivesse me casado com ele? Com certeza não passaria de uma dona de casa envolvida com o trabalho doméstico e a educação de filhos, igual a tantas nesta cidade. Mas não posso negar a mim mesma que ele ainda mexe comigo, apesar de achar que agi certo.*

Luiz aproximou-se, tirando-a de seus devaneios.

— Oi, Marília, como você está?

— Olá, Luiz, que bom revê-lo! Estou muito bem, e você?

— Bem. Levo minha vida da maneira como escolhi.

— Vejo que está sozinho. Não se casou?

— Não, Marília. Não encontrei ainda alguém que tocasse meu coração, mas não me preocupo com isso. No tempo certo aparecerá alguém que valha a pena.

— Parece amargo!

— Amargo, não, apenas não me iludo mais. Hoje sou um homem bem objetivo, sei o que não quero, e o que quero um dia vai aparecer. Agora me fale de você.

— Desculpe-me, Luiz, mas detesto falar de mim. Posso dizer apenas que sou feliz e realizada. Agora, se me der licença, vou cumprimentar alguns amigos de outrora. — E Marília afastou-se.

Continua linda, incrivelmente linda. Não me pareceu tão feliz como quis demonstrar, mas, se realmente não estiver, estou pronto para cuidar disso, pensou ele.

A recepção transcorria em meio ao entusiasmo e alegria geral. Após algum tempo, Júlia e Carlos apareceram prontos para seguir viagem.

— Viva os noivos! — alguém gritou.

— Viva! — exclamaram os demais.

Assim que o casal partiu, após as despedidas, a maioria dos convidados se retirou.

Luiz, sentado em um canto, não cansava de admirar a beleza de Marília. Todo o sentimento que nutrira por ela no passado e que julgava esquecido aflorava em seu coração com a mesma força. *Preciso descobrir seu endereço. Só não imagino como, no entanto, pois nem seus pais têm conhecimento. Mas tenho que descobrir uma maneira de encontrá-la na capital.*

Marília, por sua vez, também olhava para Luiz, sentindo despertar em seu peito um forte desejo de ficar com ele.

Depois de trocarem olhares e sorrisos, Luiz decidiu convidá-la para sair, o que Marília de pronto aceitou.

— Marília, você é uma mulher casada — disse Marta ao vê-la saindo com Luiz. — Não fica bem, minha filha.

— Mãe, não vamos fazer nada de mais, apenas conversar um pouco, relembrar o passado, matar saudade.

— Fique tranqüila, dona Marta, é apenas um encontro de amigos. Não vamos demorar, apenas tomar um sorvete — falou Luiz.

— Tudo bem — concordou Marta. — Mas, por favor, Marília, não demore.

— Prometo, mãe.

Saíram.

Enquanto saboreavam o sorvete, Luiz e Marília, muito animados, rememoravam o tempo do namoro da juventude.

Reviveram os momentos passados no campo dos girassóis, as brincadeiras e, sobretudo, a impetuosidade de Marília, seus impulsos e sua teimosia.

Constantemente seus olhares se cruzavam, e cada um parecia penetrar no íntimo do outro.

Luiz, sentindo-se incentivado pela antiga namorada, segurou suas mãos, apertou-as com força e perguntou-lhe:

— Por que você fez aquilo comigo?

— Aquilo o que, Luiz, o que está dizendo?

— Estou dizendo que gostaria de saber por que me humilhou daquela maneira na frente dos convidados, justo no dia que imaginei que seria o mais feliz da minha vida. Diga-me por quê.

Sem jeito, Marília respondeu:

— Luiz, tanto tempo se passou... Por que tocar nesse assunto?

— Porque, apesar de muitas tentativas, não consegui esquecê-la. Na busca do seu sonho, você destruiu o meu. A ferida não cicatriza, preciso de uma resposta, preciso pelo menos entender. — Após breve pausa, tornou a indagar: — Por que, Marília?

— Tudo bem, Luiz, vai ter a sua resposta. Não quis me casar com você porque me recusava a aceitar a vida que com certeza iria me proporcionar. Perdoe-me, mas não nasci para me esconder atrás de um fogão, cuidar de crianças choramingando e suportar marido acomodado. Queria e precisava de muito mais; mais do que você podia me oferecer.

— Isso significa que nunca sentiu nada por mim? Enganou-me o tempo todo?

— Nunca o enganei, pois sempre lhe disse a verdade a respeito do que queria para minha vida, lembra?

— E quanto ao sentimento?

— O sentimento existiu, Luiz, e talvez ainda exista. Sufoquei meu coração para alcançar meu objetivo.

— E conseguiu?

— Claro! Não percebe como estou bem? Rica e feliz.

— Não sei... Noto em sua expressão algo que não consigo definir.

— Nossa, Júlia me falou a mesma coisa! O que vocês querem de mim?

— Júlia eu não sei; eu, com certeza, quero você, Marília, desesperadamente.

— Luiz, sou uma mulher casada! — afirmou, sem muita convicção.

— Após algum tempo de sua partida, descobri que Marcelo é casado, e acredito que você sempre soube. — Diante do embaraço que notou nela, Luiz continuou: — Não precisa se intimidar, não a estou julgando, nem rotulando você de nada. Quero apenas você, nem que seja uma única vez. Pode ser que assim eu consiga tirá-la da cabeça.

Sentindo o aperto da mão de Luiz na sua, Marília, imprudente como de costume, permitiu que todo o seu corpo fosse tomado pelo mesmo desejo.

— Fique comigo, Marília, satisfaça minha paixão incontida.

Não tenho nada a perder, ela decidiu. *Se fico por dinheiro, por que não ficar com o único homem por quem cheguei a sentir amor?*

O olhar que dirigiu a Luiz o encorajou a dizer:

— Vamos!

Entregue nos braços de Luiz, Marília se esquecera completamente das horas, de sua mãe e de sua vida.

— Você é maravilhosa! — disse-lhe Luiz, ao deixá-la no portão de sua casa. — Tenho inveja de Marcelo.

Sem responder, Marília desejou-lhe boa-noite e entrou. Para evitar acordar a mãe, não acendeu a luz nem fez barulho. Mas, ao se dirigir ao seu quarto, foi surpreendida pela voz de Marta, que, iluminando a sala, disse-lhe:

— Filha, por onde andou? O que foi que você fez?

— Mãe, que susto a senhora me deu! Por que está acordada até essas horas?

— Por que será, Marília, que apesar do meu cansaço pelo dia de hoje ainda estou aqui na sala à sua espera? Onde esteve?

Marília tentava encontrar uma desculpa que convencesse sua mãe.

— Ora, estava onde disse que estaria: na sorveteria. Que mal há nisso? Eu e Luiz relembrávamos o passado e perdemos a noção do tempo. Já sou bem crescidinha, mãe!

— Não haveria nada de mal se fosse verdade, mas sei que não é. E poupe-me de suas mentiras. Não subestime minha capacidade de raciocinar. Nasci e me criei aqui, Marília, sempre vivi nesta cidade, conheço seus costumes. Portanto, quero dizer que sei muito bem a que horas fecha a sorveteria: às vinte e três horas e trinta minutos; o que significa que isso aconteceu uma hora e quinze minutos após a saída de vocês daqui de casa.

— Mãe, não precisa ser tão minuciosa.

— Preciso, porque você parece não se dar conta de que são quase quatro da manhã.

— Nossa, perdi mesmo a hora...

— Não seja cínica! Diga-me o que oferece esta cidadezinha de tão interessante para prender a atenção de vocês por tanto tempo. Existe alguma explicação?

Marília percebeu que não iria adiantar dizer nada, porque na verdade havia uma única explicação.

Sentou-se ao lado de Marta e, um pouco constrangida, falou:

— Desculpe-me. Realmente não estávamos na sorveteria, nós...

— Poupe-me de ouvir o lugar onde estavam, porque já imagino. Só não entendo a razão de ter feito isso, minha filha. Será que faz sempre tudo errado de uma maneira imprudente, diria mesmo, leviana?

— Não sei. Ficamos conversando, relembrando nossos momentos de namoro e, sem que percebêssemos, estávamos nos braços um do outro.

— E Marcelo?

— Ah, não seja tão ingênua! É claro que Marcelo não precisa saber de todos os meus passos; a vida é minha, e dela faço o que quiser. A vida é muito curta, e o melhor que temos a fazer é aproveitá-la o máximo, e é assim que ajo. Estou errada?

— Está, filha. Qual o preço que você paga por querer aproveitar a vida tão intensamente?

— O preço da minha felicidade, da satisfação dos meus desejos. Não é o que realmente importa?

— Não. O que realmente importa é conquistar a felicidade através do esforço, da luta para vencer nossas imperfeições, promovendo nosso aprimoramento moral. O que não estiver dentro desse conceito não é felicidade, e sim prazer efêmero.

Marília em segundos reavaliou seu trabalho e sua existência. *Se minha mãe soubesse, morreria de tristeza.*

Marta insistiu:

— O que você me diz?

— Não tenho argumentos para contradizê-la, mãe. Minha personalidade é diferente, não sei se feliz ou infelizmente. Gosto de desafios, de viver de maneira intensa tudo o que me causa prazer. É assim que encaro a vida, e gosto.

Marta teve uma sensação desagradável. Foi tomada de um receio que a incomodou sem que ela mesma pudesse saber a razão.

Segurou as mãos de sua filha e falou:

— Marília, não se pode perder a dignidade nem a integridade física e moral por conta de emoções levianas que geralmente atiram os imprudentes na dor muitas vezes irreparável. Todas as coisas são bonitas e possíveis desde que sejam feitas dentro dos padrões morais e éticos; do respeito pelos outros e por si mesmo. O amor verdadeiro não pode ser sufocado para dar lugar às paixões, que chegam avassaladoras, mas que vão embora com o mesmo furor.

— Por que está me dizendo isso, mãe; o que pensa de mim?

— Nada, filha, não penso nada. Pelo menos por enquanto, e gostaria de continuar assim, sem pensar nada.

— Por que então está me dizendo essas coisas? Não entendo!

— Preocupou-me sua atitude de hoje, Marília, que julgo perigosa.

— Foi só um momento, e nada mais.

— Por isso mesmo. Por ter sido somente um momento sem nenhum conteúdo e sem razão que o justificasse, mas que deixa marcas na alma.

Marília enrubesceu. Envergonhada do que havia feito, não conseguiu dizer mais nada.

— Boa noite, mãe, estou com sono. Amanhã partirei logo cedo, vou me recolher.

— Boa noite, filha. Seu pai e eu vamos levá-la até o local onde o helicóptero virá buscá-la. A que horas pretende ir?

Marília pensou e achou melhor sair sem se despedir dos familiares. *Eles irão fazer muitas perguntas, e não quero responder a nenhuma delas. Vou mudar o horário, assim poderei sair sem que me vejam.*

— Pode dormir tranqüila, mãe, não sairei muito cedo. Imaginei que estariam cansados após a festa e combinei por volta das dez horas. Podemos sair daqui às nove e trinta, tudo bem?

— Claro, filha. Eu me levanto às nove horas e preparo seu café.

— Obrigada. Poderia me acordar?

— A que horas?

— Assim que a senhora se levantar.

— Certo. Durma bem, querida. Não se esqueça de deixar anotado o seu endereço.

Logo que entrou em seu quarto, Marília arrumou suas coisas.

— Preciso sair daqui às sete e meia. O helicóptero chegará às oito.

Escreveu rápido um bilhete para seus pais, colocou-o sobre a mesa-de-cabeceira e se deitou.

— Marília, levante-se. São nove horas.

Sem receber resposta, Marta repetiu as batidas duas, três vezes, até que, estranhando o silêncio, abriu a porta do quarto. Negava-se a acreditar no que via. A cama de sua filha, arrumada; a janela aberta recebendo os primeiros raios de sol e, sobre a mesinha, um bilhete de Marília: "Amo muito vocês! Perdoem-me".

— Por que isso, meu Deus? — perguntava Marta a si mesma, sem conseguir imaginar qual o motivo dessa atitude da filha.

Vasculhou o aposento tentando encontrar em algum lugar o endereço de Marília. Desolada, constatou que ela não o deixara. Correu a chamar Antunes, que, como ela, também não entendia a reação da filha, indo embora sem ao menos se despedir.

Um pensamento ruim passou pela cabeça de Marta. Antunes percebeu a expressão de preocupação da esposa e perguntou-lhe:

— Conheço você o suficiente para saber que alguma coisa a está preocupando. Pode me dizer?

Marta contou-lhe o acontecido na noite anterior.

— Não acho prudente esconder nada de você, Antunes. É muito estranho o modo como Marília se comporta.

— O que quer dizer?

— Sai com o Luiz como se fosse a coisa mais natural do mundo, fica com um homem mesmo sendo uma mulher casada, sem se importar com o que poderia pensar seu marido. Vai embora às escondidas, com certeza para evitar encontrar-se com você e ter que responder a mais perguntas, dar explicações. Tenho comigo que ela fez isso para não ter que fornecer seu endereço. Antunes, Marília não quer nossa presença em sua casa na capital, e não me pergunte por que; não sei e tenho medo de saber.

— Marta, você não está pensando...

— Não estou pensando nada.

— Está. Está sim, e não venha me enganar, conheço muito bem você.

— Sinto muito, Antunes, não tenho nada de concreto, mas estranho a vida de Marília. Toda essa riqueza... Ela tem até um helicóptero! Tudo por ter uma empresa que não conhecemos e da qual nem sabemos o nome. Não acha esquisito?

— Tem razão. É, no mínimo, surpreendente.

— Para ela tudo é normal. Marília ter ficado com o Luiz durante quase toda a noite e a sua naturalidade a respeito causou-me espanto.

— O que podemos fazer, Marta?

— Acho que nada. Nem sabemos onde ela mora! Tudo o que nos resta é orar por ela, para que compreenda que seus sonhos não a levam a lugar algum, para que Marília viva a realidade.

Antunes abraçou a esposa, que, angustiada, permitiu que pesadas lágrimas descessem pelo seu rosto.

— Onde foi que erramos com Marília, Antunes? Em que momento perdemos o controle de sua vida, em que instante ela deixou de ouvir a nossa voz?

— Em nenhum momento, minha querida. O mesmo ensinamento que demos para os outros três filhos demos para Marília. A diferença é que ela fez a opção errada. Veja, enquanto Júlia escolheu a real felicidade, Marília preferiu o prazer, e infelizmente os frutos de sua imprudência ela vai ter que colher. O erro não foi nosso; foi nossa filha que não quis aprender.

— Por que será que as pessoas relutam em praticar o bem? Parecem ter vergonha de serem boas, amigas e fraternas...

— Porque são mal informadas, Marta, vivem distraídas e não percebem os valores reais que nos aproximam de Deus. Não devemos nos envergonhar de ser bons e ter fé; de amar a Deus e confiar Nele. Deus jamais se envergonhará de nós, apesar de todos os nossos erros.

A paternidade é uma missão e um dever muito grande. Deus põe a criança sob a tutela dos pais para que estes a dirijam no caminho do bem. Se o filho sucumbir por culpa dos pais, terão de sofrer a pena, e os sofrimentos da criança na vida futura recairão sobre eles, porque não fizeram o que lhes competia fazer para o seu adiantamento nas vias do bem.

— Se uma criança se transviar, apesar dos cuidados dos pais, estes são responsáveis?

Não. Mas, quanto piores as disposições da criança, mais a tarefa é pesada e maior será o mérito se conseguirem desviá-la do mau caminho.

(*O Livro dos Espíritos* — Allan Kardec)

Capítulo XI

Diagnóstico aterrador

Marília retomou suas atividades normais. Sua conta bancária crescia a cada dia, todavia seu corpo começava a dar os primeiros sinais de cansaço e saturação em virtude das constantes agressões físicas e morais.

Marcelo e Daniel, como empresários de sua agência, como ela mesma denominava, escolhiam com cuidado os interessados, levando em conta a posição financeira que possuíam.

— Descobrimos a mina de ouro — dizia Daniel ao amigo.

— Sempre lhe disse isso — respondia Marcelo, orgulhoso por haver descoberto Marília. — Está provado que não me enganei.

— Vou aproveitar e comentar algo que venho observando há algum tempo.

— Pode falar, Daniel, o que é?

— É sobre Marília. Tenho a impressão de que algo não vai bem com ela.

— Explique-se melhor.

— Acho-a abatida, meio desanimada, não sei ao certo. Parece-me que está perdendo o vigor. Você não notou nada de diferente?

— Sendo sincero, nem presto muita atenção a ela; com exceção dos lucros que nos dá, é claro.

— Eu também, Marcelo, mas ando preocupado com a saúde de Marília. Não se esqueça de que nossos lucros dependem do bem-estar dela.

— Tem razão, vou ficar mais atento — afirmou Marcelo, colocando um fim no assunto.

Naquele momento, Marília, sentada preguiçosamente na sala de seu apartamento, saboreava uma xícara de café enquanto consultava sua agenda.

— Meu Deus, dois clientes no final do dia... Estou tão cansada que gostaria mais de voltar para a cama e lá ficar o dia inteiro.

Sentiu-se tentada a desmarcar os compromissos, mas logo a "mosquinha da cobiça" deu-lhe uma mordidinha, e ela repensou.

Não faz sentido cancelar. São clientes milionários que vêm de longe. É melhor não perder essa oportunidade. Vou tomar um banho reconfortante, descansar e logo estarei em forma. Seria imprudência passar meus melhores clientes para minhas "modelos" sem correr o risco de começar a decair. Às dezesseis horas estarei linda para receber o primeiro.

Levantou-se de novo, jogou-se na cama e fechou os olhos.

Trouxe à sua frente a figura de Luiz.

Que noite linda passei com ele! Acho que sempre o amei de verdade, só não consegui me dar conta dessa realidade. Agora, infelizmente, é tarde demais.

Tomou uma decisão.

No final deste ano vou largar minha profissão e voltar para minha cidade, para tentar construir uma nova vida ao lado de Luiz. Tenho dinheiro suficiente para sustentar meus caprichos, quanto a isso não preciso me preocupar.

Abandonou seus pensamentos ao ouvir o som estridente do telefone.

— Marília? — ouviu a voz de Marcelo. — Você não sabe com quem fechei agora um encontro com você.

— Com quem? — indagou, sem muito ânimo.

— Lembra-se daquele empresário espanhol?

— Como não me lembrar de um homem tão bonito e cavalheiro como ele?

— Pois Juan que chegou ontem ao Brasil e retorna amanhã cedo para a Espanha. Ele quer se encontrar com você ainda hoje.

— Sinto muito, Marcelo, mas não vai dar. Sabe que não gosto de me exceder e já tenho dois encontros marcados.

— Marília, ele disse que paga o dobro, mas quer vê-la hoje.

— Sendo assim, não dá para recusar. Tudo bem. A que horas?

— Às vinte e duas, pode ser?

— Claro, tudo bem.

Faltando uma hora para o encontro com Juan, depois de haver estado com outros dois, Marília sentiu um ligeiro mal-estar. Tomou outro banho e em seguida um remédio qualquer, acreditando ser o cansaço o causador do desconforto. Sem dar maior importância ao fato, aprontou-se e ficou à espera de seu admirador.

Terminado o encontro no início da madrugada, tornou a sentir o incômodo, dessa vez um pouco mais acentuado. Ficou preocupada.

— Vou ligar para Marcelo — decidiu.

Assim o fez.

Do outro lado da linha, ouviu-o atender, irritado.

— Você ficou doida?! O que quer a esta hora? Já a proibi de ligar para minha casa. Espero que seja realmente algo importante para ter a ousadia de me acordar assim!

— Não estou bem, Marcelo, preciso ir ao médico.

— Médico? A esta hora da madrugada, só pode estar maluca! Não posso sair agora, o que vou dizer para minha mulher?

— Nem imagino, Marcelo. A única coisa que sei é que preciso ir a pronto-socorro, pois não estou bem.

— Vá se deitar e tente dormir; amanhã logo cedo irei vê-la.

— E desligou, deixando Marília sem saber o que fazer.

Lembrou-se de Daniel e fez a ligação.

— Tente relaxar um pouco, Marília, você trabalha demais. Prazer também cansa, minha amiga.

Nesse momento, Marília entendeu que não tinha ninguém a quem recorrer.

— Não tenho amigos. Meus sócios só se interessam pelo dinheiro que ganham com o meu trabalho, e os outros, apenas pelo meu corpo.

Pela primeira vez, ela se sentiu sozinha e tomou consciência do mal que fazia a si mesma.

Pensou em Luiz.

— Como fui tola em abandonar o homem que me amou de verdade!

Deitou-se e tentou adormecer.

Júlia, assim que retornou de sua viagem de núpcias, se instalou em uma pequena mas graciosa casa, próxima à de seus pais.

Retomara suas atividades com a comunidade e prosseguia sua caminhada de fraternidade, espalhando ao seu redor todo o bem que podia fazer.

Carlos admirava a esposa e apoiava todos os seus projetos, sempre direcionados para beneficiar o próximo.

Marta escondera de Júlia o que acontecera entre Marília e Luiz, assim como a maneira como a filha fora embora. Não queria aborrecê-la no momento especial que vivia, nem queria falar nada sobre Marília, receando pensamentos desagradáveis sobre sua filha. Apenas ela e Antunes tinham conhecimento do caso.

Certa tarde em que Júlia visitava seus pais, conversando sobre seu casamento, comentou como Marília continuava bonita.

— Ela não mudou nada, sempre elegante e atraente.

— Tem razão, filha, sua irmã está como sempre foi.

— Estive falando com Carlos sobre a possibilidade de irmos todos visitá-la na capital. Fazer-lhe uma surpresa. O que a senhora acha, mãe?

Marta, desconcertada, não sabia o que responder, e tentou desconversar:

— Talvez não seja o momento certo.

— Momento certo? O que é isso, mãe? Sempre sonhou visitá-la, e agora diz que não é o momento certo. Marília veio ao meu casamento, deixou seu endereço... e a senhora não quer mais ir a sua casa? Desculpe-me, mas não a compreendo.

Marta não tinha como se justificar.

Júlia voltou a questionar, logo que percebeu o embaraço de sua mãe:

— A senhora tem o endereço de Marília, não tem?

Diante do silêncio de Marta, Júlia, sempre perspicaz, tirou suas conclusões:

— Já posso imaginar o que aconteceu. Marília enrolou e não deixou seu endereço. Por favor, mãe, conte-me o que houve. Não adianta tentar esconder nada de mim, pois conheço muito bem a minha irmã.

— Não aconteceu nada, pare de cismar com Marília.

— Verdade que não aconteceu nada, dona Marta? Pois não acredito. A tristeza que vejo em seus olhos me diz o contrário, trai a senhora. — Segurou entre as suas as mãos da mãe. — Confie em mim. Conte-me o que aconteceu depois que parti. Bobagem esconder o que seus olhos me dizem.

Como uma criança, Marta enxugou algumas lágrimas que caíam, discretas, em seu rosto, e pôs Júlia a par de tudo.

— Ela teve coragem de ficar com Luiz, traindo o marido?!

— Sim, Júlia.

— Marília está passando todos os limites da prudência e do bom senso; age como uma pessoa completamente leviana. E ainda teve coragem de enganar a senhora, indo embora na surdina!

— Receio pelo que ela possa estar fazendo, Júlia.

— Temos que ter receio mesmo, mãe. Alguma coisa há que ela não quer que saibamos.

Diante do choro mais intenso de sua mãe, Júlia abraçou-a tentando acalmá-la:

— Fique tranqüila. Eu e Carlos vamos dar um jeito de descobrir o paradeiro dela e o que vem fazendo com sua vida.

— Obrigada, minha filha. Você sempre foi um anjo.

— Não, mãe, anjos são vocês, que me deram educação, amor e me ensinaram a ter limites com exemplos de amor e respeito.

— E Marília? Por que não aprendeu, como você?

— Ela apenas está usando o livre-arbítrio de forma errada, enganosa. A responsabilidade é dela, vocês estão isentos de culpa, pois sempre ensinaram o bem. É da lei, mãe, que cada um colha o resultado do seu plantio. Foi isso o que Jesus ensinou, e Marília não vai fugir à regra.

— Estou mais aliviada, Júlia. É muito bom poder dividir nossas aflições com alguém em quem confiamos, desafogar nosso coração.

— Como lhe disse, fique tranqüila. Conversarei com o Carlos e arranjaremos um meio de encontrar Marília.

Marília a cada dia sentia-se mais fraca e desanimada.

O médico que a examinara diagnosticara uma virose. Pedira-lhe alguns exames, temendo uma infecção. Assim que ficaram prontos os resultados, ela retornou ao consultório, acompanhada de Marcelo. Qual não foi seu espanto ao ouvir do doutor o diagnóstico: soropositiva. Marília era portadora do vírus HIV...

Marília desmaiou.

Atendida prontamente, mal conseguia ouvir as orientações que o médico lhe passava:

— No seu caso, Marília, a doença já se manifestou. Está com a imunidade muito baixa.

— Como sabe?

— Através da contagem dos linfócitos CD4 e carga viral. Eles me dão a idéia de como está a defesa do seu organismo, e infelizmente não é nada boa. A enfermidade já se manifestou, e sua baixa imunidade é responsável pela infecção importante da qual sofre.

— Não quero ouvir mais nada! — disse Marília, e saiu do consultório arrasada.

Marcelo, ao alcançá-la, lhe disse, impiedoso:

— Chegou o fim de sua carreira, Marília. Você sabe que não podemos trabalhar com pessoas doentes, que colocariam em risco os clientes.

— O que vou fazer agora?

— Isso é um problema seu, minha querida. Você tem dinheiro suficiente para se tratar, mas eu não tenho dom para enfermeiro. Terminamos aqui.

Marília, caindo das nuvens, compreendeu que sua ilusão chegara ao fim da maneira mais cruel. Alcançara o limite da própria ilusão; ou voltava para a realidade da vida ou se precipitava no abismo de seus sonhos irreais e desfeitos.

Marcelo continuou:

— Vou cancelar seus encontros. A partir deste momento é com você, faça o que achar melhor. Mas, se continuar, será por sua conta e risco.

— Marcelo, preciso de alguém para cuidar de mim até eu me recuperar.

— Marília, o que faz seu dinheiro guardado no banco? Este é o momento de usá-lo com algo mais sério e importante. Financeiramente você não está na rua da amargura, possui mais que o necessário para se cuidar.

Marília percebeu que a partir daquele instante estava completamente só. Marcelo e Daniel nada fariam para ajudá-la, pois para eles não passava de um corpo que se tornara fonte de dinheiro fácil.

O que farei, meu Deus? Meus sonhos ruíram, minhas ilusões desabaram sobre minha cabeça, e a solidão, daqui para a frente, será minha única companheira, mesmo rodeada por inúmeros empregados. Dei importância apenas ao meu corpo, e até ele me traiu, pensou ela.

Ao chegar em casa, chorou até adormecer de cansaço.

Após tomar conhecimento de tudo o que Júlia lhe contara, Carlos teve uma idéia que acreditava ser muito boa:

— Vou telefonar para Marcelo sem me identificar. Direi que sou um velho amigo de Marília, que estou na cidade e gostaria muito de revê-la. O que acha?

— Você deve tentar, meu amor, pode dar certo. Quero muito amenizar a angústia dos meus pais.

No dia seguinte, Carlos colocou em prática o plano que imaginara:

— Marcelo, aqui quem está falando é um velho amigo de Marília. Cheguei à cidade há dois dias e gostaria muito de encontrar-me com ela. Sei que ficará feliz em me rever. Esqueci-me de trazer seu endereço. Você poderia fazer a gentileza de fornecê-lo?

— Sem problemas, senhor...

— Antônio.

— Senhor Antônio, devo avisá-lo, contudo, de que Marília não está atendendo mais.

Carlos sentiu como se tivesse levando um tapa no rosto, tal o susto que levou com a colocação de Marcelo. Querendo saber mais, insistiu:

— Como assim? Por quê?

— Ela vai fechar a agência, e estou cancelando todos os seus encontros. Não está sendo fácil, pois os fregueses usuais estão revoltados. Marília é muito requisitada. Afinal, é uma bela mulher, e tem sempre a agenda lotada.

— Perdoe-me a insistência, mas o que houve para ela tomar essa decisão?

— Está doente. Contraiu o vírus HIV, e a doença já se manifestou.

Carlos precisou se segurar para não deixar escapar toda a sua indignação. Com o propósito de alcançar seu objetivo, continuou:

— Mesmo assim gostaria de me encontrar com ela. Somos muito amigos. Poderia dar-me o endereço?

— Tudo bem, pode anotar.

Assim que teve a informação nas mãos, Carlos desligou o telefone, sentou-se ao lado de Júlia e, com profunda tristeza, disse-lhe:

— Querida, consegui o endereço, mas prepare-se para o pior.

— Por que diz isso? O que está havendo?

Ao tomar conhecimento do que se tratava, Júlia, em um primeiro impulso, chorou todas as lágrimas possíveis.

— Minha irmã é uma garota de programa, não é possível! — exclamou, indignada. — O que vamos fazer, Carlos?

— O que é certo. Contar a verdade a seus pais, e em seguida ir até a capital buscá-la.

— Eles morrerão de tristeza...

— Não, Júlia, nada disso. Sofrerão, sim, mas irão se agigantar para cuidar da filha, e nós os ajudaremos nessa tarefa.

A reação de Marta e Antunes não foi diferente do que esperavam. Depois de darem vazão à angústia que se apossara de seus corações, Antunes disse a Carlos:

— Agradecemos muito a você, meu genro, por nos proporcionar a oportunidade de cuidar de nossa filha. Não concordamos com o que ela andou fazendo e nos entristece muito saber que Marília enveredou por um caminho perigoso e sem dignidade, mas é nossa filha, e tudo faremos para que possa retomar o caminho seguro da moral cristã.

— Não me agradeça, seu Antunes. Sou da família, e o que os atinge toca a mim também. Fiz o que deveria ser feito, e deixo claro que pode contar conosco em tudo o que precisar, em qualquer situação.

— Esperava isso de você, Carlos, e mais uma vez agradeço. Júlia mereceu se unir a um homem tão digno.

— Nós iremos buscá-la — disse Júlia.

— Quando?

— Amanhã mesmo. Sairemos pela manhã e logo após o almoço estaremos lá.

— Quero ir com vocês — pediu Marta, chorosa.

— Não, mãe, é melhor a senhora ficar. Iremos nós dois. Acredito que Marília se sentirá mais à vontade para conversarmos.

— Júlia tem razão, Marta, é melhor ficar e esperar. Eles sabem o que fazer.

— Quero conversar com ela, mãe, saber o que está sentindo e verificar a real intenção dela, porque, se continuar com a teimosia de sempre, muito pouco poderemos fazer.

— Confie em Júlia, dona Marta. Ela sempre sabe o que dizer na hora certa.

— Voltaremos assim que deixarmos tudo resolvido por lá.

— Jesus os acompanhe, meus filhos, e permita que tudo se resolva para a felicidade de todos.

— Agora tente se acalmar, mãe, Marília precisará muito do seu apoio e da sua compreensão. Ela tem um gênio difícil, e não deve estar sendo fácil para minha irmã admitir que errou nas suas ilusões.

— É verdade, Marta, nossa filha enganou-se no plantio, e agora é a hora da colheita. Não podemos colher por ela, mas devemos ajudá-la a carregar o peso da imprudência, mostrando-lhe que o sentimento do amor verdadeiro abre as portas da felicidade, ao contrário da alegria efêmera do prazer, que, mais cedo ou mais tarde, cobra dos incautos sua leviandade.

— Vão com Deus — repetiu Marta —, que tudo aconteça de acordo com a vontade de nosso Pai.

No dia seguinte, como previsto, Júlia e Carlos seguiram para a capital.

Ao chegarem ao prédio onde Marília morava, espantaram-se com tanto luxo. Subiram até o andar indicado pelo porteiro e, antes mesmo que tocassem a campainha, a porta se abriu e saiu um homem bem-vestido, que, se voltando, disse a alguém que deveria estar do lado de dentro:

— Até outro dia, garota. E pare com a conversa de se aposentar, porque não vou aceitar. Sabe que quero você, e para isso pago o que for preciso.

A porta se fechou sem que eles ouvissem resposta.

Júlia precisou de algum tempo para se recompor, tal o susto que levou ao confirmar o que temiam.

Carlos, atencioso, passou o braço pelo ombro da esposa.

— Vamos, meu bem, estamos aqui e precisamos ir até o fim.

— Tem razão, Carlos, toque a campainha.

Esperaram alguns minutos, e foi a própria Marília quem atendeu, longe de imaginar a surpresa que teria.

Vestia um robe azul-claro. Os cabelos estavam soltos, e o rosto, completamente limpo, sem nenhuma maquiagem. Linda como sempre.

— O que vocês estão fazendo aqui?! — perguntou, embaraçada.

Foi Carlos quem respondeu:

— Viemos buscá-la, Marília.

— O quê?

— Isso mesmo que você ouviu — completou Júlia.

— Como descobriram meu endereço?

— Isso não importa, Marília. O importante agora é levá-la daqui o mais rápido possível.

— Não me lembro de ter pedido nada a vocês.

— O seu orgulho não iria permitir que pedisse, por isso tomamos a iniciativa.

— Não vai nos convidar a entrar? — Carlos indagou.

— Desculpem. Entrem, por favor — convidou Marília, com timidez.

Ao entrar não puderam deixar de observar o requinte da decoração do apartamento, fruto do trabalho leviano e da grande ambição de Marília.

— Parabéns. Sua casa é muito elegante. — Carlos sorriu-lhe.

Júlia, não contendo sua indignação, revidou:

— Mas fruto da vaidade, do desejo e da volúpia; conseqüência da imprudência e da leviandade de Marília.

— Júlia!

— É verdade, Carlos. De que adianta todo esse luxo, Marília, se os ensinamentos de nossos pais ficaram perdidos lá trás, sufocados na ilusão boba e sem conteúdo de uma menina vaidosa e prepotente?

— Júlia! — Carlos tornou a exclamar, espantado com a atitude da esposa.

— Confirmo tudo o que disse. Chegou a hora da verdade, minha irmã. Qual é, na realidade, o seu trabalho? Que agência é essa que ninguém conhece nem nome tem? Pelo que acabamos de ver minutos atrás, só podemos tirar uma conclusão: trata-se de uma agência de garotas de programa. E isso dá cadeia, Marília!

Marília permanecia silenciosa e envergonhada. Sabia que sua irmã estava certa, coberta de razão. Comprometera seu futuro, e, quanto ao seu passado, sabia ser impossível apagá-lo.

Carlos aproximou-se de Júlia para lhe dizer:

— Chega, meu bem, ela já ouviu o necessário.

— Não, Carlos, não ouviu. — Voltando-se para a irmã, seguiu em frente: — Marília, sabemos tudo o que está acontecendo com você, ou seja, que está doente. Viemos buscá-la para viver conosco, retomando a postura digna de gente de bem, em meio à família construída com muito amor pelos nossos pais. Mas de nada adiantará se você não reformular seus conceitos, sua maneira de encarar a vida, querendo preservar sua integridade física e moral e voltar a ser aquela menina mimada, sim, mas que corria alegre pelos campos dos girassóis. Para que isso aconteça, minha irmã, terá que mudar seus valores e aprender a respeitar o próximo, e principalmente a si própria. A beleza maior, e que não acaba com o passar do tempo, é a beleza da alma, e é para ela que se deve dar maior atenção. Por isso, pergunto: quer voltar conosco e retomar sua vida de dignidade ao lado de seus pais e irmãos, que a amam e querem a sua felicidade, ou prefere continuar alimentando os sonhos e ilusões vazias que lhe trouxeram enfermidade e solidão? Quer ser alguém importante para nós ou prefere continuar na sua posição de objeto de prazer para vários?

— Está sendo muito dura com ela, Júlia!

Marília, até então em silêncio, respondeu:

— Não, Carlos, ela não está sendo dura, mas apenas me mostrando outro caminho. Júlia não disse nada que não fosse a expressão absoluta da verdade, e agradeço por isso. — Aproximou-se da irmã e deu-lhe um abraço apertado, como se quisesse se deitar no colo de alguém que de fato a amasse. — Obrigada, Júlia. Levem-me com vocês; não sei como sair deste tormento sozinha, mas afirmo que não quero mais. Apenas tenho receio pelos meus pais.

— Quanto a eles, fique tranqüila, estão ansiosos por tê-la em casa. Querem cuidar de você; todos nós queremos, Marília.

Retribuindo o abraço, Júlia passou as mãos pelos cabelos da irmã.

— Acalme-se, Marília, confie naqueles que nunca deixaram de amá-la e estão dispostos a ajudá-la nesse retorno. Gostaria apenas que me dissesse uma coisa.

— Diga, Júlia, peça o que quiser.

— Conte-nos como foi que entrou nesse trabalho, que, mais que o dinheiro, provoca marcas profundas na alma.

Sentaram-se próximos um do outro, e Marília narrou toda a sua trajetória, desde o dia em que deixara a cidade com Marcelo. E sua descoberta do que realmente era o trabalho que ele dizia ser de modelo.

— Marcelo é um mau-caráter — considerou Carlos.

— Concordo com você, meu amor. Mas a culpa não foi só dele. Marília não quis enxergar, permitiu que tudo fosse acontecendo, porque considerou mais importante a posição, o brilho, o luxo que proporcionava, do que a própria dignidade.

— Júlia tem razão, Carlos, a culpa maior, e talvez única, é minha. Não lutei por mim, e sim por uma conta bancária. Desde nova agi sempre com imprudência e leviandade, não ouvia ninguém, nem mesmo Júlia, que tantas vezes conversou comigo. Escondi-me atrás de minha beleza, esqueci-me de que tudo passa e somente nosso aprimoramento moral é definitivo. Peço perdão e ajuda — completou Marília com humildade.

— Muito bem, tudo ficou explicado. Você se posicionou em favor da mudança, conscientizou-se do abismo no qual se meteu. Acredito eu que seu desejo de se transformar seja verdadeiro e que pretende mesmo retomar sua vida que ficou lá para trás. Sendo assim, vamos tomar as primeiras providências e retornar o mais breve possível.

— Júlia, explique-me apenas como conseguiram me encontrar, se nunca dei meu endereço, justo pelo medo de que isso acontecesse.

Carlos falou de seu telefonema e a conversa que teve com Marcelo.

— Vamos colocar uma pedra sobre tudo isso, Marília.

— Júlia, tenho medo dos moradores da nossa cidade, que, ao saberem dos fatos, irão me desprezar. Ficarei falada e humilhada. Estou perdida!

— Eles ficarão sabendo se nós contarmos, querida, e é claro que não faremos isso. Nem Felipe e Rafael têm conhecimento dessa história. Você voltou e pronto.

— Tornei-me a vergonha de nossos pais! — exclamou Marília.

— Não vou dizer a você que eles estão felizes com essa situação, porque não seria a verdade. Sofrem muito, e seria de estranhar se agissem diferente; mas o amor por você é maior que as lágrimas que derramam, e os dois anseiam tê-la perto para ajudá-la a se reerguer.

— Júlia, por que essas coisas acontecem com as pessoas? Como me deixei levar por tanta ilusão, por tanto sonho? Sou a pior cega, aquela que não enxerga porque não quer.

— Marília, muita coisa acontece com as pessoas porque os homens andam distraídos e prestam atenção somente a seus interesses, deixando de lado os valores morais e espirituais, que nos fazem perceber outras pessoas caminhando como nós na grande casa de Deus. Nós nos aproximamos de Jesus através do bem que fazemos ao nosso próximo, do exercício da fraternidade, e não da satisfação de nossos próprios desejos, nem sempre louváveis.

— Eu sou uma dessas pessoas!

— Chegou ao limite da sua ilusão, minha irmã. Agora só você poderá reverter essa situação que criou. Mas tenha muito cuidado para não cair na autocompaixão, não se julgar vítima de um sistema, porque a porta de entrada quem abriu foi você.

— Não sei como começar, Júlia.

— Comece com a mesma determinação com a qual sempre lutou para alcançar o que considerava felicidade. Use-a agora para transformar essa aflição em aprimoramento moral, crescimento espiritual. Sua experiência lhe dará o rumo certo, mais seguro. Porém, para que tudo isso aconteça dentro do equilíbrio, é necessário querer com firmeza; haver conscientização do engano cometido e entender que os sonhos equilibrados e justos trazem e representam crescimento evolutivo do ser na questão física e espiritual. Passe, Marília, a sonhar em se tornar uma pessoa melhor e lute com todas as forças para que isso aconteça. Inicie compreendendo que ouvir conselhos não significa obedecer ordens, e passe a escutar as vozes que lhe querem bem.

Marília e Carlos ouviam atentos e impressionados com a sabedoria de Júlia.

— Querida, agradeço a Deus por tê-la conhecido e me apaixonado por você.

— E eu fui tola o suficiente para não ouvi-la... — concluiu Marília.

— Não se deixem enganar, não sou sábia. Tento apenas colocar em prática o que estudo no Evangelho de Jesus. Conhecer Jesus e não segui-Lo é apagar a luz do próprio caminho. Deus deu a todas as Suas criaturas o livre-arbítrio, ou seja, podemos escolher o caminho que queremos seguir, mas nem sempre fazemos a opção certa, nem sempre pisamos em terreno fértil. A decisão sempre será nossa, mas é verdade que cada um irá colher os frutos da árvore que plantou; é da lei. Mas, cobertos pelo amor e plena misericórdia de Deus, sempre teremos a chance de recomeçar quantas vezes forem necessárias. A cada tombo sairemos mais fortalecidos se compreendermos que a culpa é toda nossa na ação de empregar mal o nosso livre-arbítrio, por termos permitido que a imprudência e a leviandade exercessem presença forte nas decisões.

Marília, não podendo agüentar mais, caiu num choro convulsivo.

— Marília, não se desespere. Esse caminho chegou ao fim, tudo dará certo.

— Eu sei, Carlos. Minhas lágrimas são porque sei que estou no fim, não só desse caminho, mas também da minha vida.

— Por que diz isso?!

— Estou com Aids, meu cunhado. Não sou somente soropositiva. A doença já se manifestou.

— Nós já sabemos, Marília, mas nem tudo está perdido. Hoje os tratamentos são mais eficazes, vamos confiar. Lutaremos contra essa doença.

— Marília, sabe que pode contar conosco. Usaremos de todos os esforços em seu tratamento. Ajudaremos você a passar essa fase com dignidade.

— Agradeço muito a você e a Carlos. Sei que não mereço o que estão fazendo por mim, mas mesmo assim agradeço muito mesmo, e aceito o auxílio.

— Bem, já falamos tudo o que era necessário. Vamos agora decidir as coisas práticas. O que pretende fazer com seu patrimônio?

— Penso ser mais prudente vender tudo, Carlos. Não pretendo mais voltar a esta cidade, porque não quero que vejam a minha decadência.

Júlia interferiu de novo:

— Marília, você está enganada, invertendo os valores. Está saindo da decadência e entrando na dignidade espiritual e moral.

— Só preciso de um tempo para coordenar minhas idéias, modificar meus conceitos, como você disse, e me transformar em uma pessoa melhor.

— Claro, meu bem, ninguém muda de uma hora para outra. O importante é se conscientizar da necessidade da mudança e querer mudar.

— Eu quero, Júlia, pode confiar em mim.

— Confio em você, Marília. Sei que é uma boa menina, apenas se enroscou ao redor de si mesma e se viu presa na própria teia da inconseqüência. Mas sempre há uma saída para aqueles que confiam e se esforçam para seguir Jesus.

— Posso lhe dar um beijo? Não tem medo?

— Medo de quê?

— De se contaminar.

— O que é isso, Marília? Beijo não contamina.

Abraçaram-se fraternalmente.

— Carlos, poderia cuidar dos negócios para mim?

— Marília, só poderei fazer isso através de uma procuração.

— Eu sei, vamos até o cartório, e passarei uma procuração para você com plenos poderes para fazer o que achar melhor.

— Você confia nele, irmã?

— Evidente que sim, Júlia, plenamente.

Nos quatro ou cinco dias que se seguiram, tomaram todas as providências necessárias para o andamento dos bens de Marília.

Na manhã ensolarada de uma quinta-feira do mês de outubro, Marília despediu-se da capital, levando suas coisas pessoais nas malas e seus sonhos e ilusões desfeitos no coração sofrido.

Quando se inicia a vida sexual, deve-se fazê-lo com responsabilidade, sem transformar o corpo na fonte única de prazer, mas sim no instrumento de completa integração física e espiritual com o ser que se ama. Deve-se dar ao amor sua real dimensão; quando se age assim, cuida-se da saúde e preserva-se a integridade moral da própria pessoa e daquele que se lança com ela nesse sentimento.

Agir com equilíbrio e sensatez é trazer felicidade para a própria vida; permitir o abuso, o desregramento e o vício é abrir espaço para as doenças, a infelicidade e o sofrimento do corpo e da alma.

(Irmão Ivo)

Capítulo XII

Brilha a luz em uma alma ferida

Marília chegou de volta à pacata cidade onde nascera, cabisbaixa e insegura. O lugar que tanto desprezara seria agora o palco de uma colheita de sofrimento.

Embora seus corações estivessem sangrando uma dor profunda, Marta e Antunes receberam a filha com os braços aconchegantes e um sorriso que reconfortava o coração de Marília, que mal suportava o medo que sentia do futuro.

— Filha! — disse Marta, abraçando-a com carinho. — Que grande bênção poder tê-la de novo conosco!

— É verdade, filha, sua mãe tem razão. Estamos felizes em reunir nossa família outra vez. Seu lugar sempre foi aqui, ao lado daqueles que a amam e querem estar com você em qualquer circunstância. — Abraçou-a e fez menção de beijá-la, mas Marília instintivamente o repeliu.

Surpreendido, Antunes indagou:

— Por que isso? Um pai que esperou tanto por este momento não pode beijar a filha que ama?

— Quero apenas preservá-lo, pai. É mais prudente não ter nenhum contato comigo, o senhor deve saber o que quero dizer. É perigoso.

Amorosamente, Antunes pegou-a pelas mãos, fez com que se sentasse a seu lado e lhe disse:

— O beijo não é transmissor do vírus; só no caso de se ferir a boca. A quantidade de vírus na saliva é mínima, portanto, deixe-me beijar o rosto de minha menina querida e dê-me a alegria de receber um beijo seu, filhinha.

Marília fechou os olhos e, emocionada, recebeu o beijo de seu pai.

— Como o senhor sabe que o beijo não contamina? — perguntou em seguida.

— Porque desde que soube desse problema procurei me informar, só isso.

— Quer dizer que posso tocar as pessoas e beijá-las no rosto?

— Claro, filha. A transmissão se faz pelo contato com o sangue contaminado, através da secreção vaginal e do esperma do homem, e também do uso das drogas, quando se compartilham agulhas e seringas. Aids não se pega no toque. Entretanto o simples toque pode dizer àquele que o recebe que o amamos sem julgamento ou preconceito; o que queremos é o seu bem-estar, porque ele é importante para nós. Fique confiante, minha filha, amanhã mesmo sua mãe e eu a levaremos ao nosso médico. Ele lhe explicará tudo direitinho. Você não ficará desamparada, tudo faremos para auxiliá-la nesse momento difícil.

— O que importa, minha irmã — disse Júlia —, é não perder a fé em Deus; é aliar o tratamento físico à esperança e à fé. Confie no Divino Amigo e se entregue livre ao amor de Deus.

— Ajudem-me — suplicou Marília, chorosa. — Quero sair desse vendaval que me arrasta; esquecer o que fiz e o que sou. Perdoem-me!

— Filha, no coração que tem fé não cabe o desespero, mas sim a esperança de que tudo poderá se transformar se assim o quisermos. O que está feito não se pode mudar, mas pode-se impedir a repetição das atitudes ruins, que muitas vezes tomamos por cegueira espiritual.

— Eu quero mudar, pai.

— Então conseguirá.

— Mas e a doença? Como vencê-la?

— A enfermidade, minha filha, é a fermentação de muitas existências vividas desregradamente. É a resposta, a conseqüência. Por isso, às vezes a dor é a própria cura.

— O que quer dizer?

— Quero dizer que ela se instalou porque alguma porta foi aberta. Vamos lutar para vencê-la, mas, se não acontecer a cura, não se pode amaldiçoar nada, porque não sabemos a importância da dor e do sofrimento na nossa evolução espiritual e na recuperação da nossa alma. Concluímos, Marília, que as dores e as aflições da nossa vida são as respostas dos atos infelizes que praticamos.

Júlia levantou-se e, tentando trazer alegria para o ambiente, disse, com um sorriso nos lábios:

— Vamos encerrar esse assunto. Sugiro fazermos uma prece ao Senhor para que nos ampare e nos fortaleça a fim de enfrentarmos nossos problemas com dignidade cristã.

Todos concordaram. Deram-se as mãos e oraram.

Senhor de todos os mundos
E de todos os seres,
Enfraquecidos estamos porque temos medo
De nos perder nesse sofrimento
Que julgamos não suportar.
Venha em nosso auxílio, Senhor,
Ajude-nos a limpar da nossa alma
Os sentimentos menores que porventura venham
A nos atirar na indignação.
Clamamos por Sua piedade.
Socorre-nos!
Confiamos no Senhor
E mergulhamos na certeza de que o amparo virá.
Fechamos nossos olhos à dor
E abrimos nosso coração para aquecê-lo
No sopro doce do Seu amor.

Dez dias se passaram sem que Luiz fosse visitar Marília.

Instalada em seu antigo quarto, ela repousava, convalescendo da infecção que abalara sua saúde.

Sempre que se encontrava a sós, seus pensamentos brincavam em sua mente confundindo-a e provocando-lhe ansiedade e angústia.

— O que será de mim daqui em diante? — indagava a si mesma. — Que futuro me aguarda?

Nesses momentos, lágrimas amargas desciam pelo seu rosto.

Como fui tola, caprichosa e frívola! De que vai me adiantar agora essa beleza se meu corpo está saturado de tanta futilidade e falta de respeito comigo mesma?, pensava ela.

Marta, entrando em seu quarto, interrompeu as divagações da filha:

— Com se sente hoje? Está melhor?

— Aos poucos vou melhorando, mãe; graças aos cuidados da senhora e do papai. — Esticou os braços e tomou a mão dela. — Sente-se aqui ao meu lado, por favor.

— Claro, filha. O que foi? Quer me dizer alguma coisa? Se quiser, não se intimide. Diga.

— Mãe, preciso pedir mais uma vez que me perdoe por tudo o que fiz vocês sofrerem. Hoje sei que não tinha o direito de atingi-los tão impiedosamente e me envergonho demais por isso. Não sei o que fazer para compensá-los por tanta aflição que sentiram por minha causa. Perdoe-me, mãe, perdoe-me!

Marta, emocionada, respondeu:

— Minha filha, já conversamos sobre isso, e tudo já foi falado e explicado. Nós já a desculpamos, e creia que será para nós sempre a nossa filha querida. Não se culpe tanto, porque agora o melhor a fazer é lutar a favor da sua recuperação, física, moral e espiritual.

— Estou deixando me levar pela autocompaixão, e segundo diz Júlia isso não é bom.

— Ela tem razão, Marília. Em vez de deter sua atenção no passado, olhe para o futuro e selecione seus melhores pensamentos e sentimentos para sua recuperação.

— O que seria de mim sem vocês? Marcelo me "amava" enquanto era útil para ele, mas ao perceber meu declínio afastou-se sem ao menos prestar auxílio, por menor que fosse. Deixei de existir para ele e Daniel.

— E que foi que ganhou existindo para eles? Eu mesma respondo: nada, a não ser o dinheiro. E o que vale o dinheiro ganho de maneira menos digna em detrimento dos valores morais que ficaram para trás? Não questione mais isso, filha, siga essa nova etapa de sua vida com confiança e fé no Criador; traga-O para seu coração, de onde Ele nunca deveria ter saído, e Ele enviará auxílio.

— Mãe, Marcelo não terá que prestar contas também?

— Sem dúvida, mas deixe que a vida se encarregará de puni-lo, mais cedo ou mais tarde. Entregue tudo nas mãos de Deus, Ele sabe o que é melhor para cada uma de Suas criaturas. Não pense mais em Marcelo; foi por ele que você se precipitou no abismo.

— A senhora tem razão, vou esquecê-lo de uma vez.

— Mudando o rumo de nossa conversa, vim aqui informá-la de que hoje à tarde iremos ao médico.

— Já marcou consulta?

— Sim. Seu pai e eu iremos com você. Irá gostar dele; aliás, deve se lembrar do doutor Alcides, pois é nosso médico há muitos anos.

— Claro, lembro-me dele, sim.

— Vou descer e preparar-lhe um suco.

— Obrigada, mãe.

Assim que Marta se foi, Marília exalou um suspiro.

— Meu Deus, por que fui tão cega a ponto de não perceber a família que tenho? Vou levar essa culpa para sempre.

Na hora marcada, Antunes, Marta e Marília entraram no consultório do dr. Alcides.

Após os cumprimentos e o minucioso exame feito pelo médico, ele conversou com Marília, explicando-lhe mais detalhadamente sua situação.

— Marília, de início aconselho-a a não se entregar ao desânimo, à tristeza e ao medo. É importante manter a confiança e a esperança. Quero dizer que seu estado emocional é de grande importância. Vamos dar muita atenção ao grau de comprometimento imunológico, sua carga viral, enfim, estará sob nossos cuidados, mas peço-lhe que controle seu estado emocional e ajude-me a ajudá-la. Veja bem, o vírus HIV ataca o organismo procurando as células e destruindo toda a defesa. A pessoa soropositiva deve se prevenir para evitar a recontaminação, que pode agravar seu estado de saúde. A infecção pelo HIV, se descoberta a tempo, pode ser controlada, o que evitará que evolua para Aids; mas infelizmente não é o seu caso, porque a doença já se manifestou.

— Quer dizer que é o início do meu fim?

— Somente Deus poderá dar-lhe essa resposta, Marília. Mas faço-lhe outra pergunta: o que é o princípio, e o que é o fim?

— Como assim, doutor?

— Marília, quando passamos por uma estrada espinhosa com humildade, aceitando a decisão divina sem revolta e compreendendo que não somos vítimas, e muito menos inocentes, mas sim os responsáveis por nossos atos, com certeza chegamos ao fim dos nossos débitos quitando-os com coragem, e o fim dos nossos débitos equivale ao princípio da nossa elevação espiritual. Veja como o fim e o princípio se misturam, dando-nos oportunidade de entrar vitoriosos na grande casa de Deus.

— Obrigada, doutor, deixou-me mais calma. Seguirei todas as suas orientações. Lutarei enquanto puder.

— Gostei de ouvi-la.

Levantaram-se, e Marília, segurando as mãos de seus pais, deixou o consultório mais animada.

— Quer passear um pouco antes de voltarmos para casa?

— Prefiro voltar, mãe, estou um pouco cansada.

Acomodados no carro e prontos para partir, Marília assustou-se com Luiz, que, se aproximando da janela, disse-lhe, seco:

— Soube da sua chegada e preciso muito falar com você. Podemos nos encontrar?

Antes que Marília respondesse, Marta se antecipou:

— Luiz, Marília não anda muito bem; não é o momento para passear.

— Não estou interessado em passear com ela, dona Marta. Quero apenas conversar um assunto muito importante, e não posso esperar.

— Se é assim, vá até nossa casa. Poderão se falar lá.

— Pode ser amanhã?

— Claro, Luiz — Marília respondeu. — Vá à hora que achar melhor.

— Sendo assim, irei logo após o almoço. Tudo bem?

— Estarei esperando.

Partiram.

Marília ia absorta, pensando que motivo teria Luiz para tratá-la tão secamente e estar ansioso para encontrá-la. *O que terá acontecido, meu Deus? Nosso último encontro, meses atrás, foi maravilhoso. Que razão ele teria para mudar seu comportamento comigo?*

No dia seguinte, logo após o almoço, como prometera, Luiz foi até a casa de Marília. Marta recebeu-o e, sempre discreta, deixou-os sozinhos na varanda.

— Luiz, senti saudade de você!

Ignorando-a, Luiz, com agressividade na voz, perguntou:

— Por que fez isso comigo, Marília? Pela segunda vez você me atinge impiedosamente.

— O que foi que eu fiz?!

— Você não tem que perguntar o que você fez, mas explicar por que fez.

— Meu Deus, o que está dizendo? Não tenho a menor noção do que possa ter feito de tão ruim para você, a não ser amá-lo naquela noite como nunca julguei ser possível.

— Não seja cínica!

Irritada, Marília revidou:

— Chega de me ofender, Luiz, e diga de uma vez do que me acusa.

— Pois vou dizer com todas as letras. Foi uma coisa bem simples, Marília — disse, irônico. — Você me contaminou com o vírus HIV!

Marília empalideceu.

— O que está dizendo, Luiz?!

— Vou repetir bem devagar, Marília, para que entenda bem e possa se dar conta do mal que me fez. Estou contaminado com o vírus HIV. Tornei-me soropositivo através da insanidade de uma pessoa inconseqüente como você. Compreendeu?

— Como pode ter tanta certeza de que foi comigo que se contaminou? Estivemos juntos uma única vez.

— Não seja ridícula! Tenho toda a certeza do mundo, e vou odiá-la para sempre. Como pude ser tão ingênuo? Devia ter imaginado quem você era, na realidade, por isso foi tão fácil levá-la para a cama.

— E quem eu sou, Luiz?

— Uma garota de programa que se esconde atrás de uma beleza que fascina, mas que na realidade apenas camufla sua falta de moral.

— Como pode dizer isso de mim? Não deve falar do que você não sabe.

— Falo do que sei, Marília, e não adianta tentar encobrir sua história, porque Marcelo contou-me tudo sobre você.

— Marcelo!

— Sim. Consegui o telefone dele por intermédio de Carlos. Senti-me tão apaixonado depois daquela noite em que estivemos juntos que a única coisa que queria era correr ao seu encontro para pedir-lhe que ficasse comigo para sempre. Marcelo percebeu que eu não sabia nada sobre você e, querendo impedir-me de cair na sua teia, contou-me toda a verdade, inclusive que você contraíra o vírus. "Você não merece ser enganado", disse-me. "Já foi humilhado uma vez, não é justo que seja de novo." Fiquei enlouquecido. Decepção e medo tomaram conta de meu coração. Custava a acreditar que a mulher que amava não passava de uma garota de programa. Procurei um médico, e após os exames que ele pediu constatou o vírus. Sou soropositivo, Marília. A doença não se manifestou, mas o vírus está no meu sangue, vindo da única mulher que amei na vida e que foi a causadora do meu sofrimento, passado e presente.

— Luiz, perdoe-me. Só posso dizer que quando ficamos juntos não sabia ser portadora do vírus. Jamais teria cometido ato tão vil se tivesse conhecimento disso. Fiquei com você por amor.

— Não sei se o que me dói mais é ter o vírus no meu sangue ou saber que você se tornou uma garota de programa cujo trabalho é dar prazer para quantos pagarem.

Marília baixou a cabeça, envergonhada.

— Sei que não mereço perdão, mas, se algum dia achar que está preparado, me perdoe, Luiz.

— Por que estragou sua vida dessa maneira? Que sonhos são esses que jogaram você no abismo da amargura?

— Desculpe-me, mas não quero mais falar sobre isso. Já sofri demais. É o meu passado, e não vou poder mudá-lo. Mas posso, e vou, cuidar do meu futuro para ter a chance de, mesmo sozinha, tentar ser feliz.

— Você destruiu sua vida e a minha. Poderíamos ter sido felizes se a sua teimosia e vaidade não tivessem ocupado o lugar mais alto.

— Já pedi perdão; e é a única coisa que posso fazer. Não quero e não vou mais falar sobre minha vida, e não dou a ninguém mais o direito de vir questionar o que fiz dela, a não ser minha família. Portanto, nos despedimos aqui. Até outro dia, Luiz.

— Até nunca mais, Marília, não quero tornar a vê-la. Faça da sua vida o que quiser e achar melhor. Espero que consiga ser feliz, se a sua consciência deixar.

Virou-lhe as costas e partiu sem perceber as lágrimas que molhavam o rosto de Marília, quando ela constatou mais uma vez seu erro. Atingira com sua inconseqüência um homem como Luiz.

— Meu Deus, que peso vou carregar nos ombros... Quantas pessoas não devem ter se contaminado através de mim? Não podia imaginar que era soropositiva. Que imprudência me relacionar com os outros sem a devida precaução. Se houver outras vítimas, que elas possam me perdoar.

Lembrou-se de que tempos atrás, assim que chegou à capital, Marcelo insistira para que se operasse evitando uma gravidez indesejada, que poderia prejudicar sua carreira de modelo.

— Como não percebi a verdadeira intenção dele? Evitei uma gravidez e esqueci-me das doenças sexualmente transmissíveis. E hoje sou a única que sofre pela imprudência e leviandade de outrora. Que Jesus possa me perdoar, porque eu mesma não me perdoei.

Marta, percebendo a inquietação da filha, aconselhou:
— Vá se deitar um pouco. Precisa descansar, está ainda muito fraca.

Seguindo o conselho da mãe, Marília recolheu-se em seu quarto.
— Antunes, preocupo-me com ela. Penso que já era para estar melhor, mais forte, mais disposta. Entretanto, acho-a ainda tão fraquinha...
— Está seguindo as recomendações do doutor Alcides?
— Rigorosamente.
— Deve ser assim mesmo. Essa doença é muito grave.
— Você percebeu como Marília emagreceu?
— Percebi, Marta, e acho melhor aceitar que seu estado é grave. É uma luta constante, mas não podemos perder a fé.
— Isso não, Antunes, jamais.

Passados quatro meses, Marília contraiu outra infecção que a deixou mais debilitada ainda. Magra e abatida, passava longos momentos em silêncio.

Certa tarde, Carlos e sua mulher chegaram sorridentes à casa dos pais de Júlia.

— Que alegria é essa?

— Tenho boa notícia para você, Marília.

— Para mim? Diga o que é, Carlos.

— Até que enfim finalizei as negociações do seu patrimônio. Tudo vendido e devidamente acertado. O dinheiro recebido já está depositado em sua conta.

— Conseguiu vender tudo a vista?

— Isso não foi possível, Marília, em virtude de a quantia ser muito elevada, mas os imóveis de menor valor, esses sim, foram vendidos a vista. Os outros, com uma entrada e parcelas mensais. No prazo de um ano terá tudo quitado. Fiz o melhor que pude.

— Fez muito mais do que eu esperava, Carlos. Ótimo trabalho. Vamos acertar agora sua comissão.

— Não fiz nada com o intuito de ganhar comissão; minha intenção foi apenas ajudá-la a colocar um ponto final nessa história.

— Não acho isso justo. Você perdeu seu tempo, deixou seu trabalho para cuidar das minhas coisas, empenhou-se ao máximo para resolver minhas questões. Gostaria de recompensá-lo.

— Agradeço, mas realmente não me sentiria bem. Fiz por você, e alegro-me que tenha ficado satisfeita.

Marília calou-se, e um pensamento lhe ocorreu: *Ele não aceita porque com certeza considera um dinheiro sujo. Será que Carlos tem razão?*

Novamente dirigindo-se ao cunhado, perguntou-lhe:

— Você se importaria de cuidar de tudo para mim? Não tenho condições, e acho que não voltarei a ter.

— Não diga isso, Marília, é preciso ter esperança.

— Mas também é preciso ser realista. Não quero me iludir, prefiro encarar a verdade. Você aceita, Carlos?

Carlos olhou para a esposa, e Júlia balançou a cabeça afirmativamente, querendo dizer: "Aceite".

— Tudo bem, Marília, se acha mesmo necessário, farei o que me pede.

— Acho necessário e confio plenamente em você.

— E o que pretende fazer, Marília? — perguntou Júlia.

— Ainda não sei, mas a recusa de Carlos fez-me pensar em algo de que até então não havia me dado conta. Gostaria de conversar a respeito com você.

— Quando você quiser.

— Daqui a alguns dias falaremos disso. Quero amadurecer a idéia.

— Você é quem sabe, minha irmã.

A parti desse dia, Marília começou a pensar que poderia dar uma finalidade mais útil àquele dinheiro, que parecia incomodar a sua família por ter sido ganho à custa de sua dignidade.

Certa tarde, enquanto conversava com sua mãe e Júlia, indagou à irmã:

— Você, que sempre gostou de ler, poderia selecionar alguns livros para mim. Quero tentar ser uma pessoa melhor, e creio que os livros poderão me auxiliar nesse processo. Cresci vendo-a estudar o Evangelho, nunca entendi o porquê de tanta leitura, mas hoje penso diferente. Imagino que se fez bem para você fará para mim também. Dizem que tudo acontece na hora certa; talvez a minha tenha chegado.

— Claro que posso lhe trazer alguns livros, Marília, e alegra-me muito o seu interesse. Amanhã mesmo estarão em suas mãos.

Marta e Antunes, que haviam se afastado, observavam tudo em silêncio. Embora se esforçassem para não deixar transparecer, sofriam com a situação de sua filha.

— Antunes, acredito que dessa vez Marília irá percorrer o caminho certo.

— Deus a ouça, Marta. Nunca é tarde para reavaliar conceitos e selecionar os que trazem elevação.

Conforme prometera, no dia seguinte Júlia chegou com os livros. Entregando-os a Marília, disse-lhe:

— Aqui estão, minha irmã; escolha por onde quer começar.

Felipe e Rafael observavam atentos tudo o que acontecia a sua volta desde a volta de Marília.

— Não sei não, Felipe — dizia Rafael ao irmão. — Estou achando que algo mais grave está acontecendo com Marília.

— Por que diz isso?

— Ora, veja a mudança dela. Nunca se interessou por leitura sobre elevação moral. Aliás, moral era o que menos importava para Marília. De repente ela volta trazida por Júlia e Carlos. Está adoentada desde que chegou e várias vezes a vi chorando. Não sei, mas imagino que esteja acontecendo alguma coisa mais grave do que a explicação que nossos pais nos deram.

— Acho que tem lógica. O que podemos fazer para ajudá-la?

— Ficar atentos, nos aproximar dela e sermos o mais amigos possível.

— Vamos fazer isso. Creio que ela deve estar sofrendo, com o temperamento que tem.

Marília abriu um pequeno livro com mensagens diárias. Na primeira página leu: "O tempo que realmente temos é o presente, é ele que nos dá a chance de nos melhorarmos como pessoa".

Essas poucas palavras tocaram seu coração.

— Sábias palavras. De fato a única chance que tenho de me tornar melhor é hoje, sempre o hoje. Se quero reaver minha dignidade, preciso agir em vez de chorar e me culpar. Não sei quanto tempo me resta, se pouco ou muito, mas quero empregar essa oportunidade fazendo o bem para o próximo, nem que seja uma única vez, como Júlia sempre fez. Só não sei ainda como e o que fazer.

Continuou lendo até que deparou com os dizeres: "Amparar os desvalidos é um desafio que precisa ser vencido, se quisermos realizar o sonho de um mundo melhor".

— Amparar os desvalidos. Meu Deus, é isso o que Júlia faz há anos com muita dificuldade sem nunca desanimar! Rafael?

— Que foi, Marília, por que esse grito?

— Rafael, por favor, vá depressa até a casa de Júlia e peça-lhe que venha aqui o quanto antes.

— Está sentindo alguma coisa?

— Sim. Um desejo enorme de consertar meus erros. A luz se acendeu na minha alma, Rafael. Por favor, vá buscar Júlia. Preciso falar com ela agora.

— Estou indo!

Em pouco tempo Júlia estava ao lado de Marília, atendendo com entusiasmo ao chamado da irmã.

— Marília, o que aconteceu para tanta pressa?

— Preciso urgentemente falar com você, Júlia. Descobri o que quero, e você poderá me ajudar.

— Está me deixando curiosa. Deixe de suspense e fale logo. O que será que descobriu?

— Júlia, não brinque, é muito sério e importante para mim.

— Desculpe, Marília.

— Desde aquele dia em que Carlos se recusou a receber qualquer recompensa pelo trabalho que fez, alguma coisa mudou em minha cabeça. Interpretei esse seu gesto como uma repulsa em se envolver com um dinheiro considerado... vamos dizer... indigno.

— Marília, Carlos não quis...

— Calma, não precisa explicar, compreendo perfeitamente sua posição. Carlos sempre foi um homem íntegro. A partir daí, comecei a questionar se ele não tinha razão, e cheguei à conclusão de que deveria estar certo.

— O que quer dizer?

— Ele tem razão, Júlia. Não vou me aprofundar na questão porque você sabe tanto quanto eu a maneira como ganhei todo esse dinheiro. Esses dias, lendo os livros que me trouxe, deparei com um ensinamento que tocou meu coração e me mostrou um caminho.

— Continue.

— Quero dar a esse dinheiro um destino útil e nobre, ou seja, decidi empregá-lo na realização de seu ideal, que sempre foi abrir uma creche para as crianças carentes da região, onde elas pudessem ter a oportunidade de aprender os valores que eu, insensível a todos os conselhos, não aprendi.

— Marília, mal posso acreditar no que está me dizendo! Tem mesmo certeza disso?

— Pode acreditar, minha irmã. Esse dinheiro é seu para ser empregado nas atividades fraternas que há anos você vem desenvolvendo. Use-o como achar melhor. Quero apenas uma pequena parte para garantir meu tratamento na luta contra essa doença que está me consumindo.

Marta, que ouvia silenciosa a conversa das filhas, aproximou-se de Marília, beijou-lhe o rosto e falou:

— Graças a Jesus você enxergou o caminho da felicidade; não é o caminho mais fácil, mas o que proporciona a felicidade real. Quanto ao seu tratamento, filha, não precisa se preocupar, seu pai possui o suficiente para não deixar lhe faltar nada. Terá tudo o que for necessário. Limpe o seu dinheiro com atos de caridade.

Marília continuou:

— Júlia, empregue tudo em suas obras. Carlos é meu procurador, está autorizado a fazer o que for necessário para aliviar as aflições dessas mães que não têm onde deixar seus filhos para ir em busca do seu sustento. Acredito que o montante é suficiente para seu trabalho fluir.

— Mais que suficiente, Marília, e eu não sei como posso agradecer por tamanha generosidade.

— Agradeça fazendo apenas o que você faz, ou seja, continue sendo a pessoa maravilhosa que eu não consegui enxergar, a criatura nobre que em todos os momentos e situações segue Jesus.

Júlia deu vazão à emoção e abraçou Marília, misturando suas lágrimas às dela.

Marta, também comovida, disse:

— Parabéns, minha filha. Encerra com chave de ouro o ciclo menos feliz da sua existência.

— Tenho pensado muito, mãe, e concluí que não se deve ter vergonha de ser simples, de ser bom, de amar e confiar em nosso Pai que está no céu, porque Deus jamais se envergonhará de uma só criatura sua, apesar de todos os seus erros. Infelizmente, não consegui aprender pelo amor, e só estou aprendendo agora através da dor.

— Que alegria ouvi-la falar assim, Marília! Que Jesus abençoe você, minha filha, e lhe dê muita coragem e fé para passar por essa aflição.

— Vamos trabalhar juntas, Marília, fazendo todo o bem que pudermos.

— Se eu tiver forças, Júlia, com o maior prazer e alegria, mas...

— Nada de "mas". Você vai ficar boa logo.

— Não quero criar expectativa, mas apenas ter tempo de consertar alguns dos muitos erros que cometi.

———————————

Para que tudo aconteça na paz almejada é fundamental aprender a exercitar o respeito, a compreensão e o amor fraternal; não querer o que pertence a outrem, não dificultar o caminho do semelhante e não ludibriar os corações simples para conquistar riquezas.

(*A Essência da Alma* — Irmão Ivo)

———————————

Capítulo XIII

Triste despedida

Antunes e Marta agradeciam a Deus pelo início da transformação de sua filha. Percebiam o esforço de Marília para se tornar mais receptiva aos conselhos que amorosamente lhes davam.

Tornara-se mais ligada a Júlia e aos irmãos, Felipe e Rafael, que, conforme haviam combinado, estavam mais presentes e mais amorosos com a irmã. Eram testemunhas do enfraquecimento de Marília, que bem mais magra e abatida começava a perder o viço.

— Quem viu a exuberância da beleza de Marília e a vê agora sente dor no coração — dizia o mais inconformado dos irmãos, Rafael, que, por um determinado tempo, fora seu seguidor fiel.

— Rafael, a dor nunca é a origem — dizia Felipe para o irmão —, mas sempre a conseqüência dos enganos cometidos. Infelizmente nossa irmã se enganou, e hoje colhe do seu plantio.

— Como você consegue falar assim, Felipe, não tem coração?

— Tenho coração e sofro por ela, Rafael, porque a quero muito bem. Mas tenho consciência das leis divinas e sei que nada se perde no espaço; nossas ações são registradas, e irão com certeza interferir em nossa vida no momento certo. Nada se perde no vasto universo de Deus.

— Não sei onde você e a Júlia aprendem essas coisas tão diferentes.

— Aprendemos no Evangelho de Jesus, que é o lugar onde se busca a verdade.

Júlia, sempre amiga e carinhosa, passava suas horas vagas ao lado da irmã querida, respondendo às perguntas que lhe fazia a respeito da espiritualidade, que começava a aceitar.

O lar de Marta e Antunes perdera um pouco da alegria que sempre reinara ali; tornara mais silencioso e melancólico. Todos sofriam muito com a situação de Marília, que enfrentava o peso de uma doença que castigava seu corpo. Receavam um possível desencarne, visto estar Marília cada dia mais debilitada.

O projeto social de Júlia prosseguia com força, devido aos recursos financeiros doados por Marília.

— Para quando está prevista a inauguração da creche? — perguntava sempre Marília.

— Para breve. Estamos na finalização de todo o equipamento necessário para suprir as exigências das crianças. Mas por que pergunta tanto a data dessa inauguração?

— Não sei, Júlia, pressinto que não tenho muito tempo, e é melhor que não me pergunte a razão, porque não tenho resposta. Está ficando bonito, do jeito que imaginou?

— Está lindo, Marília, do jeitinho como sempre imaginei, e agradeço a você por isso. Quando estiver tudo pronto, vou levá-la até lá para dar a palavra final. Estando tudo do seu agrado, marcaremos o dia da inauguração.

— Sinto um contentamento muito grande, Júlia, por ter podido pelo menos uma vez na vida fazer algo útil para alguém.

— Que bom! Agora que experimentou a sensação gostosa que temos quando ajudamos o próximo, creio que não irá parar mais. Mas é preciso decidir o nome da creche. Tem alguma sugestão?

— Eu? Você quer que eu dê o nome?

— Claro, você é a benfeitora. É justo que escolha o nome.

Marília pensou um pouco e disse:

— Gostaria muito que se chamasse Fonte do Saber. O que acha?

— Ótimo! Gostei muito, mas... por que escolheu esse nome? Algum motivo especial?

— Quero que todas as crianças que por ali passarem tenham a oportunidade de aprender os melhores conceitos sobre a vida, principalmente entender que ser uma criatura de Deus não significa abortar os seus sonhos e ilusões, muito pelo contrário. Ser uma criatura de Deus é dar aos seus sonhos e ilusões a dimensão real, e não permitir que eles sufoquem a verdade da vida. Foi isso o que me neguei a aprender, a aceitar, e permiti que minhas ilusões vãs me colocassem como se fosse o centro do universo. O meu universo ruiu porque ele era só meu, e não de Deus.

— Você está certa, Marília. É muito sugestivo o nome, porque a creche será o primeiro contato dessas crianças com o saber, e o alicerce é que sustenta a edificação.

— Gostaria que fizesse um jardim em frente a casa com várias espécies de flores, inclusive o girassol.

— Por que misturar as espécies das flores? Não seria mais adequado apenas uma?

— Não, quero que as crianças aprendam que todas as flores possuem beleza própria, cada uma com sua característica, mas todas são belas e frágeis, e, se não forem cuidadas, morrem. Aprendi que assim também somos nós; se não cuidarmos da nossa raiz, que é a nossa alma, iremos sucumbir na primeira rajada de vento.

Júlia, com os olhos lacrimejantes, disse à irmã:

— Marília, você me surpreende a cada dia. Onde está aprendendo todas essas coisas que anda dizendo?

— Ora! Onde poderia ser senão nos livros que me emprestou? Lamento ter sido tola o bastante para não conseguir enxergar a beleza em todas as formas de vida. Quis ser como um girassol, na ilusão de que nenhum vento mais forte me derrubaria. Entretanto, tombei na primeira brisa.

Júlia abraçou a irmã.

— Nada mais importa, Marília, porque agora você reconhece onde realmente está a verdade. Aceitou os valores espirituais e compreendeu que maior que a beleza física é a beleza da alma. Amo você, minha irmã.

— Obrigada, Júlia, eu também sempre a amei. A minha cegueira egoísta é que não permitiu que eu entendesse isso.

Os dias passavam lentamente, seguindo a rotina diária.

Aproximava-se a comemoração do Natal.

A pequena cidade, com suas luzes e enfeites natalinos, alegrava os corações de todos.

Júlia e Carlos, entusiasmados, deram a Marília a notícia de que a Fonte do Saber estava completamente pronta.

— Tudo saiu como você queria, Marília, agora é preciso marcar o dia da inauguração, e queremos que você decida — disse Carlos à cunhada.

— Que dia você prefere? Tem alguma data especial?

— Venho pensando nisso, Júlia, e considero interessante inaugurarmos no dia 25 de dezembro, dia em que a humanidade comemora o nascimento de Jesus.

— Excelente, Marília!

— Pensei assim: Jesus é a maior fonte do saber; poderíamos inaugurar a creche com uma festa natalina para as crianças a quem o Papai Noel nunca foi visitar. Achei que seria a melhor maneira de comemorar o nascimento de Jesus: ao lado dos pequenos excluídos.

Todos ficaram surpresos com o raciocínio de Marília. Sem que dissessem uma só palavra, pensaram e sentiram a mesma emoção.

Marta orou em silêncio, agradecendo ao Pai pela bênção recebida: *Agradecemos, Senhor, pela transformação de nossa filha, que, graças a Sua bondade, teve tempo e lucidez para se reerguer.*

Alegres, concordaram com Marília e a festa foi marcada.

Iniciaram-se os preparativos, que levariam alegria aos corações sofridos das crianças da periferia.

Marcelo e Daniel continuavam com o mesmo esquema da empresa-fantasma, que nada mais era que uma geradora de prazer inconseqüente. Percebendo que com a saída de Marília os negócios tinham caído muito, acharam que deveriam introduzir outro procedimento que garantisse o sucesso financeiro. Assim, entraram para o tráfico de drogas usando as "modelos" como "mulas", que são as pessoas que levam a droga ao seu destino.

Certo domingo, Carlos e Júlia chegaram como de costume para o almoço com a família. Carlos trazia nas mãos o jornal da capital.

— Marília, veja essa manchete. — Entregou-lhe a página onde estava estampada a foto de Marcelo e Daniel.

Marília levou um susto e, atônita, perguntou:

— Carlos, o que é isso?

— Marcelo e Daniel foram presos ontem, em flagrante.

— Acusados de quê?

— Formação de quadrilha, comércio de mulheres e tráfico de drogas.

— Meu Deus! Com quem eu fui me meter! Poderia estar sendo presa também. Que vergonha!

— Percebe, Marília, a oportunidade que Deus lhe concedeu?

— O que quer dizer, Júlia?

— Ele a retirou da lama e lhe deu a chance de rever sua vida.

— Mas me deu a doença.

— Não. A doença foi você mesma quem buscou, atraiu com seus atos, e esse mal que a consome hoje está sendo a cura da sua alma. Quanta coisa aprendeu, aceitou e modificou?

— Você nunca ouviu dizer que Deus escreve certo por linhas tortas?

— Já ouvi, sim, Carlos.

— Pois então. Esse mal que atormenta e aniquila seu corpo na realidade é um bem para sua alma agredida tantas vezes por você. É da nossa alma que devemos cuidar com esmero, Marília, porque ela sobrevive ao corpo, que desaparecerá na terra.

Marília silenciou por longo tempo. Por fim, voltou a dizer:

— Reconheço que vocês têm razão. Deus sabe sempre o que é melhor para Suas criaturas. Sou agradecida a Ele por haver permitido que eu voltasse à minha origem, descobrisse que a beleza interior é superior à que ostentamos para o mundo, porque essa o tempo se encarregará de apagar.

— Minha irmã, todos temos o bem dentro de nós; é o homem que se recusa a cuidar dos sentimentos nobres que possui em si mesmo, e, em conseqüência disso, eles morrem. Mas Deus, na Sua infinita bondade, sempre age em nosso benefício, mesmo, e principalmente, nos momentos de dor e sofrimento. O homem anda pela vida tão distraído que deixa de plantar as sementes e, ao chegar a primavera, percebe que não nasceram as flores, pois nenhuma delas foi plantada no outono que se passou.

— O que será de Marcelo?

— Chegou a hora do acerto, Marília. Agora ele irá prestar contas do seu desprezo às leis dos homens, e não ficará impune das leis de Deus.

Marília deu mostras de cansaço.

— O que há, minha filha, sente-se mal?

— Tenho uma sensação de fraqueza, mãe.

— Voltaremos ao consultório do doutor Alcides. Com certeza ele recomendará algumas vitaminas para deixá-la mais bem-disposta.

— Não sei, mãe, acho que não é só fraqueza.

— Por que, filha?

— Sinto dores nas costas, no peito e um pouco de dificuldade para respirar.

— Você precisa se animar, minha irmã. Amanhã será a
inauguração da creche. Queremos você junto de todas as
crianças. Sentirá a energia gostosa que elas nos transmitem.

— Ainda bem que já é amanhã; se demorar mais, receio
não estar aqui nesse dia tão importante.

— Não fale assim, você irá melhorar.

— Tenho certeza de que sim — respondeu Marília, sem
convicção.

Então, fechou os olhos. *Estou chegando perto do fim. Permita, Senhor, que eu possa estar presente amanhã na única
vez em que pensei mais nos outros do que em mim.*

No dia seguinte, pela manhã, Marília foi levada por seus
pais ao consultório do dr. Alcides, que, examinando-a detalhadamente, constatou grave pneumonia, aconselhando a
sua internação imediata.

Com os olhos marejados de lágrimas, Marília implorou:

— Por favor, doutor, daqui a duas horas será a festa de
inauguração da creche, não tire de mim talvez a minha última
alegria. Deixe-me participar dessa festa. Assim que terminar,
irei me internar.

O dr. Alcides olhou para os pais de Marília, dando mostras
de que não sabia o que fazer, visto seu estado ser de grande
preocupação. Tanto Antunes quanto Marta consentiram no
pedido da filha, balançando a cabeça afirmativamente.

— Está bem, Marília. Mas quero que levem o pedido de
internação; assim que a festa terminar, dirijam-se ao hospital.
Quando me avisarem de sua chegada, irei vê-la de imediato.

— Obrigada, doutor Alcides. O senhor, além de ótimo profissional, é antes de tudo um amigo.

— Espero que esteja fazendo a coisa certa! — exclamou o médico, realmente preocupado.

Enquanto Marília saía acompanhada de sua mãe, Alcides segurou o braço de Antunes para lhe dizer:

— Não deixe de levá-la para o hospital o mais rápido possível, seu estado é grave. Tenho dúvidas de que esteja agindo corretamente.

— Fique tranqüilo, doutor, sei que minha filha está prestes a nos deixar. E, se for verdade isso, por que não lhe satisfazer a vontade?

— Bem, se o senhor pensa assim...

— Será por pouco tempo. Logo ela estará onde Deus achar que é o lugar adequado.

Em meio aos balões, doces e brinquedos que faziam a alegria da criançada, a creche Fonte do Saber foi inaugurada. Marília, sentindo-se fraca, esforçava-se ao máximo para demonstrar a alegria que trazia na alma ao ver implantado o lugar onde crianças, cujos olhares não possuíam brilho algum e os lábios não sabiam sorrir, iriam aprender a ser felizes, sentindo-se incluídas num conceito de fraternidade e amor.

Em dado, momento Marília chamou seu pai e lhe pediu:

— Faria algo por mim, que considero de suma importância?

— Claro, filha, tudo o que você quiser.

— Não me sinto bem. Tenho a sensação de que estou muito perto do fim, e gostaria bastante de ir até o campo de girassóis. Poderia me levar lá?

— Marília, vamos imediatamente para o hospital.

— Por favor, não, pai; vamos primeiro ao campo, que é o que mais quero. De lá, seguiremos para o hospital. Faça isso por mim!

— Você não está bem. Temos que tratar de sua saúde. Depois iremos.

— Primeiro ao campo, pai, por favor — suplicou, num fio de voz.

Antunes chamou Marta, e os dois, com os olhos tristes trazendo à tona o que lhes ia na alma, colocaram Marília no carro, e, pedindo a Felipe que os acompanhasse, dirigiram-se ao campo de girassóis, que sempre exercera grande fascínio sobre Marília.

Antes de sair, Marília chamou Júlia e Rafael, abraçou-os com amor e, quase sussurrando, falou:

— Perdoem-me por tudo o que fiz, a minha petulância, teimosia, enfim, a minha falta de humildade me direcionou para o engano. Não sigam nenhuma de minhas idéias; Rafael, esqueça tudo o que lhe disse sobre a vida. Eu estava errada. Júlia sempre esteve certa, siga-a. Quero dizer que sempre amei vocês, só não sabia como expressar esse sentimento, porque achava que possuir beleza fazia de mim a dona ou o centro do universo.

— Marília, nós também sempre a amamos, e em nenhum momento deixamos de lado esse sentimento.

— Cuide da creche, Júlia, você é a pessoa mais nobre que conheci.

Júlia, ao abraçar a irmã, experimentou uma estranha sensação de despedida.

— Irei com vocês até o campo!

— Não, Júlia, seu lugar é aqui, ao lado dessas crianças cujos sorrisos tocam meu coração. Você e Carlos caminharão juntos, lado a lado. Tenho certeza de que essa creche se tornará um lar de verdade.

Marília caminhava devagar, apoiada em seu pai, por entre as flores do imenso campo de girassóis. Encostava seu rosto nas flores e pensava: *Vocês continuam belas e majestosas, enquanto eu, frágil e desiludida, sinto meu corpo tombar. Vocês se mantêm fiéis Àquele que as criou assim tão imponentes, enquanto eu, mergulhada na tola ilusão, me mantive fiel à minha vaidade, à minha ambição e à tola pretensão de querer dominar o mundo, esquecendo que acima de mim e da humanidade está o Criador.*

Sentiu-se desfalecer.

Antunes e Felipe, com rapidez, a seguraram e cuidadosamente colocaram-na deitada no chão, onde Marta, com presteza, colocara a echarpe que trazia nos ombros.

Antunes, apressado, foi em busca do automóvel, que ficara um pouco distante. Marília em poucos minutos soltou um fraco suspiro e deixou o mundo físico em meio às grandes flores amarelas do campo dos girassóis.

Enquanto na creche todos cantavam felizes comemorando o nascimento de Jesus, Marta, Antunes e Felipe, abraçados ao corpo sem vida de Marília, choravam a separação da jovem que entregara sua vida aos sonhos inúteis que a levaram até o topo da inconseqüência, no limite da ilusão.

Nenhum de nós se beatifica simplesmente porque deixou o envoltório carnal se não adquiriu conhecimento, se não houve esforço, trabalho e dedicação. Para que se processe a evolução, necessário se faz compreender o valor infinito do bem que praticamos conosco e com o nosso próximo.

(*A Essência da Alma* — Irmão Ivo)

Capítulo XIV

A chance de uma nova vida

A partida de Marília deixou no coração de seus pais e irmãos uma tristeza e um vazio muito grandes. Sentiam dificuldade em entender por que tudo acontecera tão rápido.
— Será que fizemos tudo que era necessário para ajudá-la? — perguntava Marta, chorosa.
— Deveríamos ter insistido com ela para que se internasse, conforme a orientação do doutor Alcides? — questionava Antunes.
— Erramos, Antunes, em levá-la para a inauguração da creche. — dizia Marta.
Júlia ouvia as lamentações de seus pais em silêncio. Achava que era justo deixá-los desabafar, mas se mantinha sempre atenta para sustentá-los, caso viessem a se entregar ao desespero.
— Pai, acredito que Marília tinha uma intuição de que a sua hora estava se aproximando. Creio ter sido mais feliz para ela partir em meio às flores que adorava do que ficar em uma

cama de hospital, presa a tubos, para adiar por uma ou duas horas sua partida, conforme explicou doutor. Alcides.

— Sei que tem razão, Júlia, mas será que foi certo levá-la até o campo?

— Pai, foi um desejo dela. Quem poderia adivinhar que iria partir naquele momento?

— A dor dos pais ao se separarem de um filho, Júlia, é sem duvida a pior que um ser humano pode agüentar.

— Mas nós suportaremos essa prova com coragem e sem perder a fé em Deus, Antunes, porque sabemos que não cai uma folha sequer sem que o Criador permita. Se Deus nos deu essa prova é porque Ele sabe que nossos ombros podem agüentar, e agüentarão, porque cremos Nele — falou Marta ao marido.

— Mãe, devemos considerar que a doença de Marília foi o veículo que a retirou daquela vida que fatalmente a levaria a passar por dores maiores, fazendo-os chorar e embranquecer os cabelos pela vergonha.

— Júlia tem razão, Marta. Hoje choramos por uma filha que errou, sim, mas que aproveitou o tempo e a oportunidade desses últimos meses para se arrepender e tentar deixar na Terra a prova de seu arrependimento.

— Prova, pai? Do que o senhor está falando?

— Rafael, falo da Fonte do Saber, meu filho. Essa creche é a prova de que sua irmã reconheceu seu erro e lutou contra seus antigos conceitos, tentando melhorar como criatura de Deus.

A campainha da porta se fez ouvir.

— Deixe que eu atendo — disse Felipe, e correu a abrir.

Assim que girou a maçaneta, Felipe, surpreso, viu à sua frente a figura de Luiz.

— Como vai, Felipe? Posso entrar? Gostaria de falar com seus pais.

— Claro, entre.

Luiz percebeu a surpresa de Marta e Antunes.

— Desculpem-me incomodá-los, mas preciso mostrar-lhes algo que lhes interessa.

Júlia, se antecipando a seus pais, convidou:

— Sente-se, Luiz, e fique à vontade.

Luiz se acomodou, um pouco intimidado.

— O que o traz aqui de tão importante?

— Seu Antunes, hoje faz dez dias que Marília se foi. Esperei que passasse esse tempo para vir lhes mostrar isto.

Retirou do bolso um envelope que entregou a Antunes. Dentro havia uma carta.

— Mas é uma carta endereçada a você, Luiz. O que temos a ver com isso?

— É de Marília, seu Antunes, e eu gostaria que tomassem conhecimento. Ela escreveu para mim poucos dias antes da sua partida.

— E como minha filha lhe entregou essa carta, Luiz, se ela não saía mais de casa? — questionou Marta.

— Fui eu quem a levou para Luiz, mãe.

— Você? Por que fez isso, Rafael?

— Marília pediu-me que levasse esse envelope para Luiz, dizendo que era de importante. Precisava resolver uma questão com ele. Apenas atendi ao seu pedido. Fiz mal?

— Não — respondeu Marta, meio sem jeito. — É que não sei que questão ela teria com ele, só isso.

— Posso ler?

— Claro, seu Antunes, eu a trouxe para isso. Quero que tomem conhecimento do teor dessa mensagem.

— Pai, leia em voz alta — pediu Júlia.

Antunes assim o fez:

— Querido Luiz, talvez esta seja a última vez que me dirija a você, mas é muito importante para mim. Sei do ódio que nutre por minha pessoa e não lhe tiro a razão. Apenas peço-lhe mais uma vez que me perdoe, se puder. Naquela noite em que estivemos juntos, creia, eu o amei de verdade. Aliás, sempre o amei de verdade. Não vou aqui discutir mais uma vez os motivos que me levaram a preteri-lo, isso já não importa mais. Para mim é importante que saiba que não tinha conhecimento e nem fazia a menor idéia de ser uma pessoa soropositiva. Não o contaminei de propósito.

Nesse ponto, Antunes parou, surpreso com o que acabara de ler.

— Ela está dizendo que contaminou você com o vírus HIV? É isso?

— Sim, seu Antunes, sou soropositivo, mas graças a Deus a doença ainda não se manifestou.

— Meu Deus!

— Calma, dona Marta, não vim aqui para deixá-los mais tensos do que já estão nem pretendo cobrar ou exigir nada. Ao contrário, minha intenção é somente pedir-lhes desculpas.

— Mas quem deve pedir desculpas somos nós!

— Gostaria que o senhor terminasse de ler, depois conversaremos sobre isso.

Antunes prosseguiu:

— Quando você jogou na minha cara que me odiava, e que seu ódio me acompanharia por toda a vida, pude sentir o peso do mal que lhe fizera.

Se isso o faz sentir-se melhor, Luiz, saiba que sofro muito mais que você, não tanto pela doença que castiga meu corpo, mas pela dor de ter causado tanto sofrimento a tantas pessoas, sobretudo a meus pais, que, apesar da tristeza que lhes causei, receberam-me de volta e cuidam de mim com carinho e muito amor. Nunca saberão o imenso amor que sinto por eles.

Aprendi, Luiz, que aquele que ofende sofre mais que o ofendido; por essa razão peço-lhe mais uma vez que me perdoe, não envie seu ódio para onde eu for. Sei que me aproximo do fim, nada poderei fazer para apagar o mal que lhe fiz; se pudesse tiraria de você o fantasma desse vírus, e é essa impotência que machuca minha alma em uma proporção que você está longe de imaginar.

Se não posso apagar o erro cometido, posso pelo menos recompensá-lo.

Procure Júlia ou Carlos dizendo que quero ajudá-lo no seu tratamento, ou seja, quero que assumam todas as despesas que você tiver a partir de agora. Sei que nada compra a saúde, mas é só o que posso fazer para redimir um pouquinho minha culpa.

Não me odeie, Luiz, deixe que eu mesma faça isso. Lembre-se de mim como aquela garota que corria entre os girassóis tentando ser um deles, mas que apenas jogou fora sua felicidade e sua vida.

Vou lhe confessar uma coisa: meu desejo é morrer entre as grandes flores dos girassóis. Que Deus ouça meu pedido.

Beijos,

Marília.

Todos permaneceram em silêncio.

Ninguém ousava dizer uma só palavra, tal era a perplexidade e emoção que experimentavam.

Após alguns instantes, Júlia, enfim, se manifestou:

— Não sei o que dizer a esse respeito; pela primeira vez não sei o que dizer. Quero apenas que saiba que cumprirei o desejo de Marília, Luiz. Toda sua despesa de saúde que se relacione ao vírus HIV será custeada por nós.

— Você me ofende dizendo isso, Júlia. Não vim aqui para cobrar ou exigir nada, como já disse. Tenho condições de tomar conta de mim mesmo. A minha intenção foi tranqüilizar dona Marta e seu Antunes mostrando-lhes o quanto Marília os amava, e principalmente tirar-lhes a culpa que sentem por não a terem encaminhado para o hospital. Era seu desejo ir embora em meio ao campo dos girassóis. Se aconteceu foi porque Deus assim o permitiu. Ninguém deve se culpar. Preciso dizer-lhes também que não sinto raiva de Marília. Fiquei muito zangado no primeiro momento da descoberta, e foi uma imprudência dizer isso a ela, porque foi fruto do enorme ciúme que senti ao saber o que ela fazia da vida. Não suportei imaginá-la nos braços de outros homens apenas por dinheiro, se havia recusado estar nos meus por amor. Quis ofendê-la em razão da mágoa que trazia no peito. Peço-lhes que não se preocupem comigo, estou bem, com uma ótima defesa, segundo disse meu médico. A lembrança de Marília está guardada em meu coração como uma querida recordação.

Os pais de Marília, assim como seus irmãos, choravam, dando vazão à enorme tristeza e saudade que invadiam seus corações.

— Luiz, só podemos pedir-lhe desculpas e dizer-lhe que somos agradecidos por você ter exposto a questão dessa maneira mais amena. Acredite, não sabíamos de nada, por isso não o procuramos. Quero que saiba que somos seus amigos e estamos dispostos a ajudá-lo no que vier a precisar.

— Sei disso, Júlia, e também me coloco à disposição de vocês para o que quiserem. Sempre os admirei muito.

Marta se aproximou de Luiz e deu-lhe um beijo no rosto.

— Que Jesus o abençoe sempre, meu filho.

Luiz se retirou da casa de Antunes sentindo-se mais leve. *Agora posso pensar em minha própria vida. Meu caso com Marília terminou para sempre.*

Olhou para o céu e disse:

— Onde estiver, Marília, procure ser feliz!

Quando teimamos ou relutamos em perdoar, desculpar outras pessoas, é sinal de que estamos ainda perdidos no orgulho ferido, na vaidade de nos julgar melhores ou superiores àqueles que nos magoaram, e isso é sinal de que o amor não entrou ainda em nosso coração.

(*A Essência da Alma* — Irmão Ivo)

Marília despertou sobressaltada.

Olhava de um lado para o outro sem saber onde estava, sem se dar conta do que acontecera. Confusa, andava sem destino, procurando o caminho de sua casa em um imenso labirinto.

A última visão que seus olhos físicos tinham guardado foram as flores que tanto amava. Entretanto, o que via eram galhos secos e sem nenhum encanto. O sol, que tanto atraía a sua atenção, dera lugar a nuvens cinzentas, sombrias. Perturbada, Marília caminhava, caminhava, sem chegar a lugar algum.

Olhava seu corpo, e não conseguia perceber a diferença que se operara nele. Via apenas uma aparência oposta às roupas elegantes que sempre usara.

— O que será que aconteceu comigo? Por que não encontro o caminho de casa?

Ao cruzar com um grupo de mulheres que passavam por ela, rindo de uma maneira espalhafatosa, tentou se aproximar e indagar que lugar sombrio era aquele, e por que estava ali.

— Você não pertence mais ao mundo físico, companheira, agora aqui é o seu lugar.

— Por que está estranhando? Você é uma das nossas, agora é só aproveitar.

— Não quer se juntar a nós? A gente se diverte bastante, você vai gostar.

Assustada, Marília saiu em disparada, sem destino algum.

O tempo passava, e Marília, culpando-se severamente, perambulava sem rumo, acreditando ser o seu sofrimento eterno.

Passaram-se dez anos desde o seu desencarne.

Marília dava sinais de cansaço. Começava a se lembrar das coisas que Júlia várias vezes lhe dissera, e nesses momentos sua memória trazia-lhe tudo o que fizera na sua estada terrena. Nessas ocasiões, batia-lhe forte o arrependimento, causando-lhe uma imensa dor.

A figura de Jesus começava a tomar forma em seu pensamento, até que, não agüentando mais, caiu de joelhos e clamou por misericórdia com a sinceridade e a confiança de uma criança em busca do colo de sua mãe.

— Jesus, venha em meu socorro. Errei, mas clamo por Seu auxílio e perdão. Socorra-me. Tire-me desse sofrimento no qual eu mesma me atirei. Misericórdia, Senhor!

No mesmo instante, uma forte e brilhante luz foi se aproximando de Marília, e o espírito Amélia enlaçou-a nos braços com amor, fazendo-a adormecer.

Marília, entregando-se confiante a esse aconchego e agradecida a essa mensageira da paz e da misericórdia de Jesus, adormeceu. Fora resgatada da zona menos feliz para a qual acabou atraída por afinidade. Iniciaria para ela o caminho de elevação, onde aprenderia os verdadeiros valores, as virtudes desprezadas e o respeito por si mesma.

Quando a porta da casa de Marta se abriu, a alegria de seus netos invadiu o ambiente.

— Por que tanta gritaria? — disse contente. — A vovó está aqui.

Júlia e Carlos acompanhavam as crianças, pedindo-lhes que não fizessem tanto barulho.

— O vovô pode estar dormindo — diziam.

— Mas a vovó está acordada — afirmou Larissa, a filha mais velha de Júlia e Carlos.

— É mesmo, mamãe, a vovó gosta do nosso barulho — disse Natália, a mais nova.

— Quem lhe disse isso, Natália?

— Ela mesma, papai!

Marta se divertia com as netas.

— Deixem-nas fazerem o que quiserem, elas têm razão: alegram a casa. Felipe e Rafael não virão para o almoço, Júlia?

— Felipe já deve estar chegando, mamãe. Quanto a Rafael, deve estar impaciente, como sempre, esperando Meire arrumar as crianças.

— Coitada, é difícil arrumar três crianças pequenas. — Marta meneou a cabeça. — Rafael não ajuda em nada.

— Bem faz Felipe, que não quer ter filhos — Carlos suspirou. — Eles dão muito trabalho... Mas dão alegria também — completou, abraçando as filhas.

— Felipe tem muito pouco tempo de casado, quer esperar um pouco mais — falou Marta, em defesa do filho.

— Nós sabemos, mãe.

A harmonia e felicidade haviam retornado ao lar de Marta e Antunes, que já andava um pouco cansado, pois completara setenta e seis anos.

O tempo se encarrega de colocar tudo de volta em seus devidos lugares, mas isso acontece quando se acredita e se tem fé nos ensinamentos de Jesus, que pregou sobre a vida futura aos seus seguidores.

A creche Fonte do Saber cumpria os propósitos de Marília. Júlia se desdobrava em manter tudo dentro do que se espera de um estabelecimento focado na formação moral de uma criança. Sua recompensa estava em ver o sorriso e a alegria reinante nos rostinhos de quantos freqüentavam a creche.

Quatro anos atrás foram implantados cursos profissionalizantes, e a creche se tornara, na realidade, a grande geradora de oportunidades para aqueles que um dia eram os excluídos.

Júlia sempre emitia pensamentos de amor para sua irmã. *Marília, onde você estiver, deve estar contente com o rumo que tomou a creche. Graças a seu incentivo, minha irmã, o bem está sendo colocado em evidência,* dizia sempre.

As vibrações de amor que se enviam para os desencarnados provocam-lhes uma sensação de paz, e, se ainda estiverem em perturbação ou agonia, sentem o alívio para as aflições. Durante dez anos Marília recebeu de seus familiares pensamentos de saudade equilibrada, amor e o sentimento de gratidão de todos que foram, de uma forma ou de outra, beneficiados pela creche. Essas vibrações aliviavam suas aflições e traziam-lhe a sensação de que havia uma forma mais feliz de se viver na espiritualidade. Através do benefício que recebia dos que ficaram na Terra, conseguiu trazer para si a fonte real de elevação moral: Jesus. O arrependimento verdadeiro e sincero, tomando conta de todo o seu ser, fez com que compreendesse sua situação e os enganos nos quais se envolveu. Implorou por misericórdia a Jesus, e foi resgatada.

Marília, recolhida por Amélia, foi levada ao Hospital Maria de Nazaré. Sob o efeito de passes magnéticos e água fluidificada, permaneceu adormecida por mais quinze dias.

Foi ao entardecer que Marília despertou, com uma sensação de paz envolvendo todo o seu corpo perispiritual. Surpresa, olhava ao redor, e o que via inundava-lhe o espírito de gratidão por ter sido atendida em sua súplica.

O quarto simples e perfumado encantava pela simplicidade. Pela primeira vez ao tentar levantar-se percebeu que seu corpo estava diferente. *Que estranho...,* pensou. *Como vou fazer para sair da cama? Sentia meu corpo pesado, feio, meio sujo, e agora experimento uma leveza estranha. Mas por que será que ele mudou?*

Passados alguns instantes, Jacob entrou no quarto de Marília e saudou-a com gentileza.

— Como se sente, minha irmã?

— Quem é o senhor?

— Meu nome é Jacob. Sou responsável por esta unidade do hospital e estou aqui para ajudá-la nesses primeiros dias em seu novo lar.

— Agradeço muito ao senhor. Poderia dar-me algumas explicações?

— Se forem para seu benefício, sim, mas nada que tenha como finalidade satisfazer curiosidade.

— Estranha-me ver meu corpo diferente, mais leve. Sei que estou desencarnada, mas inquieta-me a condição do meu veículo físico. Há quanto tempo deixei a Terra?

— Há dez anos.

— Dez anos! Não pode ser. Ontem mesmo eu estava com meus pais no campo de girassóis quando, sem perceber, adormeci. Acordei em um lugar sombrio onde me disseram que eu havia morrido. Lembro-me de ter suplicado a Jesus por auxílio, e agora acordo e me vejo em outro lugar, e percebo que estou diferente.

— Marília, você, ao desencarnar, foi atraída para o local aonde sua afinidade a levou, por conta de suas atitudes desajustadas e imprudentes, quando ainda encarnada. Entregou-se à pratica nociva do sexo, desrespeitando seu corpo e sua alma.

Marília se envergonhou.

— Sei do que o senhor está falando.

Jacob continuou:

— Não seria melhor conversarmos sobre isso mais tarde? Creio ser ainda cedo para tocarmos nesse assunto.

— Irmão Jacob, se pudesse me atender, gostaria que fosse agora. Tenho consciência do que fui... ou sou... O que quero de verdade é livrar-me desse peso que foi minha atuação na Terra.

— Pois bem, Marília. O sexo sem a dignidade do amor rebaixa, desarvora o desejo, embrutecendo-o e deixando-o insaciável. O passo seguinte são esses mesmos desejos ressurgirem mais violentos e embaraçosos. Você usou esse recurso para ganhar dinheiro, enriqueceu atirando-se nessa ilusão e experimentou a dor. O espírito Emmanuel nos explica, no livro *Vida e Sexo*: "Sexo é espírito e vida a serviço da felicidade e da harmonia do universo; por conseguinte, reclama responsabilidade e discernimento onde e quando se expresse. Por isso mesmo, nossos irmãos e nossas irmãs precisam e devem saber o que fazer com as energias genésicas, observando como, com quem e para que se utilizam de semelhantes recursos, entendendo-se que todos os compromissos na vida sexual estão igualmente subordinados à lei de causa e efeito".

— Mas eu me arrependi. Doei todo o dinheiro para a construção de uma creche.

— Sabemos disso, e esse bem voltou para você. A gratidão dos pais das crianças que freqüentam a creche e os pensamentos de amor enviados por sua família, acompanhados de preces sentidas, auxiliaram-na a compreender sua situação e clamar por misericórdia com sinceridade real. Como disse, Marília, o bem praticado sempre retorna em nosso favor.

— Por que fiquei dez anos em aflição?

— Porque tudo na lei de Deus precisa ser resolvido. Todos os seres prestarão contas de seus atos, do que fizeram com a oportunidade recebida de estar na Terra. Nada na espiritualidade se perde ou se esquece, e tudo está relacionado com a lei de ação e reação.

— Ajude-me, irmão Jacob, quero me livrar dessa culpa, aprender e melhorar, tornar-me verdadeira criatura de Deus.

— Alegre-se, minha irmã. Inicia-se para você uma nova etapa, um novo aprendizado. Permaneça com seu pensamento voltado para nosso Divino Amigo e agradeça pelo benefício recebido.

— Apenas mais uma questão. Por que meu corpo está diferente? Sentia-o pesado, entretanto agora sinto-o tão leve que quase não consigo tocá-lo.

— Você limpou-o quando permitiu a entrada de Jesus em seu pensamento, entregou-se ao Mestre, e a partir daí deixou que a paz do Senhor a envolvesse. Jesus não invade o espírito de ninguém, Marília, espera que O chamem; não arromba a porta do coração dos homens nem dos espíritos, aguarda que eles mesmos abram e permitam Sua entrada. Esse é o seu corpo perispiritual, aquele que envolve o espírito. É feito de uma substância vaporosa para os encarnados, mas bastante grosseira para nós.

— Gostaria de saber mais sobre isso, irmão.

— Ainda é muito cedo. O momento agora é de se fortalecer, equilibrar-se e aprender, para, no tempo apropriado, dar início a seu trabalho aqui na espiritualidade. Dedique-se a retirar de seu espírito os resquícios da vaidade e da ambição, dos desejos egoístas, e traga para si mesma as virtudes que cada vez mais a aproximarão de Jesus, tornando-a verdadeira tarefeira de Cristo. Entregue-se às preces e aos pensamentos nobres.

— Chegará o dia em que poderei visitar minha família?

— Sem dúvida. Mas lembre-se de que para todos os propósitos existe um tempo, e no caminho da evolução não se podem pular etapas. Por enquanto, descanse.

— Voltará a me ver?

— Claro. Se precisar de alguma coisa para seu equilíbrio, aperte esse botão logo acima da sua cabeceira; o auxílio virá. Não pense no passado, mas no futuro de paz e luz que a aguarda, se mergulhar no amor de Jesus.

O tempo passou.

Marília esforçara-se e encontrara seu equilíbrio. Trabalhava e freqüentava as palestras de Madre Teresa. Dedicava-se ao trabalho de auxílio aos irmãozinhos recém-chegados da Terra.

Certa tarde de descanso, Marília dialogava com Jacob, ouvindo seus conselhos que tanto a ajudavam, quando perguntou:

— Irmão Jacob, por que desenvolvi tanta vaidade entregando-me à ilusão passageira do sucesso?

— Marília, no momento oportuno terá essa resposta. Tenha paciência e aguarde.

— E quanto a minha ida à Terra visitar meus pais, que já devem estar idosos? Há dezessete anos estou desencarnada.

— Sim, eles estão idosos, não fugiram à ação do tempo.

— Quando poderei vê-los?

— Daqui a dois dias uma equipe irá até a Terra. Nós iremos junto.

— Poderei ir também?!

— Teve permissão para nos acompanhar, mas devo adverti-la de que não poderá interferir no trabalho da equipe. Irá permanecer em equilíbrio orando a Jesus para que tudo corra bem. Essa é a missão dos espíritos, Marília: auxiliar os encarnados sem interferir diretamente no seu livre-arbítrio.

— Eu entendo, Jacob. Mas essa missão é na casa de meus pais terrenos?

— Sim.

No dia e hora combinados, Marília reuniu-se a Jacob, e eles, acompanhando a equipe, desceram até a crosta terrestre.

Marília mal conseguia controlar a emoção por estar de novo, após tantos anos, vendo a cidade onde nascera. A cidadezinha mudara, crescera, e Marília começava a sentir essa mudança.

— Posso ir até o campo dos girassóis, Jacob? Imagino que deva estar exatamente como deixei, com as belas flores voltadas para o sol.

— Calma, Marília, uma coisa de cada vez. É preciso que esteja bem equilibrada. Iremos mais tarde.

— Jacob, por que perderia meu equilíbrio ao ver o campo que tanto amei na Terra?

— Antes precisa tomar conhecimento dos fatos que se sucederam ao seu desencarne. Passaram-se muitos anos, e nada é como antes. É necessário aceitar que a vida na Terra segue o seu curso, o tempo não pára porque partimos para a espiritualidade, e as pessoas que ficam tentam amenizar a dor da separação, cada uma a sua maneira.

— O que quer dizer com isso, Jacob?

Enquanto a equipe seguia para o local onde cumpririam a missão para a qual tinham vindo, Jacob sentou-se com Marília na antiga pracinha, agora ostentando a graciosidade de flores bem cuidadas, bancos confortáveis e uma bela fonte.

— Vamos aguardar aqui a hora de nos juntar à equipe — disse Jacob.

— Como a cidade mudou!

— É como lhe disse: a vida não pára, Marília, é preciso seguir em frente. As lembranças dos que partiram permanecem no coração daqueles que os amam, sempre viva; mas não se podem mudar os acontecimentos nem parar o tempo.

— Sinto que quer me preparar para alguma coisa que poderá me deixar angustiada. Estou certa?

— Está. Lembre-se: do mesmo jeito que retornamos, as pessoas que amamos também retornam no momento em que Jesus as chama. E, quando recebemos a bênção de poder recebê-los, temos que agradecer ao Mestre. É um merecimento para os dois, quem chega e quem recebe.

— Fique tranqüilo. Jesus irá me amparar, seja no que for. Confio no Mestre.

— Muito bem, Marília. Na realidade, viemos acompanhar a equipe do desencarne para recebermos um irmão muito querido que deixará a Terra dentro de poucos instantes.

— Eu o conheci?

— Sim, e muito bem.

Marília sentiu em todo o seu ser que era alguém muito especial para ela.

— Diga-me quem é, irmão Jacob, por favor.

— Nosso querido Antunes, seu pai terreno.

Marília sentiu uma emoção tão grande que Jacob, rápido e experiente, teve que ampará-la. Emitiu energia salutar, trazendo-a de volta ao equilíbrio.

— Pense em Jesus — recomendou Jacob —, e receberá auxílio. Agradeça ao Divino Amigo a bênção de poder receber seu pai, estar presente nesse momento importante para esse espírito que deixa seu envoltório carnal. Ele irá se tranqüilizar ao vê-la. Você já sabe que é uma libertação para o espírito. Antunes cumpriu sua tarefa na Terra com valentia e sabedoria, é um espírito vencedor, não há o que temer. Para o homem de bem, Marília, como esse querido irmão, o despertar é tranqüilo, sereno e sem angústia; ele nada sofrerá.

— Diferente do meu, Jacob, que sofri por dez anos até entender a verdade da vida.

— Marília, não volte ao passado, esqueça seus erros. Preste atenção ao presente e se esforce para melhores realizações no futuro; dedique-se inteira a esse momento, nessa tarefa bendita de receber seu pai terreno que volta para casa.

— Está bem, Jacob, podemos ir.

Em poucos segundos, entraram na antiga residência terrena de Marília.

Marta, ao lado de toda a sua família, orava em volta da cama onde Antunes, assistido pelo doutor Alcides, acabara de dar o seu último suspiro.

Todos sofriam a dor da separação, mas, confiantes, entregaram-se a Jesus, suplicando ao Divino Amigo amparo para suportar o sofrimento.

Rapidamente a equipe responsável acabou de desligar o corpo perispiritual de Antunes do corpo físico que jazia sem vida e Antunes entregou-se ao amor dos que o socorriam.

Foi-lhe permitido ver a filha antes que adormecesse e fosse levado para o hospital Maria de Nazaré.

Marília aproximou-se do pai e emitiu todo o amor que sentia por ele.

— Seja bem-vindo no reino de Deus, pai querido.

Terminado seu trabalho, a equipe partiu com Antunes.

— Jacob, posso me aproximar de Júlia?

— Certamente.

Feliz, Marília aproximou-se da irmã. Beijou-lhe a face e lhe disse:

— Júlia, estou bem e papai também. Já foi levado para o hospital do espaço para sua recuperação. Ele sempre foi um homem de bem e fez por merecer essa bênção de um desencarne sereno. Estarei ao lado de nosso pai. Cuide de nossa mãe. Quanto a mim, farei o que me for permitido para fortalecê-la cada vez mais. Obrigada por cuidar com tanto desvelo da creche, ela está linda, bem cuidada e atuando de acordo com os ensinamentos de Jesus. Que Deus a proteja, minha irmã, você é um espírito nobre. Amo todos vocês.

Júlia, intuitiva como sempre fora, sentiu a presença de Marília e experimentou enorme bem-estar. Chegando perto de sua mãe, disse-lhe:

— Mãe, Marília está aqui. Manda-lhe um beijo e diz que papai já foi levado para o hospital de refazimento. Ele está bem; aliás, os dois estão. Pede que a senhora não perca a confiança e a fé em Jesus, o Mestre lhe dará suporte para atravessar esse momento difícil.

— Marília... Filha querida, que Jesus a abençoe sempre!

Jacob e Marília permaneceram juntos à família até que terminasse o sepultamento do corpo de Antunes. Quando todos retornaram para casa, Jacob disse a ela:

— É hora de irmos!

— Leve-me até o campo.

— Vamos.

Chegaram a uma imensa horta, onde diversas qualidades de legumes e verduras se misturavam, dando um colorido que encantava os olhos de quem os visse.

— Linda horta, não, Marília?

— Linda, Jacob, mas eu lhe pedi que me levasse ao campo de girassóis, e não a uma horta.

— Aqui é o antigo campo de girassóis.

Atônita, Marília respondeu:

— Deixe de brincadeira, Jacob, onde estão minhas flores? Por Deus, o que fizeram com elas?

— Seus pais não suportaram mais vir ao campo dos girassóis após a sua partida. As flores aumentavam ainda mais o sofrimento deles. Acharam por bem dar uma finalidade mais útil e importante a esse campo, transformando-o nessa viçosa horta, para suprir todas as necessidades da creche, que a cada dia recebe mais crianças necessitadas. Os girassóis são frágeis, Marília, apesar de aparentar fortaleza, assim como você também foi frágil ao desprezar os valores morais; assim como todas as formas de vida também são frágeis diante da soberania de Deus.

Marília compreendeu o que Jacob queria dizer.

— Entendi, Jacob. Eu quis só para mim as flores, julgando-as poderosas; quis ser igual a elas. Entretanto, assim como elas, também tombei quando o vento soprou mais forte, não tive resistência e me deixei levar.

— Seus pais perceberam a necessidade dos menos favorecidos e, dando maior ênfase à fraternidade, deram a este campo outra finalidade: a de alimentar as crianças que pouco ou nada tinham, proporcionando-lhes uma vida mais saudável através de uma alimentação mais equilibrada. Mas tenho uma surpresa para você.

— Qual?

— Venha.

Foram um pouco mais além e, para surpresa de Marília, avistaram em uma pequena área os girassóis, lindos, imponentes e voltados para o sol.

— O que significa isso? Não estou entendendo.

— Seus pais quiseram mostrar que os dois lados podem andar juntos, se entrelaçando, quando o coração abriga a fraternidade. A beleza se mistura à utilidade. Isso é possível quando existe amor no coração, Marília. O "eu e o nós" podem caminhar lado a lado; é preciso apenas entender que todos somos criaturas fortes e frágeis, porque somos seres em evolução. Para amar o próximo não é preciso destruir nossos objetivos, e ao entender isso eles se tornam mais dignos.

— O meu erro foi amar apenas as flores e a mim mesma. Esse amor se tornou pequeno e vazio. Envergonho-me diante da sabedoria de meus pais. Por que não consegui compreendê-los como devia?

— Isso é passado. Agora o momento é para se concentrar no seu aprimoramento.

— Você sempre sabe o que diz, Jacob. Preciso vencer minhas tendências ruins. Um dia retornarei à Terra, e não quero cometer os mesmos erros.

— Vamos voltar à colônia, Marília.

— Certo.

Os dois espíritos seguiram juntos rumo à colônia que habitavam.

— Se os encarnados imaginassem a vergonha que sente o espírito ao chegar à espiritualidade e ficar frente a frente com seus erros, enganos e leviandades, prestariam mais atenção às atitudes que tomam, muitas vezes precipitadas, algumas vezes intencionalmente maldosas, e não raro atitudes que levam às últimas conseqüências. A vida é um bem precioso, Marília, e não é prudente desperdiçar essa oportunidade que nos foi dada. Tudo o que semearmos na vida terrena colheremos na outra até o último ceitil, como disse Jesus. Acreditando ou não na vida futura, a lei se cumprirá. A busca desenfreada pela felicidade com que sonhamos nos faz perder o controle de nós mesmos, e facilmente caímos no abismo da inconseqüência.

"A felicidade não é deste mundo." Assim, pois, aqueles que pregam ser a Terra a única morada do homem, e que só nela, e numa só existência, lhe é permitido atingir o mais alto grau das felicidades que a sua natureza comporta, iludem-se e enganam aqueles que os escutam; já que está demonstrado, por uma experiência arqui-secular, que este globo não encerra senão excepcionalmente as condições necessárias à felicidade completa do indivíduo.

Em tese geral, pode-se afirmar que a felicidade é uma utopia, na busca da qual as gerações se lançam sucessivamente sem poder jamais alcançá-la; porque, se o homem sábio é uma raridade neste mundo, o homem absolutamente feliz nele se encontra menos.

(O Evangelho Segundo o Espiritismo — Allan Kardec
— Capítulo V)

— Marília, nosso irmão Antunes acordou e demonstrou o desejo de vê-la — disse Claudete, responsável pelo setor onde Antunes se encontrava.

— Posso?

— Claro. Ele está bem. Um pouco fraco, o que é normal logo após o desencarne, mas em paz e consciente de tudo o que aconteceu.

Marília dirigiu-se ao quarto onde se encontrava seu pai. Assim que entrou, Antunes sorriu ao ver a filha querida.

— Como se sente, pai?

— Bem, minha filha. Estou sendo fortalecido, e acredito que logo terei permissão para sair. Quero muito ouvir as palestras de Madre Teresa. Falam muito dessa irmã, e sei que tenho muito o que aprender com ela. E você, Marília, como está?

— Já estou aqui nesta colônia há sete anos, pai. Trabalho, estudo o Evangelho de Jesus e assisto às palestras de Madre Teresa todos os dias.

— Se minha memória não me trair, parece-me que você retornou há dezessete anos. Por que está aqui só há sete?

— Envergonho-me de dizer, pai, mas fiquei dez anos em uma zona infeliz, cheia de aflições e sofrimento.

— Por quê?

— O senhor deve imaginar. Mas não vamos falar sobre isso, não é bom para o senhor. Além do mais, Jacob diz que devemos pensar no presente, porque é agora que temos que trabalhar para promover nossa evolução, e deixar o passado como um alerta para não cairmos nos mesmos erros.

— O que importa é vê-la em paz.

— Preciso ir, querido, tenho tarefas a cumprir. Em nossa casa terrena estão todos bem, com muita saudade do senhor, mas resignados porque sabem que está amparado. O senhor sempre foi um homem de bem, fez por merecer o desencarne tranqüilo.

Marília saiu, e Antunes, ainda sofrendo inquietação natural, voltou a adormecer.

Em suas horas de descanso Marília passeava pelas alamedas floridas da colônia. Orava ao Senhor; refletia e se questionava se fazia em seu trabalho tudo o que podia. Era severa consigo mesma.

Já errei muito, preciso agora de acertos!

Nesse dia, achava-se particularmente inquieta. Pensava em como havia comprometido sua existência na Terra em sua última encarnação.

Como pude ser tão tola, meu Deus? Comportei-me levianamente, comprometendo minha existência terrena, e agora, liberta, percebo o quanto fui volúvel e inconseqüente. Dezessete anos desencarnada e ainda sofro pela minha leviandade, por haver brincado com a oportunidade concedida por Deus. Escondi-me atrás de minha inigualável beleza, e hoje sei que nada adianta ostentar um rosto belo se o coração abriga só a vaidade e a ambição. Quantas pessoas prejudiquei, nem me dei conta disso!

Recordou-se de Luiz.

Querido Luiz, não tive capacidade para enxergar e valorizar sua dignidade e o amor sincero que sentia por mim. Apesar de amá-lo, só lhe dei tristeza, culminando por contaminá-lo com uma doença que o levaria ao sofrimento; justo você, um rapaz tão bom. Que todas as pessoas que contaminei ou prejudiquei de alguma forma possam ter me perdoado. Não conseguia enxergar nada além de mim mesma. Que angústia só em pensar que posso ter destruído a vida dele! O que posso e faço é orar e pedir a Jesus que o abençoe.

Sentindo uma grande inspiração, Marília falou:

— Vou procurar Jacob. Preciso ouvir seus sábios conselhos.

Capítulo XV

Tudo tem uma razão

Marília sabia onde encontrá-lo, e para lá se dirigiu, não sem antes orar a Jesus suplicando auxílio.

— Se for o momento, Senhor, que eu encontre a solução para essa inquietação que interfere em meu equilíbrio.

Seguiu, confiante.

Jacob, assim que a avistou, percebeu o motivo pelo qual Marília o procurava.

Aproximou-se.

— Então, minha irmã, em que posso ajudá-la? Parece-me ansiosa.

— E estou. Jacob, meu amigo, preciso de você, de seus conselhos — respondeu Marília, com agitação.

— Noto mesmo que está agitada; diria até angustiada. O que a perturba a ponto de deixá-la nesse estado?

— Sinto uma inquietação que só aumenta a cada instante, comprometendo meu equilíbrio. Creio não ter forças suficientes para controlar a mim mesma. Necessito de seus conselhos e esclarecimentos.

Jacob, como de costume, deu vazão aos seus sentimentos de verdadeira fraternidade. Apiedou-se daquela irmã, que havia tempos lutava contra si mesma, com sua dificuldade em promover sua reforma interior, mergulhar no amor de Jesus e seguir o caminho da sua evolução espiritual.

Elevou seu pensamento ao Mestre, e a resposta ao seu pedido veio de imediato.

Feliz e agradecido, disse:

— Venha, Marília.

Foram para um lugar onde a paz reinava absoluta. Suave música se fazia ouvir, transmitindo a paz de Cristo e o equilíbrio necessário aos espíritos.

Sentaram-se em um canto, e Jacob paternalmente lhe perguntou:

— O que na verdade a está consumindo, minha irmã?

— Jacob, a cada dia nesses anos todos vou tomando consciência dos desatinos que cometi. Agradeço a Jesus por haver permitido ter você como conselheiro, pois foi através de sua atenção em me explicar e orientar que fui entendendo e tentando evoluir. Mas nem tudo ficou bem explicado para mim, e algumas coisas ainda me perturbam.

— Como por exemplo?

— Por que fui prejudicar alguém tão especial como Luiz, que só fazia o bem, principalmente para mim? Qual a razão que me fez desprezar toda a oportunidade de ser feliz de verdade lado dele? — Marília silenciou por alguns instantes.

— Continue.

— Outra coisa que me perturba é por que me detive tanto em mim mesma, sendo escrava de algo tão passageiro como a beleza física, prejudicando quem de verdade me amava?

Nesse momento, Marília chorou.

— Calma, minha irmã, muita calma. Não é bom se descontrolar assim. Vamos fazer uma prece ao Senhor solicitando auxílio.

Os dois espíritos oraram com fervor ao Divino Mestre, clamando por paz e equilíbrio para aquela irmã perdida nos próprios sentimentos.

Assim que terminaram, pequenos flocos azuis caíram sobre a cabeça de Jacob e Marília.

— Está mais calma?

— Estou sim, Jacob, bem mais tranqüila.

— Quer continuar?

— Quero. Se Jesus permitir, gostaria muito de saber como está Luiz. Se continua na Terra ou se já retornou à espiritualidade. Afinal, ele era soropositivo, e já se passaram tantos anos... — Criando coragem, Marília indagou: — Jacob, é possível tomar conhecimento dos reais motivos dessa minha imprudência que me levou até o limite da ilusão?.

— É possível. Já solicitei autorização e fui atendido. Primeiro é necessário que você se equilibre; é importante se desligar dos atos de outrora se quiser encontrar a paz. Os erros do passado devem nos dar forças para enfrentar o desafio de nos tornar melhores, sanando nossas imperfeições, e não nos jogar na autocompaixão, que nos enfraquece.

As vicissitudes da vida são de duas espécies: uma tem sua causa na vida presente; outras, fora dela.

Remontando à fonte dos males terrestres, se reconhecerá que muitos são a conseqüência natural do caráter e da conduta daqueles que os suportam.

Quantos homens tombam por suas próprias faltas? Quantos são vítimas de sua imprevidência, de seu orgulho e de sua ambição?

Quantas pessoas arruinadas por má conduta e por não terem limitado seus desejos?

Quantos males e enfermidades são as conseqüências da intemperança e dos excessos de todos os gêneros?

[...]

Mas a experiência, algumas vezes, vem um pouco tarde; quando a vida foi dissipada e perturbada, as forças desgastadas, e quando o mal não tem mais remédio, então o homem se põe a dizer: se no início da vida eu soubesse o que sei agora, quantas faltas teria evitado? Se fosse recomeçar eu faria tudo de outro modo; mas não há mais tempo! Como o obreiro preguiçoso, diz: "Eu perdi minha jornada", ele também se diz: "Perdi minha vida"; mas da mesma forma que para o obreiro o sol se ergue no dia seguinte e uma nova jornada começa, permitindo-lhe reparar o tempo perdido, para ele também, depois da noite do túmulo, brilhará o sol de uma nova vida, na qual poderá aproveitar a experiência do passado e suas boas resoluções para o futuro.

(O Evangelho Segundo o Espiritismo — Allan Kardec
— Capítulo V)

— Marília, vamos até o departamento responsável pelas encarnações passadas. Lá você poderá conhecer a sua história, que gerou a causa de seu tombamento. Gostaria de ir?

— Claro, Jacob, é o que mais espero. Pode confiar, terei força para vencer a mim mesma.

Seguiram.

Jacob apresentou Marília a Samuel, o responsável pelo departamento, colocando-o ciente do assunto.

Marília foi então encaminhada para a sala de projeção, onde havia enorme tela que a deixou admirada.

Instruída por Jacob, acomodou-se em uma das poltronas, solicitando ao amigo que permanecesse ao seu lado, pois se sentiria mais tranqüila. Jacob se acomodou junto dela, pedindo-lhe que orasse a Jesus com sinceridade, para que permanecesse em equilíbrio.

Marília assim o fez.

— Está pronta? Posso iniciar?

— Pode, sim, Samuel — respondeu Marília. — Sinto-me preparada.

As luzes se apagaram, e na grande tela apareceram as imagens que revelariam para Marília a história vivida em sua encarnação anterior.

Ano de 1904. Cidade localizada na região Centro-Oeste do Brasil.

Atravessando os campos verdejantes de importante fazenda da região, corria como uma pequena lebre uma garota de apenas quinze anos.

Ao primeiro contato com aquela cena, Marília se identificou como sendo aquela jovem, vestida de maneira simples. *Sou eu!*

A cena continuou.

Ao avistar a figura de um rapaz elegante, com um porte garboso, sentado embaixo de frondosa árvore, a menina gritou, alegre:

— Antônio... Antônio!

Assim que a avistou, o rapaz levantou-se e correu ao seu encontro.

Abraçaram-se.

— Querida, como você demorou!

— Queria vir antes, mas não deu para sair. Sua mãe precisou de mim até mais tarde, e não teve outro jeito senão esperar — respondeu Lucila aconchegando-se nos braços de Antônio, por quem estava perdidamente apaixonada.

— Não importa. Agora você está aqui, e é melhor aproveitarmos o momento.

Deitaram-se na relva e, abraçados, aproveitavam a brisa suave do campo.

Os sonhos de Lucila não combinavam com os de Antônio, pois apenas se divertia com a moça pobre e sem atrativos da fazenda. Lucila alimentava o sonho de contrair casamento com Antônio, pois acreditava que o rapaz a amava.

Antônio era filho de importante fazendeiro proprietário da maioria das terras da redondeza, que, respeitado por todos na cidade, era chamado de coronel.

Lucila era a filha mais velha de Jurema, cozinheira da fazenda, e José, responsável pela imensa criação de gado.

Lucila era uma menina pobre, sem instrução e sem beleza expressiva.

Marília, inquieta, remexeu-se no assento. Identificou Luiz na figura de Antônio.

Jacob percebeu sua inquietação e perguntou-lhe:

— Quer desistir, Marília, deixar para outra ocasião?

— Não, Jacob, preciso desvendar a mim mesma. Pode continuar, Samuel, por favor.

As cenas prosseguiram.

— Quando você vai dizer aos seus pais que nos amamos, Antônio?

— Calma, meu bem, essas coisas têm que ser ditas com cuidado. Preciso esperar o momento certo.

Acreditando no namorado, Lucila se entregava, confiante no amor e na sinceridade de Antônio.

Os dias se passavam sem que houvesse nenhuma atitude por parte do namorado.

Nessa altura, a tela se apagou.

— Acabou?

— Não, Marília. Fique atenta, vai começar novamente.

Mais uma vez a tela se iluminou, mostrando cenas de seis meses após.

A criadagem da fazenda corria de um lado para outro com os preparativos para a noite, que, segundo o patrão, seria da maior importância.

— Cuide para que tudo saia bem — dizia a mãe de Antônio para Jurema. — Hoje teremos uma grande surpresa. É dia de festa! — exclamava, sorridente. — Quero todos bem-arrumados, principalmente você, Lucila, pois estará na sala comigo.

Lucila sentia o coração disparar. *Jesus, me ajude, é hoje! Antônio deve ter falado de nós dois para seus pais. Essa festa com certeza é para comemorar nosso noivado!*

Arrumou-se com o maior cuidado e, na hora marcada, estava ao lado de dona Eugênia, recebendo os convidados.

Estranhava Antônio não lhe dar nenhuma atenção. *Ele finge que nem me vê,* pensava. *Justo no dia mais importante para nós.*

A comemoração seguia, animada, até que em dado momento o coronel, com toda a pose que lhe era peculiar, pediu a atenção de todos para uma grande notícia.

Meu Deus é agora! Lucila se sentia tremer.

Em meio à alegria geral, foi anunciado o casamento de Antônio com a filha de um grande amigo de seu pai, tão ou mais rico do que ele.

Lucila correu para seu quarto sem ao menos pedir licença a dona Eugênia, que, sem saber de nada, estranhou seu comportamento. A jovem se jogou na cama e derramou todas as lágrimas que podia.

Durante dois dias, não saiu de seu quarto, alegando uma doença qualquer.

No terceiro dia levantou-se e, sem avisar sua mãe, dirigiu-se até o local onde se encontrava com Antônio. Para sua surpresa, ele estava lá esperando por ela.

— Demorou a vir, Lucila. Há dois dias venho aqui para encontrar-me com você.

— Tem coragem de me dizer só isso, Antônio?!

— E o que queria que eu dissesse?

— Que pelo menos explicasse por que esse casamento de repente. O que significa isso? E nós, como ficamos?

— Como sempre, Lucila. Meu casamento não irá atrapalhar nossos encontros, vamos continuar do mesmo jeito.

— Antônio, eu pensei que...

Sem deixar que ela terminasse a frase, Antônio lhe disse:

— Não estava pensando que eu me casaria com você, não é? — Diante do silêncio da namorada, prosseguiu: — Lucila, meu casamento será a realização dos meus sonhos, a união das nossas fortunas. E com a moça que meus pais escolheram. Agrada-me ter uma esposa tão bela.

— E eu?

— Você é apenas a satisfação dos meus desejos de homem. Não possui beleza, instrução ou qualquer outro atrativo que possa levar um homem ao casamento.

Lucila sentiu uma raiva gigantesca tomar conta de todo o seu ser. Aos gritos, despejou todo o seu ódio por Antônio:

— Eu o odeio, Antônio, e hei de odiá-lo por toda a minha vida e até depois dela. Um dia iremos nos encontrar, nem que seja no inferno, que é para onde você deve ir!

Nesse instante, a tela se apagou de novo.

Marília tremia e se inquietava, tomada de enorme angústia.

— Acalme-se, Marília — pedia-lhe Jacob. — Pense em Jesus, rogue por auxílio, para que volte o seu equilíbrio.

Jacob ministrou-lhe um passe, transmitindo-lhe energia de paz e tranqüilidade.

Sentindo-se mais calma, Marília pediu que ele mesmo terminasse sua história, pois não tinha mais condições de assistir a si mesma.

Jacob, atendendo ao seu pedido, gentilmente completou:

— Os dias e os anos se passaram sem que Lucila conseguisse se casar. Todos souberam que se entregara a Antônio, e ela imprudentemente deixava que cada vez mais o rancor tomasse conta de seu coração. Desencarnou ainda jovem e, após anos vagando na erraticidade, blasfemando e clamando por vingança, cansou de tanto sofrimento e rogou por misericórdia. Socorrida, foi levada ao hospital de refazimento, onde recebeu tratamento adequado. Preparou-se por longo tempo e, ao se achar apta, pediu ao Mestre a bênção de uma nova oportunidade na Terra. Através da misericórdia divina, foi-lhe concedida a reencarnação. Mesmo sendo advertida dos perigos, pediu a prova da beleza. O resto, Marília, você já sabe.

— Mas por que me encontrei novamente com Antônio, agora na figura de Luiz?

— Antônio arrependeu-se sinceramente do que havia feito a Lucila; quando desencarnou, sofreu muito por conta do remorso. No devido tempo, solicitou nova oportunidade de retornar e sanar o mal que fizera a Lucila, encontrando-se com ela e dando-lhe o amor que lhe negara. Antônio, encarnando-se como Luiz, encontrou-se desde muito cedo com Lucila, agora você, Marília, e amou-a desde o primeiro instante. Cumpriu o seu propósito de regeneração e deu a você o que deveria ter sido seu em encarnação passada, ou seja, o amor verdadeiro.

— E por que tudo deu errado, Jacob? Se tudo estava planejado... Não posso entender.

— Porque você não esqueceu o mal recebido e quis obter tudo o que lhe fora negado antes: beleza, riqueza e sexo. Apesar de amar Luiz, rejeitou-o. Exibiu a beleza que faltou na vida passada e que tanta tristeza lhe causou; procurou a riqueza sem dignidade moral, entregou-se ao desatino sexual querendo compensar o que lhe negaram, e o respeito ao próximo não foi sua virtude. Como disse, Luiz cumpriu o que se propôs; mesmo no momento da descoberta de sua doença, transmitida por você, sua ira durou pouco tempo. Logo ele a perdoou.

— Quer dizer que ele é bem melhor do que eu! — exclamou Marília, triste.

— Quer dizer que soube usar melhor a oportunidade recebida; não se entregou à autocompaixão, cometeu enganos comuns aos encarnados, mas trouxe para o seu coração o melhor dos sentimentos: o perdão; e foi esse sentimento que fez a maior diferença, Marília.

— O que faço agora, Jacob?

— O que vem fazendo, ou seja, estude o Evangelho de Jesus; aprenda a usar melhor o seu livre-arbítrio, ame o seu semelhante trabalhando para o benefício do próximo, e, acima de tudo, Marília, aprenda a perdoar.

Após alguns minutos de silêncio, Marília voltou a indagar a Jacob:

— Eu poderia saber o que aconteceu com Luiz? Se ele já reside na espiritualidade ou se ainda está encarnado? É possível, Jacob?

— Tão possível que lhe digo já: Luiz retornou seis anos após o seu desencarne, vítima da doença que havia se manifestado dois anos antes.

— E como chegou?

— Muito bem, Marília. Jamais reclamou ou questionou as razões de tudo acontecer. Perdoou-a mesmo. E na época em que ele afirmou "Minha história com Marília terminou para sempre", disse uma verdade, minha irmã. Hoje Luiz não possui nenhuma ligação ou questão mal resolvida com você. Os laços que os uniam foram desfeitos por ele mesmo, ao lhe dar a oportunidade de fazê-lo sofrer a mesma dor que havia lhe imposto outrora. Mas o que realmente o separou de você foi o perdão.

— Onde Luiz está? Por que nunca o encontrei?

— Ele habita outra colônia, trabalha junto de uma equipe socorrista. Dedica-se a resgatar os irmãozinhos que clamam por misericórdia, aliviando-os da dor.

Jacob percebeu que Marília sentia-se envergonhada.

— Jacob, ajude-me a vencer minhas imperfeições. Tenho vergonha de tudo o que fiz.

— Não se martirize. A maior felicidade que temos é que sempre existe uma saída, uma maneira de consertar nossos erros, enganos e ilusões vãs. Carregar nas costas o saco de culpas em conseqüência dos muitos equívocos que cometemos só irá dificultar nossa caminhada. Quando nos conscientizamos das nossas imperfeições já é um bom sinal; porque a partir dessa conscientização adquirimos coragem para vencê-las. Não se deve trabalhar apenas para ser rico, Marília, porque o segredo da felicidade não está em ganhar dinheiro, mas ter sabedoria para fazer com o nosso trabalho uma diferença na vida do nosso semelhante e na nossa própria. Você não aceitou sua encarnação passada, e por conta disso cometeu os maiores desatinos. Agora é se preparar para quando nosso Mestre achar que o momento é oportuno para nova encarnação, estando fortalecida para enfrentar com valentia as provas que decerto virão. Nosso Criador sempre nos concede oportunidade para recomeçar. Essa é a nossa alegria.

Marília, emocionada, agradeceu ao querido amigo:

— Obrigada, Jacob, por tudo o que me ensina. Você é, sem dúvida, um espírito nobre.

— Não agradeça a mim, mas sim a Jesus, que abre as portas para todas as criaturas buscarem sua própria evolução.

— Você fala de evolução, e eu estou tão longe dessa elevação... Sou muito pequena ainda.

— Todos estamos no caminho da evolução, que é longo e nada fácil. Depende de cada um avançar mais ou menos rapidamente, e esse avanço está relacionado ao que agasalhamos dentro de nós, sem máscaras. Sentimentos e pensamentos nobres impulsionam o ser para a felicidade, porque levam aqueles que os sentem a praticar a caridade; a serem humildes, generosos e dignos, entrelaçando a própria vida à do semelhante. Os sentimentos menores, pequenos e mesquinhos, em oposição, levam os incautos a rodopiar em volta de si mesmos no egoísmo que os leva à perdição.

Todos nós devemos ter consciência de que pela fé subiremos ao Senhor, através da nossa súplica, mas, pelo amor ao próximo, pela prática da caridade, o Senhor descerá ao nosso encontro, e a felicidade duradoura, aquela que nos acompanha pela eternidade, nascerá desse encontro.

(*A Essência da Alma* — Irmão Ivo)

O tempo seguiu seu curso.

Anos se passaram.

Marília, aceitando os conselhos de Jacob, dedicava-se ao estudo e ao trabalho edificante. Sentia-se recompensada e agraciada pela bênção divina.

Sentada no auditório, em meio a tantos outros espíritos, ouvia atentamente a palestra de Madre Teresa. A querida irmã discursava sobre a bênção da reencarnação e a importância dessa experiência na Terra, onde o espírito exercitava o aprendizado adquirido na espiritualidade, consertava seus erros e se apaziguava com seus desafetos do pretérito.

Enfatizava os riscos que correm aqueles que, nascendo no mundo físico, entregam-se aos delírios da matéria, abafando a voz da consciência, que sem cessar alerta os distraídos.

— A prece — dizia — nos aproxima do Senhor, do nosso Criador, que tudo promove para que Suas criaturas alcancem a elevação. Acalma a alma sofrida aliviando suas dores. Encarcerado no corpo de carne, o espírito tem a oportunidade de vencer a si mesmo, e a sua vitória sobre suas imperfeições é o que o aproximará do Criador, através de Jesus.

Após singela prece, Madre Teresa encerrou a palestra.

Marília esperou que todos se retirassem e, assim que se viu só, caiu de joelhos e deixou seu sentimento correr livre e solto em direção a Deus.

— Pai, meus olhos se abriram para o mundo da matéria porque o Senhor assim o permitiu. Consegui perceber a luz que brilhava ao meu redor emanada dos braços amorosos de minha mãe terrena, que me aconchegaram. Nasci. Cresci. Caminhei entre rosas que não consegui sentir. Vi-me entre espinhos que não consegui aceitar. Perdi-me. Andei sem rumo, perdida na ilusão de mim mesma, sem ver aqueles que me direcionavam o caminho. A minha cegueira espiritual jogou-me no infortúnio, e nem quando cheguei de volta tive lucidez para enxergá-Lo, Senhor. Não O vi pelo amor, Senhor, mas O chamei pela dor. Hoje posso sentir a doçura de Seu olhar nesse aconchego de carinho e misericórdia. Posso sentir a rosa; consigo compreender os espinhos, e por isso suplico, Senhor da Vida: conceda-me mais uma oportunidade de renascer no corpo físico para que eu consiga retirar de mim esse miasma da mágoa do pretérito. Dê-me em abundância tudo de que preciso para aprender a amar de verdade, a perdoar com transparência, a respeitar meu próximo e a mim mesma, e compreender que a maior beleza é a da alma, e não do corpo. Assim seja, Senhor.

Dois dias após o clamor de Marília, ela foi chamada ao Departamento Reencarnatório.

— Irmão Samuel, vim assim que recebi seu chamado.

— Estava aguardando-a, irmã. Tenho algo muito importante para comunicar-lhe.

Ansiosa, Marília respondeu:

— Por favor, do que se trata?

— Marília, já é do seu conhecimento que a reencarnação é uma bênção que o Senhor concede ao espírito, estou certo?

— Claro, irmão, já estudei muito sobre reencarnação e os seus benefícios para o espírito, e espero ansiosa pelo dia que serei agraciada com essa oportunidade.

— Pois então pode agradecer ao Senhor, Marília, pois acaba de ser agraciada com a bondade divina. Vamos iniciar o processo de sua reencarnação.

Marília, tomada de surpresa, ajoelhou-se e entre lágrimas exclamou:

— O Senhor ouviu a minha prece!

— Tem dois dias para se despedir dos amigos e, ao fim desse prazo, venha se internar para a preparação.

— Obrigada, irmão. Dentro de dois dias eu me apresentarei.

Saiu do departamento levando a alegria e o agradecimento em seu coração.

— Preciso encontrar Jacob. Ele irá me aconselhar e me dará forças e coragem para enfrentar essa nova experiência na Terra, para que volte como uma vencedora, assim como Luiz.

Cheia de esperança, foi à procura de Jacob.

Encontrou-o em prece no salão onde se realizavam as palestras.

Temendo interromper o amigo, Marília sentou-se em uma das últimas cadeiras do salão e aguardou. Não demorou muito e Jacob aproximou-se dela, dizendo-lhe:

— Querida irmã, sei por que veio me procurar. Estou feliz por você.

— Jacob, preciso dos seus conselhos. Tenho medo de falhar de novo.

— Nada tema, irmã, confie em Jesus e vá confiante. Está preparada, fortalecida, conheceu e aprendeu o amor verdadeiro, aquele que Jesus tão bem exemplificou para os encarnados por ocasião de Sua estada na Terra. Volte sua atenção para o seu interior e ouvirá a voz da sua consciência mostrando-lhe o caminho seguro. Não queira falar mais alto que o Pai, porque para ouvir o Senhor é necessário calar a nossa voz. Não se revolte contra a vida, pois ela será para você apenas o cenário que precisa para aprender a ser humilde, generosa e altruísta, virtudes que lhe faltaram na existência passada. Não é fácil promover a reforma interior porque é necessário extirpar primeiro os sentimentos menores que mutilam a alma, e essa é uma tarefa árdua. Devemos visitar nosso coração todas as noites e retirar o bolor que a nossa imprudência permitiu entrar. Assim poderemos acordar com a alma brilhando com a luz do amor, e é essa luz que a trará de volta à eternidade. Com a permissão de Jesus estaremos acompanhando sua caminhada na Terra, inspirando-a no bem e fortalecendo-a para que cumpra a tarefa a que se propõe. Vá em paz, querida irmã, Jesus estará com você.

— Obrigada, Jacob, espero reencontrá-lo no meu retorno. Que Jesus me conceda essa graça.

Marília se despediu do amigo e seguiu para o Departamento Reencarnatório, onde se prepararia para nova experiência no mundo físico. Desta vez, tentaria uma experiência construtiva, edificante, longe das paixões terrenas e dos enganos que muitas vezes nos levam ao limite da ilusão.

A reencarnação é um dos princípios da Doutrina Espírita e se funda sobre a justiça de Deus e a revelação, pois não nos cansamos de repetir: um bom pai deixa sempre uma porta aberta ao arrependimento.

A doutrina da reencarnação, que consiste em admitir para o homem muitas existências sucessivas, é a única que corresponde à idéia da justiça de Deus; a única que pode explicar o nosso futuro e fundamentar as nossas esperanças.

A cada nova existência o Espírito dá um passo na senda do progresso; quando se despojou de todas as suas impurezas, não precisa mais das provas da vida corpórea.

(*O Livro dos Espíritos* — Allan Kardec — Capítulo IV)

Considerações

Jesus, durante todo o tempo que ficou na Terra entre os homens, foi incansável em falar sobre a vida futura.

Sua intenção era prevenir os homens de que um dia todos iriam se apresentar perante o Criador e seria necessário prestar contas do que fizeram e que utilidade deram à oportunidade recebida de estar no mundo físico, cuja finalidade única é de se tornarem pessoas melhores e verdadeiras criaturas de Deus.

O Divino Amigo tentou acordar a humanidade para a importância de trazer para si as virtudes que os elevariam à condição de homem de bem. Entretanto, os homens continuam adormecidos e não escutam a palavra de Jesus.

O que na verdade é ser um homem de bem?

Homem de bem é aquele que pratica as leis divinas com transparência de alma. Suas atitudes estão sempre ligadas às leis da caridade, da justiça e do amor, porque já compreendeu e aceitou a palavra de Jesus. Já se conscientizou da necessidade de respeitar a si mesmo, não violando sua essência com práticas que só se relacionam com a matéria.

O homem de bem não dá tanta importância à riqueza, à beleza física ou corre atrás de vantagens pessoais, pois sabe que tudo o que possui pode lhe ser retirado no momento em que Deus achar por bem retirar. Os homens possuem apenas o usufruto de suas aquisições materiais. Elas aqui ficarão, pois pertencem ao mundo da matéria; entretanto, ao adquirir as aquisições espirituais provenientes do bem praticado, essas sim o acompanharão para sempre e lhe abrirão as portas dos mundos mais felizes.

É preciso reconhecer as próprias imperfeições e lutar fortemente para superá-las. Imperfeitos todos somos, mas a maior alegria é saber que temos oportunidade de rever e reconsiderar nossa maneira de pensar e de agir.

Por que não o faz?

Por que se perder em ilusões e sonhos tolos que nada acrescentam ao aprimoramento moral e espiritual?

Por que correr tanto, querer tanto alcançar a felicidade se ela existe a partir do que se faz para obtê-la?

A felicidade é muito mais profunda do que a alegria efêmera, que dura poucos minutos, algumas horas ou dias, e logo vai embora.

Felicidade, meus irmãos, é sentida na alma; faz-se presente nas mãos laboriosas que trabalham sem cansar ou reclamar para o bem-estar do semelhante.

Felicidade está na proporção do bem que se faz a outrem.

Quem de verdade é feliz não sente ódio ou desejo de vingança; espelha-se em Jesus e perdoa, esquecendo as ofensas.

Valoriza as bênçãos e os bens recebidos, porque sabe da importância de se voltar para Deus e agradecer; emprega seus recursos de maneira justa, sem se elevar perante os menos favorecidos, e sabe que nada é mais prejudicial a si mesmo do que ser escravo de suas paixões.

Não usa seus irmãos para sua conveniência, mas se coloca à disposição para ajudar sempre que possível. Aquele que entender isso, e se colocar a serviço da caridade, encontrará em seu caminho a verdadeira felicidade.

A intenção ao mostrar para os homens a vida futura como realidade, não é outra senão desvendar o véu do medo e da incerteza do futuro que espera todos que abandonam o corpo físico. É também orientar quanto à responsabilidade da sua própria vida, esclarecendo-os de que tudo o que se faz gera uma reação; feliz através do bem; infeliz através do egoísmo em que se vive.

O tarefeiro de Cristo não sente receio do retorno, porque seu coração e sua existência estão quites com as leis divinas.

Morte não é destruição, é apenas uma transformação que nos leva de volta à casa do Pai. Feliz aquele que retorna trazendo suas lições feitas em sintonia com o amor de Jesus.

São vitoriosos!

Ninguém se beatifica apenas porque desencarnou ou deixou seu corpo de matéria. É preciso muito mais, ou seja, trabalho caritativo, porque, se tivermos apenas a teoria sobre o que realmente representa o amor, o coração se transforma em fonte seca, pois o amor sendo praticado vivifica.

Tentamos mostrar-lhes que é possível caminhar por entre espinhos e não se ferir; por que se afogar em águas rasas?

O respeito e a fraternidade impedem-nos de cometer absurdos. Fazem-nos olhar o semelhante como igual a nós e impulsionam-nos a desejar o melhor para ele, assim como desejamos para nós mesmos.

Acordem, irmãos meus, abram realmente o coração e recebam essa dádiva preciosa da vida. Usem com sabedoria a oportunidade de evolução que o Senhor nos concede.

Vivam para evoluir... E alcançar o céu!

Até mais ver!

Irmão Ivo

Palavras da médium

Todos os nossos atos esquecidos na Terra continuam lembrados na eternidade, e, mesmo que nossa mente não se recorde mais, pagaremos por eles na mesma proporção do estrago espiritual que causamos aos nossos irmãos.

Ninguém, nenhuma criatura fica esquecida da misericórdia de Deus, porque nosso Pai acompanha toda a nossa trajetória respeitando nosso livre-arbítrio e aguardando o momento em que, limpos de pensamento, de sentimentos e verdadeiramente arrependidos, possamos abrir nosso coração e com sinceridade dizer: Pai, segure minhas mãos e leve-me para o Seu caminho.

Deus não nos castiga, e a vida na Terra ou na espiritualidade apenas responde aos nossos atos na maioria das vezes impensados. A misericórdia de Deus está presente sempre no nosso sofrimento e na nossa dor, mas nossos olhos cegos nos impedem de ver.

Antes de tomarmos atitudes que poderão nos comprometer perante Deus, pensemos em nosso Pai misericordioso e infinitamente justo, no quanto Ele ama Suas criaturas; nos Seus ensinamentos e nas palavras contidas no Evangelho. Assim, creio eu, agiremos com mais prudência e como seus filhos verdadeiros.

A oportunidade de rever nossos conceitos e nos transformarmos em pessoas de bem recebemos do Criador a cada novo amanhecer. Mas, acostumados que estamos a viver sempre apressados, deixamos de observar todas as manifestações naturais da presença divina, sempre no nosso caminho.

Como somos distraídos!

Distraídos, sim, para as coisas de Deus; não para satisfazer nossos desejos, que pouco ou nada contribuem para a elevação e o aprimoramento moral.

Não temos tempo de perceber o sorriso de uma criança ou uma manifestação de amizade, ou mesmo a fidelidade daquele cãozinho que temos em casa. Nossa atenção se volta sempre para a satisfação de nossos desejos e do que julgamos, não raro enganados, ser a felicidade.

Ser cristão não implica esquecer totalmente as satisfações do mundo em que vivemos. É necessário apenas regrar nossos impulsos e desejos para que sejam coerentes, saudáveis e sobretudo prudentes.

Pode-se auxiliar o próximo sem que com isso seja necessário esquecer de nós; e pode-se lembrar de si mesmo sem que seja preciso esquecer o semelhante; porque somos um todo sem deixarmos de ser um. Essa é a mágica da evolução do ser, ou seja, integração com o semelhante, porque: "Fora da caridade não há salvação".

Com este livro o querido espírito Irmão Ivo nos alerta quanto aos perigos das ilusões passageiras. Nada fica sem resposta, e elas virão mais cedo ou mais tarde. A dor é sempre uma conseqüência dos atos impensados, imprudentes e por vezes levianos.

Nós não somos a peça principal desse imenso tabuleiro que é o universo. Dividimos o espaço com milhões e milhões de criaturas que, como nós, têm o mesmo direito à grande casa de Deus.

É necessário pensar e repensar a respeito da nossa permanência na Terra, e feliz aquele cuja conclusão está relacionada ao amor fraternal, ao respeito pelo próximo e a si mesmo, não se tornando um agente de sofrimento para o outro, mas sim um verdadeiro representante de Deus.

Que Jesus abençoe a Humanidade!

Leia os romances de Schellida!
Emoção e ensinamento em cada página!
Psicografia de Eliana Machado Coelho

O Brilho da Verdade
Samara viveu meio século no Umbral passando por experiências terríveis. Esgotada, consegue elevar o pensamento a Deus e ser recolhida por abnegados benfeitores, começando uma fase de novos aprendizados na espiritualidade. Depois de muito estudo, com planos de trabalho abençoado na caridade e em obras assistenciais, Samara acredita-se preparada para reencarnar.

Um Diário no Tempo
A ditadura militar não manchou apenas a História do Brasil. Ela interferiu no destino de corações apaixonados.

Despertar para a Vida
Um acidente acontece e Márcia, uma moça bonita, inteligente e decidida, passa a ser envolvida pelo espírito Jonas, um desafeto que inicia um processo de obsessão contra ela.

O Direito de Ser Feliz
Fernando e Regina apaixonam-se. Ele, de família rica, bem posicionada. Ela, de classe média, jovem sensível e espírita. Mas o destino começa a pregar suas peças...

Sem Regras para Amar
Gilda é uma mulher rica, casada com o empresário Adalberto. Arrogante, prepotente e orgulhosa, sempre consegue o que quer graças ao poder de sua posição social. Mas a vida dá muitas voltas.

Um Motivo para Viver
O drama de Raquel começa aos nove anos, quando então passou a sofrer os assédios de Ladislau, um homem sem escrúpulos, mas dissimulado e gozando de boa reputação na cidade.

O Retorno
Uma história de amor começa em 1888, na Inglaterra. Mas é no Brasil atual que esse sentimento puro irá se concretizar para a harmonização de todos aqueles que necessitam resgatar suas dívidas.

Força para Recomeçar
Sérgio e Débora se conhecem a nasce um grande amor entre eles. Mas encarnados e obsessores desaprovam essa união. Conseguirão ficar juntos?

Obras de Irmão Ivo: leituras imperdíveis para seu crescimento espiritual
Psicografia da médium Sônia Tozzi

O Preço da Ambição
Três casais ricos desfrutam de um cruzeiro pela costa brasileira. Tudo é requinte e luxo. Até que um deles, chamado pela própria consciência, resolve questionar os verdadeiros valores da vida e a importância do dinheiro.

A Essência da Alma
Ensinamentos e mensagens de Irmão Ivo que orientam a Reforma Íntima e auxiliam no processo de autoconhecimento.

O Amor Enxuga as Lágrimas
Paulo e Marília, um típico casal classe média brasileiro, levam uma vida tranqüila e feliz com os três filhos. Quando tudo parece caminhar em segurança, começam as provações daquela família após a doença do filho Fábio.

Quando Chegam as Respostas
Jacira e Josué viveram um casamento tumultuado. Agora, na espiritualidade, Jacira quer respostas para entender o porquê de seu sofrimento

Somos Todos Aprendizes
Bernadete, uma estudante de Direito, está quase terminando seu curso. Arrogante, lógica e racional, vive em conflito com familiares e amigos de faculdade por causa de seu comportamento rígido.

Obras da médium Maria Nazareth Dória
Mais luz em sua vida!

A SAGA DE UMA SINHÁ (espírito Luiz Fernando - Pai Miguel de Angola)
Sinhá Margareth tem um filho proibido com o negro Antônio. A criança escapa da morte ao nascer. Começa a saga de uma mãe em busca de seu menino.

LIÇÕES DA SENZALA (espírito Luiz Fernando - Pai Miguel de Angola)
O negro Miguel viveu a dura experiência do trabalho escravo. O sangue derramado em terras brasileiras virou luz.

AMOR E AMBIÇÃO (espírito Helena)
Loretta era uma jovem nascida e criada na corte de um grande reino europeu entre os séculos XVII e XVIII. Determinada e romântica, desde a adolescência guardava um forte sentimento em seu coração: a paixão por seu primo Raul. Um detalhe apenas os separava: Raul era padre, convicto em sua vocação.

SOB O OLHAR DE DEUS (espírito Helena)
Gilberto é um maestro de renome internacional, compositor famoso e respeitado no mundo todo. Casado com Maria Luiza, é pai de Angélica e Hortência, irmãs gêmeas com personalidades totalmente distintas. Fama, dinheiro e harmonia compõem o cenário daquela bem-sucedida família. Contudo, um segredo guardado na consciência de Gilberto vem modificar a vida de todos.

UM NOVO DESPERTAR (espírito Helena)
Simone é uma moça simples de uma pequena cidade interiorana. Lutadora incansável, ela trabalha em uma casa de família para sustentar a mãe e os irmãos, e sempre manteve acesa a esperança de conseguir um futuro melhor. Porém, a história de cada um segue caminhos que desconhecemos.

JÓIA RARA (espírito Helena)
Leitura edificante, uma página por dia. Um roteiro diário para nossas reflexões e para a conquista de uma padrão vibratório elevado, com bom ânimo e vontade de progredir. Essa é a proposta deste livro que irá encantar o leitor de todas as idades.

Dois romances imperdíveis!
Obras do espírito Caio Fábio Quinto
Psicografia de Christina Nunes

Sob o poder da Águia
Uma viagem até a Roma Antiga na qual o general Sálvio Adriano viverá um grande drama em sua vida ao lado de Helatz, sua prisioneira, e o irmão dela, Barriot.

Elysium - Uma História de Amor entre Almas Gêmeas
Cássia acordou em uma cidade espiritual na Itália. E nem imaginava que um grande amor estava à sua espera há anos.

Romances do espírito Eugene!
Leituras envolventes com psicografia de Tanya Oliveira

Longe dos Corações Feridos
Em 1948, dois militares americanos da Força Aérea vão viver emoções conflitantes entre o amor e a guerra ao lado da jornalista Laurie Stevenson.

O Despertar das Ilusões
A Revolução Francesa batia às portas do Palácio de Versalhes. Mas dois corações apaixonados queriam viver um grande amor.

A Sombra de uma Paixão
Um casamento pode ser feliz e durar muitos anos. Mas um amor de outra encarnação veio atrapalhar a felicidade de Theo e Vivian

UFO – Fenômeno de Contato
(espírito Yehoshua ben Nun)

Livro que aborda temas intrigantes como antimatéria, abduções, teletransporte, faixas dimensionais e a polêmica dos mundos habitados.

A evolução da Humanidade ao seu alcance com as obras de Pedro de Campos

Universo Profundo – Seres inteligentes e luzes no céu (espírito Erasto)

Uma visão espírita da Ufologia que desmistifica esse polêmico assunto. Existem os seres extraterrestres? De onde eles vêm? Eles estão entre nós?

Colônia Capella – A outra face de Adão
(espírito Yehoshua ben Nun)

Uma extraordinaria viagem no tempo até os primórdios da Humanidade que une o evolucionismo proposto por Charles Darwin e a Teoria Evolucionista Espiritual baseada em Allan Kardec.